国家自然科学基金项目成果

# 对外经济开放与中国产业安全研究

## 福利视角

周新苗 著

**内容提要**

随着资本国际化、生产全球化成为世界经济发展的重要趋势，跨国界的生产要素和商品流动的规模持续扩大。外国资本通过国与国之间投资和贸易渠道，对东道国产业发展产生多方面的深刻影响，使得各国产业主权和产业发展面临新的形势。产业安全成为各国在对外经济交往过程中必须着重考虑的重大问题。本书将产业安全问题置于世界经济的两个引擎——“投资”和“贸易”的框架内，结合福利角度对国家产业安全的理论起源、国家产业安全与贸易开放及投资开放理论进行了全面的阐释；与此同时，本书运用大量的数据资料重点探讨了外商直接投资和对外贸易对中国产业安全的影响机理，并提出一些对策建议，为政府制定相关政策提供了一定的理论依据。本书适用于经济学相关领域的研究者、经济类高校师生及决策部门有关研究人员做参考读物。

**图书在版编目(CIP)数据**

对外经济开放与中国产业安全研究：福利视角 / 周新苗著. —上海：上海交通大学出版社，2014
ISBN 978-7-313-12237-7

Ⅰ. ①对… Ⅱ. ①周… Ⅲ. ①对外开放—关系—产业—安全—研究—中国 Ⅳ. ①F12

中国版本图书馆CIP数据核字(2014)第245631号

**对外经济开放与中国产业安全研究：福利视角**

著　　者：周新苗
出版发行：上海交通大学出版社　　地　　址：上海市番禺路951号
邮政编码：200030　　电　　话：021-64071208
出 版 人：韩建民
印　　制：上海颛辉印刷厂　　经　　销：全国新华书店
开　　本：787 mm×960 mm　1/16　　印　　张：16.25
字　　数：259千字
版　　次：2014年12月第1版　　印　　次：2014年12月第1次印刷
书　　号：ISBN 978-7-313-12237-7/F
定　　价：39.00元

献给我的宝贝潇潇

# 序

产业安全是国家经济安全的基础和重要组成部分，是指一国产业发展和产业利益不受外部或内部因素破坏与威胁的一种状态。随着我国加入世贸组织和经济全球化的深入发展，我国经济已全面融入世界经济，产业发展的内外部环境均发生了深刻变化。据我国商务部联合有关行业协会和研究机构进行的产业安全评估研究表明，加入世贸组织以来，国内产业抓住机遇，妥善应对各种挑战，大部分行业产业规模和市场份额迅速扩大，产业集中度明显提高，技术装备水平大幅改善，经济效益显著上升，产业（特别是工业）国际竞争力迅速增强，产业安全程度总体得到改善和提高；但随着加入世贸组织过渡期的结束和开放型经济的进一步发展，同时面临的国际竞争日趋激烈，发达国家在经济科技上占优势的压力长期存在，可以预见和难以预见的风险增多，统筹国内发展和对外开放的要求更高，国内产业安全也将面临更大的压力和挑战。学者们认为对产业安全的影响一般来自内部因素和外部冲击，但随着生产全球化和金融全球化的加剧，外部作用日益彰显，并更多地通过贸易的形式表现出来，尤其是发达国家以往的以利润为导向的世界经济一体化生产体系遭到新兴发展中国家特别是来自中国的冲击之后，更多的基于产业保护的报复性贸易政策往往导致被报复国的产业安全危机。对于发展中国家而言，尽管贸易自由化为其提供了扩大对外经贸合作、发挥产业比较优势、加快结构调整的条件，但由于长期经济欠发达且公共教育水平又很低，加之在国际贸易中面临名目繁多的贸易壁垒，大大限制了发展中国家出口潜力的发挥，其国民产业往往遇到国外强烈的竞争，甚至被剥夺了发展现代工业的机会，产业安全受到严重威胁，在这样的大背景下，本书就对外经济开放引发的国内产业安全问题展开了深入的研究。

本书选择了从福利经济学的角度来研究产业安全问题，一是基于想从更微观的角度做更细致的分析，二是缘于现有的对于产业安全的研究大都从宏观及行业的角度出发，更多是从国与国之间的利益互侵出发强调保护本国产业发展安全，这样的分析从目前越来越温和的地球村提法而言，显然是不合时宜的。近些年来，越来越多的西方学者尝试从福利经济学的角度出发考虑一国的产业安全或经济安全问题，他们认为既然产业安全是为了确保一国主流产业的可持续健康发展，那么它无疑也应该体现一种社会福利和个人福利，如果在保证一国经济可持续发展的基础之上，又强调了有整个社会抑或个人的幸福感，这无疑是对一个经济体产业安全最完美的阐释。而且这一角度的研究，并未摈弃亚当·斯密对于产业安全的最初定义，同时，当加入微观个体（企业）的研究时，会使得整个研究更具实践意义。

本书第1章至第3章首先从福利经济学角度阐释了产业安全问题，涉及福利经济学与经济福利的含义、经济福利的个体评价与社会评价，经济福利与对外经济开放的关系及福利经济学角度的产业安全理解。其次，就对外经济开放引致的产业安全问题领域的研究进行了较系统的文献梳理，包括国家产业安全的理论起源，国家产业安全的贸易理论基础，投资理论基础及相关的国内外学者对这一领域的研究。

本书的重点是第4章至第6章。

第4章除了对于我国投资开放与产业安全发展进行了全景描述外，重点对投资开放与产业安全之间的关系基于福利角度进行了深入的理论及实证研究。本章试图分析中国这样一个新兴市场中，政府的软实力行为如何基于资源及经济安全视角来决定企业对外投资的方向以及对内引资的领域，从而达到平衡并促进国内经济可持续发展的目的。

第5章同样除了对贸易发展现状与产业均衡发展之间的联系做了一个全面分析外，重点依然是国际贸易发展与产业安全的理论分析及实证研究。本章把产业安全与经济的可持续发展要素作为对外贸易政策研究的新视角，从理论上剖析贸易自由化过程到底会对发展中国家及发达国家分别产生怎样的效应。研究主要针对两类典型的异质性国家就以下两个方面进行重点分析：首先，考虑各国实行的一系列广泛的促进其出口和进口的贸易政策对产业均衡的影响；其次，对于不同类型国家根据人均收入进行区分，研究针对发展中国家和发达国家不同的贸易策略对本国产业安全的影响。随后，运用我国的数据对所推导理论进行了相关实证验证。实证结果验证了对于发展中国家贸易自由化政策对产业安全的正效用正日渐衰退，贸易保护政策应被引起关注和重视。

第6章主要是外来技术与自主研发对产业可持续发展研究，很多学者对贸易开放的推崇相当部分的原因是因为打开国门有益于技术引进，贸易和外资的引入同时会产生技术溢出，而技术提升无疑是对一国的产业升级有帮助的。并且在涉及产业安全的文献中，将含有技术进步因素的经济增长视为产业安全健康的信号。本章的主要内容是想探讨中国对外开放过程中的技术引入在后危机时代抑或入世过渡期结束阶段是否真正能对我国经济的可持续发展有所帮助，从而有益于我国安全的产业结构构建。本章实证结果证明，和国内自主研发这种技术进步方式相比较，对外开放产生的技术溢出仍然属于低端技术，且消化和学习仍需要一定成本，对发展中国家的可持续发展并非总是有益。

第7章为本书的总结章，立足介绍开放、保护与产业安全的战略措施。从开放与保护之间的矛盾展开，总结性地探讨了经济全球化背景下的产业保护空间，并且提出了维护国家产业安全的相关政策建议。

在本书的撰写过程中，衷心地感谢我人生中最重要的导师宁波大学唐绍祥教授，谢谢他引领我走进这扇学术的大门，并在我的学习工作中给予我的巨大帮助。感谢我家人的支持，还有我的好朋友们：宁波大学的冷军博士，吴欣欣博士，卢群英博士，张云华博士和柯建飞博士以及康梅娟老师，谢谢他们在生活和工作中给我的帮助，感谢太原理工大学李燕博士为本书制图所做的琐碎而又严谨的工作。特别感谢为本书撰写提供帮助的研究生们：林洁，王志斌，李咏，朱烈，冯国志，江艳波，许小莉和符栋栋，谢谢他们为本书的数据处理所做的大量工作，以及为文稿最终修订所付出的努力，最后感谢国家自然科学基金委为本书提供的宽松和人性化的资助条件。

当然，限于本人的水平，书中存在的不足之处，恳请使用本书的各位同仁、学生和读者提供宝贵的意见和建议，以使本书能够进一步修改充实。

周新苗

2014年4月12日

# 目　录

# 第1章 对外经济开放与产业安全问题综述

拿破仑一百多年前曾经说过:“中国仿佛是一头睡着了的东方巨狮,我希望她永远都不要醒来,中国一旦被惊醒,世界会为之震动”。现在已将近两个世纪过去了,中国早已觉醒,它在世界经济与世界市场中所扮演的重要角色已毋庸置疑。中国已经成为世界第二大经济体,近些年来中国单方面的对外经济行为甚至在某种程度上决定了整个世界经济的格局,因此一些发达国家及主要国际贸易投资的参与国纷纷抱怨中国在国际市场上的过度竞争部分造成了目前的全球经济不平衡的状态,甚至更深远地影响到了贸易及投资伙伴国的就业和资本市场。于是国际市场上对中国经济的制裁和压制也通过各种方式和途径接踵而至。对于中国这个刚刚兴起不久,脱离蹒跚走路,更多依靠成本优势的贸易与投资大国来说,这样的打击无疑是巨大的。

中国对外经济自改革开放以来,经历了飞速发展的30年,无论是国际贸易还是海外引资都是中国引以为傲的双位数GDP增长率最主要的贡献者。然而30年过去了,当中国人重新审度这令人惊叹的GDP指标时,却没有多少欣喜。经济老二的帽子似乎更像个暴发户,和科技老二,学术老二更是差得很远,家里的钞票还和低技术、低成本有着撇不清的关系,“首堵”的雾霾在预示着经济发展的代价有点过大,2008年的金融危机甚至让中国摔了个大趔趄,中国原有的经济发展模式,特别是对外开放门户的模式已引起了学者和政界的深思。

产业安全是国家经济安全的基础和重要组成部分,是指一国产业发展和产业利益不受外部或内部因素破坏与威胁的一种状态。随着我国加入世贸组织和经济全球化的深入发展,我国经济已全面融入世界经济,产业发展的内外部环境均发生了深刻变化。据有关行业协会和研究机构进行的产业安全评估研究表明，加入世贸组织以来，国内产业抓住机遇，妥善应对各种挑战，大部分行业产业规模和市场份额迅速扩大，产业集中度明显提高，技术装备水平大幅改善，经济效益显著上升，产业（特别是工业）国际竞争力迅速增强，产业安全程度总体得到改善和提高；但随着加入世贸组织过渡期的结束和开放型经济的进一步发展，面临的国际竞争日趋激烈，发达国家在经济科技上占优势的压力长期存在，可以预见和难以预见的风险增多，统筹国内发展和对外开放的要求更高，这些因素使得国内产业安全也将面临更大的压力和挑战。学者们认为对产业安全的影响一般来自内部因素和外部冲击，但随着生产全球化和金融全球化的加剧，外部作用日益彰显，并更多的通过贸易的形式表现出来，尤其是发达国家以往的以利润为导向和中心的世界经济一体化生产体系遭到新兴发展中国家特别是中国的冲击之后，更多的基于产业保护的报复性贸易政策往往导致被报复国的产业安全危机。对于发展中国家而言，尽管贸易自由化为其提供了扩大对外经贸合作、发挥产业比较优势、加快结构调整的条件，但由于长期经济欠发达且公共教育水平又很低，加之在国际贸易中面临名目繁多的贸易壁垒，这些不利条件大大限制了发展中国家出口潜力的发挥，其国民产业往往遇到国外强烈的竞争，甚至被剥夺了发展现代工业的机会，产业安全受到严重威胁，因此本研究的开展对协调我国的对外贸易发展和对内产业安全管理具有巨大而深远的意义。

产业安全是国家经济安全的基础，产业竞争力是国家竞争力的重要组成部分。产业安全关乎国家根本利益。在经济全球化背景下，随着国际竞争日趋激化，产业安全越来越多地引起各国政府和学者的关注，成为政治经济学研究的新课题。

我国理论界对产业安全的探讨是随着改革开放的逐步推进而展开的。改革开放不断推进的过程，也是民族资本必须直面外国资本在各产业领域内日趋激烈的竞争的过程。外资大量涌入中国，在弥补我国资金缺口、技术缺口的同时，也在挤压着内资企业尤其是国有企业的生存空间。外资的资本控制、技术控制、品牌控制及其他各种形式的产业控制有增无减。我国产业安全问题凸显。经济学界关于维护国家产业安全问题研究的意义毋庸置疑。

## §1.1　研究的背景及动因

1）经济全球化进程的加快引发对产业安全问题的思考

经济全球化使在全球范围内配置资源得以实现，也使全球制造成为现实，这固然使得不少国家能够享受经济全球化带来的好处，但也有不少国家正在遭受经济全球化的某些侵害。经济全球化所产生的福利在不同国家间的分配并不是公平的。特别是，经济全球化所推动的全球制造让世界各国都成为国际制造体系多米诺骨牌中的一环，如果一国国内制造体系的问题在全球制造体系中得到放大，其国内矛盾和缺陷就有可能发展成为国际制造的危机。如果再考虑微妙的国际政治经济格局，经济全球化确实不像一些人所描述的——自由、民主、全球开放性的市场那么完美。

经济全球化理论要求发展中国家开放市场，要求发达国家承担责任，但恰恰是最发达、最开放的某些国家，却总是背道而驰。当今最发达的国家并没有兑现其以国民生产总值0.7％的资金援助发展中国家的承诺，相反，这些国家经常捆绑式地提出许多附加条件，如受援国必须实行多党制、货币贬值、开放市场等，在经济援助的背后往往带着政治讹诈。

从理论上看，经济全球化似乎为世界各国谱写出了令人憧憬的美好未来；但经济全球化的现实又展示出威力无比的破坏机制，展示出发达国家的威力无比的经济霸权，发展中国家不得不在威胁和恐吓下战战兢兢，为生存和发展而忧虑。

在已知的人类文明史中，受制于资源的稀缺性，只要存在主体的需求和欲望，就会存在主体之间利益的纷争。个人利益凝聚成为集团的利益、民族的利益和社会的利益，而国家就是各种利益的最终代表。从历史上看，国家之间的利益纷争是不可避免的。国与国之间话语权并不平等。国家贫弱则言轻。新中国成立后，我国在封闭的环境下通过自力更生、艰苦奋斗终于建成了相对独立完整的工业体系。牺牲了相当大的现期消费就是要摆脱资本主义的控制，通过建设自己的强大工业来维护国家主权和经济安全。然而，封闭的结果是纵向比较的进步，横向比较的落后。开放的世界留给封闭环境的空间越来越小，全球化已经成为不可阻挡的时代大潮。拒绝开放就等于放弃全球化带来的利益。麦肯锡全球研究所提出了“无疆界市场”这一全球规模的新市场观，并指出它“严肃挑战以封闭国家经济为中心的思考方式”。在世界经济日趋融合的背景下，资本以更大规模、更快速度在全球流动，把发达国家多余的资本及成熟的技术带给发展中国家。但是，这也给发展中国家带来了巨大挑战甚至政治、经济风险，其中，如何维护民族国家的产业安全便是最关键的一个问题。只要国家存在，就会存在独立的、以国家为代表的全体国民的共同利益，经济主权及产业安全这样的涉及主权国家的话题也将长期存在。

2) 各国关注经济安全问题的警示

国际上对国家经济安全问题的研究已经有几十年的历史了。早在20世纪60年代后期，美国就有学者关注国家经济安全问题。到了70年代，日本即有学者开始关注日本的生存空间和经济安全问题。到了80年代，美日学者、政府关注国家经济安全问题的兴趣不减，两国学者相继出版了一系列学术专著和研究报告，政府机构也发表了一些专题报告。到了20世纪90年代，国家经济安全问题引起了越来越多的国际政界要人、战略专家的关注，国家经济安全的概念被逐渐融入到国家政策之中。美国前总统克林顿在1993年表示要把经济安全作为对外政策的主要目标，并在政策上将经济安全定为国家安全战略的三大目标之一。其战略目标包括：加强自身经济实力的建设，为国家安全目标实现奠定坚实的物质基础；保持与盟国经济竞争的主导地位，通过经济一体化制约与盟国的经济关系；通过和平投资巩固在苏联、东欧的成果；应用经济制裁、经济援助等手段加强对各种国际矛盾的调控，尤其是影响和控制第三世界国家。美国一直以来都致力于用时代给予的机会来构筑一个全面出击的国家战略体系，来保障其全球的领导地位。

1996年，俄罗斯也明确提出了国家经济安全战略和国家安全基本构想。力求通过保障国家经济安全来保证俄罗斯经济在世界上的独立性，减少对西方发达国家的依赖，保证俄罗斯在经济利益不受威胁的状态下持续发展。除此之外，印度等国也提出了本国的国家经济安全思路。20世纪90年代后，关于国家经济安全的研究在全世界范围内普遍展开。在美国、法国、英国、俄罗斯、印度、日本等国都有机构在政府高层的直接领导下，进行国家经济安全问题研究。国际货币基金组织和世界银行、联合国非洲经济委员会、加拿大社会发展院、德国柏林Thunen研究所、俄罗斯社科院经济研究所、韩国产业研究院等机构都在有组织地研究国家经济安全问题。各国及众多国际机构关注经济安全问题的原因是：第一，寻求国家经济安全是为了经济的发展。经济安全是经济发展的基础，健康的经济发展是经济安全的实现条件和过程，寻求国家经济安全最终将实现经济的健康持续发展。同时，一个国家能否赢得并保持在国际上的适当地位，相当程度上取决于该国经济整体上的安全程度。如果一个国家的经济不安全，该国也就不可能有理想的经济发展。第二，寻求国家经济安全是迫于国际环境变化和国际竞争方式的变化。冷战结束后，大国之间的经济竞争日益激烈。甚至以往依靠核威胁都不能达到的经济、政治、军事目的，现在采取经济手段兵不血刃就可以达到。以打开国外市场为例，以跨国公司直接投资为手段，发达国家就可以轻而易举地进入对方国家的市场。由于经济手段相对于军事手段更加隐蔽，发达国家在国际竞争中就可以通过许多合理合法的方式达到可能战争也无法实现的目的；但对于发展中国家来说，这样则可能使其陷于更加被动的地位。第三，国家经济的安全程度一直是决定国家政局稳定与否的重要因素。经济不安全的国家难以摆脱政治的动荡不安。国家经济安全是国家政权的基础，经济基础不巩固的国家，上层建筑自然也不可能高枕无忧。这也是一些执政当局关心国家经济安全问题的最本质的原因。毋庸置疑，全球化条件下各国比以往任何时期都更加关注经济安全问题，而产业安全则是经济安全的物质基础。关键领域和重要产业的技术水平、创新能力与可持续发展状况是一国综合实力的核心，强大的国家必须拥有强大的产业，产业竞争力是国家竞争力的重要组成部分。一国的重要产业被外资控制，经济命脉被别国把持，经济安全就失去了物质基础，即使拥有大量的军队，经济安全也无从谈起，政治主权将难以为继。

3) 对外开放负效应的显现引发对产业安全问题的关注

国内对产业安全的关注始于对外开放效应的评价。我们原打算以市场换技术，市场是让出去了，换来的先进技术却凤毛麟角；我们希望涉外企业带动出口增加，它们却更多地瞄准了国内市场；我们希望外资可以带动产业结构、地区结构调整，实践证明这种效果也并不明显，而且，外资偏重于东南沿海还一定程度上加剧了我国的地区差距，固化了二元结构。我们希望国企在与外资的竞争中成长壮大，支撑起中国的民族产业，现实却是外资纷纷控股国企。在相当一部分重要产业，虽然中方握有合资股权的多数，但外国投资者或掌握着核心技术，或控制着关键零部件的进口渠道，或以其他方式起着支配作用，实际的控制权并不在我们手里。改革开放30多年来对外经济发展对中国经济增长所起到的正面效应当然要给予肯定，但是其带来的负面影响也不容忽视。产业安全问题凸显与我国融入世界市场的程度加深有直接关系，这说明原来封闭环境下一直被掩盖着的矛盾终于引起人们的注意了，我们开始重新审视自己的产业政策乃至经济制度，全面分析导致产业不安全的隐患。

## §1.2 经济安全与产业安全概述

经济安全与产业安全是学者们讨论国家安全问题时经常提及的两个概念，有时甚至没有较明确的区分，这主要是因为产业安全作为经济安全的重要组成部分，对维护国家的整体安全利益举足轻重。当然，对于产业安全内涵的理解特别是性质的界定，必须建立在对经济安全全面、深刻分析的基础之上。我们通过对经济安全决策一般框架分析，通过辨别经济安全与产业安全的相互关系和作用原理，可以对产业安全这一重要概念获得较为准确的把握，并将之贯穿于全书的研究当中。

1）经济安全的内涵及其构成

经济安全历来是政治家和经济学家们关心的大问题，是自国家以来即已存在的最基本的战略问题，是一个国家生存发展的基本条件。因此，经济安全很早就成为国际关系当中最引人注目的焦点。国际上对于经济安全的系统研究始于20世纪60年代后期，当时美国的一些学者提出要全面关注“国家经济安全问题”。到了70年代，日本学者提出要重视“日本的生存空间和经济安全问题”。到了80年代，美日学者对经济安全的研究逐步深入和全面。1980年，日本发布《国家综合安全报告》，正式出台了经济安全战略，将保障经济安全的战略思路和政策运作贯穿于日本的经济发展过程之中，经济安全的概念首次在官方文件中出现。1982年4月，日本“经济安全保障特别小组”提出了“经济安全战略是遏制和排除经济或非经济威胁的方略，是以经济手段为中心维护国家安全；全面理解国家经济安全战略必须树立综合观、全球观和全民观，建立相应的反危机体制”。到了90年代，随着经济全球化的深入，国家疆域对世界经济的约束力减弱，跨国公司对世界市场和资源的瓜分和争夺日益激烈，金融领域的虚拟资本急剧膨胀，各个国家对经济安全的重视程度相应提高。1993年2月，时任美国总统克林顿提出“将把经济安全作为对外政策的主要目标”。1996 年五六月，俄罗斯政府出台了“俄联邦国家经济安全战略”和“俄联邦国家安全构想”。印度同期也提出了国家经济安全思想，强调从国家的根本利益出发，努力创造有利的内外环境，逐步增强综合国力，争取在 21 世纪成为令人瞩目的经济大国和政治大国，奉行“以科技为先导，以教育为依托，以经济振兴为基础，以提升军事力量为后盾，以外交为保障”的国家经济安全对策。1997 年，亚洲金融危机爆发后，许多国际政要指出，不能将危机看成是“孤立的金融危机”，而必须按照“国家经济安全的大思路”看待这一事件，不少国际金融机构相应提出了金融安全和防范问题，一些跨国大公司还提出了“企业安全问题”。总的来看，世界主要工业化国家、新兴工业化国家和正在进入工业化国家行列的发展中大国，更加重视经济安全问题，对经济安全问题的研究也更加深入和全面。中国对经济安全问题的研究开始于 80 年代中后期，当时一些学者提出“中国的粮食安全问题”。随后，许多学者和专家开始对外资进入后的产业安全、金融安全等问题进行了研究，并取得了一定的研究成果。

综观国内外对经济安全问题的现状和研究进展，不难看出经济安全的内涵应包括以下几个方面：

首先，经济安全是国家经济主权的重要内容。在经济全球化的条件下，经济安全不仅关系到国家的经济发展和风险防范，还涉及国家的政治独立和主权完整。经济安全与政治独立构成国家主权两个不可分割的互动要素，没有经济安全，就没有国家的经济主权，国家的政治独立就难以保障。同时，经济安全与经济主权已成为跨越国界的综合安全问题，必须通过各国的一致努力共同应对。

其次，国家经济安全是指国家的经济发展、经济利益不受外部或内部威胁和侵害。具体而言，传统的国家经济安全观主要是指资源供给安全，涉及农产品、矿产品、能源和高技术产品等领域。在经济全球化时代，国家经济安全观是指一国经济免于因生态危机、经济不稳定、失业、金融市场紊乱、通货膨胀、大规模的贫困、商品不安全等的冲击而处于一种稳定、均衡和持续发展的状态，既包括一国内部经济发展所依赖的国外资源供给得到有效保障，免于供给中断或价格暴涨而产生的突然打击，同时也包括该国分布于世界各地的市场和投资等商业利益不受威胁，以及不受外部影响引发内部经济全局性、系统性金融风波。为实现这种安全状态，国家既要保护、调节和控制国内市场，更要维护本国在世界范围内的经济利益，参与国际经济合作。

再次，国家经济安全是指一个国家的经济竞争力和本国经济得以存在并不断发展的国内、国际环境。经济安全根系于经济竞争力的强弱，包括较为稳固的国民经济发展基础、金融体系、合理的产业结构、企业核心竞争力等。一国经济竞争力的变化，可以导致国家实力的变化，从而使政治、军事形势发生突变。而一国经济竞争力的获得及经济健康、持续和有序地发展，必须拥有一个可以抵御国内外各种干扰、威胁和侵袭的国内外环境，这与国家安全战略有着更为密切的联系，关系到一国政府对经济运行的调控能力和具体的战略和策略等。

简言之，经济安全是指一个国家的经济竞争力；一个国家经济抵御国内外各种干扰、威胁、侵袭的综合能力；一个国家经济得以存在并不断发展的国内和国际环境。需进一步指出的是，经济安全观实际上是一个动态安全观。在全球化不断改变社会进步方式和人类文明发展方向，经济安全面临的环境、受影响因素和实现手段相应发生变化的大背景下，经济安全观正经历着深刻的变化。其中最为显著的，一是国家主权由绝对变为相对，在国家间互相依赖程度日益加深的形势下，各国不再以绝对主权来衡量国家安全与否；二是全球金融、贸易和服务市场的监管体系更多的是以市场为中心，不定因素较以前明显增多，国家经济面临着更大的风险与挑战；三是经济安全主体由过去的国家，向上延伸至群体和全人类，向下延伸至个人，从而导致对一国经济安全产生威胁的主体呈现多元化特点；四是随着国际争端处理机制的成熟与完善，“双赢”或“共赢”成为国与国之间处理相互关系的重要选择，经济安全观正由重视外部因素逐渐向重视内部因素转变；五是从过多强调人口、资源等硬实力因素，向既强调硬实力因素又强调国家体制、科技、文化、民族凝聚力等软实力因素转变。

2）经济安全决策的一般框架分析

从本质上讲，经济安全是各国等利益主体出于自身考虑而进行决策的博弈过程，这种带有明显利益冲突的决策过程使各国之间的经济实力此消彼长，在动态的对抗进程中实现某一均衡点上的妥协，使双方都看到再继续对抗下去，就会失去最佳机会，导致经济成本上升，背离利益最大化的初衷。因此，任何经济安全决策的做出，总是一个相互让步和折衷的政治过程。而各国在决策过程中存在的部门利益与偏好以及相互间的博弈行为，往往导致信息不对称和战略偏差，使国家利益体现在一个狭窄的“利益束”上。所谓“利益束”是指国家综合各方面的利益与要求，提出的国家战略目标。这里首先不是国家利益的最大化，而是某个阶层、集团的利益在战略中得到了更大的、更为充分的表达。

为进一步剖析经济安全这一复杂的决策过程，现利用政治学的结构——功能论和系统论对其进行一般框架分析。

初始条件：经济安全是动态的决策过程，其起点是初始的政治、经济、社会和文化等内外生条件，既是原来政策决策的产物，也是引发新的政策或战略举措的基础。外生条件主要是世界经济形态、现实或潜在的危机冲击、国际能源和重要矿产、金融、商品和劳动力市场的价格波动、贸易自由化与贸易保护主义等。内生条件主要是本国固有的政治体制、经济制度与市场环境、人文、社会和民族特性等。有利与不利的初始条件均可以促使一国政府产生决策的动机。

政策输入：在信息与技术支持下的分析过程是一国政府决策的关键。而信息来源与质量的可靠性是导致决策正确与否的决定性因素。在进行经济安全的决策过程中，必须采取经济统计与分析方法，通过准确、实用和及时的现代化评价手段实现决策的科学化。由于国家经济安全是由诸多方面利益因素组成的多元体，有些可以进行准确统计，有些则无法进行确切量化，特别是有关社会政治与体制结构的信息往往以非定量和非正式的途径反映出来，容易在政策输入过程中被忽视或遗漏。在一国内部，由于各种利益主体的存在，其要求反映的利益并不能在一国的经济安全总利益当中充分体现，甚至因其利益倾向与利益表达的迥异而与国家总利益产生冲突。因此，必须建立以具有绝对权威的决策机构为核心的广泛协商体制，解决和协调各种矛盾与冲突，为最终的国家决策做出倾向性建议。

政策决策：政策决策是实现国家经济安全的最重要环节，也是一个不易观察的“黑箱”。决策往往取决于决策结构与决策规则。决策结构一般包括权力结构与组织结构，即由谁参与决策，决策者的政治与经济地位如何以及相互之间的利益关系如何，等等，这其中包括各级政府、行业协会、工会和金融利益集团、消费者组织、外国政府与国际组织等。决策结构既有纵向的依从关系，又有横向的制衡关系，而组织结构则是相互渗透并形成网络。在所有决策者当中，国家最高领导人具有最后发言权。决策规则包括正规和非正规的规则，即决策者或影响者利益表述和寻求利益的渠道与机制。决策规则在发达与不发达国家因体制不同而具有不同方式。决策规则的关键是如何使多元化的国内与国外利益实现平衡，最大限度地包括在政策当中，以满足国家经济发展的总体需要。

政策输出：政策输出既是决策的终点，也是政策实施的起点，其执行过程相对决策过程较为透明和可度量化。但是，政策输出既可以完全履行决策，也可以部分履行甚至阳奉阴违。这种复杂现象主要是由政策执行的行政管理效率与质量以及决策过程当中未彻底解决的问题所致。对此，政府或具有绝对权威的统领机构必须以强制性的方法推行政策，达到既定目标。此外，政策输出的另一项工作是对有关政策的实施结果进行量化评估，从而为今后的决策提供参考与依据。如果多次决策产生的绩效改变了初始条件，会重新启动新的政策输入功能，使决策延续下去。

需要指出的是，国家经济安全决策系统的动力、速度和绩效既要受到处于中心地位的本国制度因素的制约，又要受到处于大环境中的国际政治经济体制的影响，从而使不同国家的经济安全体系具有各自不同的国情特征，如图 1－1 所示。

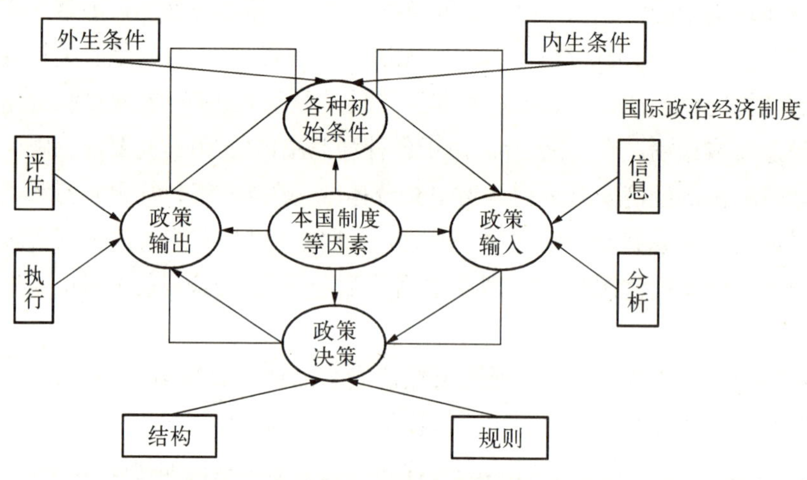


**图 1－1　经济安全决策过程的一般框架分析**

3）经济安全与产业安全的内在联系

经济安全与产业安全有着极为密切的关系。首先，一个国家要获得经济安全，既要考虑到国内各类产业先天禀赋条件的优势与不足，又要从安全角度对各类产业发展予以适当的协调、支持并制定符合具体国情的发展道路，明确未来的成长方向，以避免遭受大的经济风险。其次，一个国家要获得确实能够维护经济安全乃至整个国家安全的有效手段，必须对某些重要产业给予特别的扶植与保护。再次，一国经济安全战略及具体策略的实施，在很大程度上由产业安全状况决定，不能脱离产业发展的实际。最后，从经济安全的角度思考产业发展，可以为一国政府制定更加合理的产业政策提供新视角。需要进一步明确的是，研究经济安全必须研究产业安全及其相关的产业竞争力问题。实际上，一个国家经济是否安全，是由其在一定历史阶段主要产业的竞争力决定的。纵观世界经济史不难看到，在资本主义发展初期，荷兰凭借其强大的海上运输业成为欧洲霸主并驰骋全世界。而后来英国取代荷兰成为世界第一强国，也是依靠工业革命带来的超强工业优势。二战以后美国一跃成为头号世界强国，正是依赖于强大的工业生产与技术能力。至于像日本、韩国等东亚国家在短时间内跻身世界经济强国的行列，同样也是依靠相关产业的不断发展壮大和产业安全措施的实施。由于一国工业是各种细分的不同产业组成，各类产业在各国的兴替，引起了世界经济格局的变化。

从另一个方面来看，出于维护国家经济安全的考虑对有关产业进行划分，可以清晰地体现出经济安全与产业安全的关系，即哪些产业对国家经济安全至关重要，必须切实采取措施做好相应的产业安全工作。结合有关国家的做法与经验并针对中国具体国情，可以大致划分出以下几类产业：一是国防工业及其相关产业。根据许铭(2005)在相关研究中的总结，和平时期军品产值、军品生产能力占行业产值、生产能力 30%以上的，可以列为国防工业，而低于 30%，但军民通用高技术数量与该产业主要技术数量之比，以及该产业可用于军用的生产能力与全部生产能力之比均超过 20%的，可视为与国防密切相关的产业。如两项指标低于 20%但高于 15%的，则可视为国防工业的相关产业。二是提供最基本生活资料的产业。这些产业往往难以通过国际贸易的方式予以替代。三是涉及计算机、航空、航天、生物、海洋、信息、新材料和新能源等的高新科技产业。四是产业关联度大，波及面较广的产业。五是能够提供大量就业机会的产业。六是对一国生存环境易造成不良影响的产业。可以看出，按照经济安全标准对相关产业进行划分，与通常的产业类型划分有所不同。有些通常意义上的支柱产业虽然对一国经济发展举足轻重，但并不一定对经济安全有多大影响。相反，有的非支柱产业因其自身特点会直接影响到国家的经济安全。即，对国家经济安全至关重要的产业则更多着眼于安全与否，重点在于维持经济的正常运行，而支柱产业更多着眼于一国经济的持续发展。

4）产业安全的内涵界定

近年来，国内许多学者从不同角度对产业安全的内涵进行了剖析。主流研究主要从两个角度出发，一是从政治治理角度和国家战略安全角度讨论的产业安全，二是从经济可持续发展角度讨论的产业安全。前者在本书中将不过多涉足，对于后者，有经济学家（何维达，2002；景玉琴，2005）主要是从产业结构的均衡发展角度来定义产业安全：主要包括以下三个方面的内容：①产业国际竞争力评价指标：产业生存空间是指产业所拥有的国内市场份额和世界市场份额（出口）之和。维持产业的生存空间是指国内产业的产销量应该快于或至少不慢于国外产业产销量的增长。只有这样，国内产业才能保持创新和发展的能力，其生存空间才能真正得以维持；②产业对外依存评价指标：这一类指标主要反映产业受跨国因素负面影响的情况，而跨国因素对国内产业生存的正面影响则通过产业国内生存环境和产业生存空间两类指标中的相关指标反映；③产业控制力评价指标：主要包括外资市场控制率，外资品牌拥有率，外资股权控制率和外资技术控制率。此外，雷家骕（2000）将产业安全狭义地定义为制造业安全，即在开放的市场经济条件下，产业安全的核心是制造业安全，包括基础制造业安全、关键设备制造业安全、高关联性制造业安全等。杨公朴、夏大慰（2008）等人则认为产业安全是指在国际经济交往与竞争中，本国资本对关系国计民生的国内重要经济部门的控制，本国各个层次的经济利益主体在经济活动中利益分配的充分，以及政府产业政策在国民经济各行业中贯彻的彻底。吴兴南、林善炜（2002）认为产业安全主要是由外商直接投资引发，外商利用其资本、技术、管理、营销等方面的优势，通过合资、直接收购等方式控制国内企业，甚至控制着某些重要产业，抢占国内市场，由此而对国家经济产生威胁。这两种定义均侧重国民属性在经济生活中的重要作用。张立（2007）则将产业安全定义为一国在对外开放的条件下，在国际竞争的发展进程中，具有保持民族产业持续生存与发展的能力，始终保持着本国资本对本国产业主体的控制。这种定义强调维护民族产业的可持续生存与发展能力。

为了更加清晰地界定产业安全内涵，必须对产业安全这一概念予以较全面的理解。综合来看，主要包括以下几个方面：

首先，产业安全是一个类似经济安全的动态概念。从前面的分析可以看到，产业安全最初是通过比较优势予以衡量，一国往往是通过对具有比较优势的产业予以保护或扶植，以达到维护产业安全免受外界冲击的目的。而随着经济的不断发展，特别是经济全球化的深入，决定产业是否安全的因素越来越多，已超越了比较优势的范畴，其实现手段与途径趋向复杂化，涉及政治经济体制、产业管理、产业政策、对外依存度、劳动力素质、资本效率、企业管理水平、企业文化等诸多方面，并且不断变化。此外，产业安全的侧重点随着经济形势的发展呈现不同的特点，产业安全的维护对象亦不尽相同。而且，在不同的经济发展阶段，具体产业的安全度各不相同，有的产业相对安全，无须政府保护、扶植或重点关注，而有的产业面临较大危机，必须及时采取应对措施。但是安全度只是相对而言，并没有绝对安全的产业。

其次，产业安全具有鲜明的层次性。在一国各种不同的产业当中，有些产业的竞争力较强，其安全度较高，而有的产业则正好相反。安全度不同的产业共同组成了一国的产业集群。因此，一国在制定产业安全政策时，就必须针对不同产业的特点分门别类地予以对待，不能搞一刀切，而要从产业与经济发展的大局出发，确实维护产业集群的整体安全，必要时付出牺牲个别产业安全的代价，以求在全球激烈的竞争当中获取最大利益。

再次，产业安全是一个综合体。产业安全涉及一、二、三次产业，且彼此之间密切关联，任何一个产业安全出现问题，必然影响到其他产业，甚至会出现"多米诺"骨牌效应。而且，产业安全还与金融安全、贸易安全、战略物资与能源安全、信息安全、决策安全共同构成了经济安全的大系统，是一国金融安全的前提，贸易安全的决定条件，决策安全的保障，并受制于战略物资与能源安全和信息安全，而产业安全作为一个相对独立的子系统，为一国的经济运行输出大量信号，是推动经济进步的重要依据与基础。同时，实现一国产业安全必须有赖于一系列有效制度的作用，在遵循市场规律的条件下，充分调动各种积极因素，发挥综合效应。

第四，产业安全具有宏观战略性。一国经济发展的大局很大程度上取决于产业安全与否，产业安全是一国经济安全战略中的重要组成部分。在涉及产业安全的诸多问题当中，绝大多数关系到国家经济的可持续发展甚至是国家的长治久安，必须从长远角度、全方位地加以思考，绝不能从局部利益出发进行狭隘的理解，尤其在制定具体策略时，需要充分、全面地考虑各种复杂因素，以争取战略利益为宗旨，努力营造最适合国家产业发展的大环境，为今后的进一步发展创造有利条件。

最后，近些年越来越多的国内外学者从更温和的经济学角度出发考虑一国的产业安全问题，他们给予了产业安全更广泛的定义和理解。除了上述基于宏观角度的产业结构均衡安全出发的定义外，产业安全还应包括以下微观视角的考察：① 企业抵御经济冲击的能力：微观企业能否适时或预防性的做出顺应经济远景发展的调整与转型，即抵御经济发展过程中可能的风险及其对风险进行管控的能力；② 产业发展过程中技术要素及技术进步更应受到重视：缺乏具有自主知识产权的技术和产品是我国产业安全面临的最突出的问题，我国企业研发投入强度过低，是制约企业技术进步和国际竞争力的首要因素，也是我国企业在国际竞争中所面临的最大风险所在；③ 纳入家庭和社会福利：一方面，提高家庭和社会福利可以促进一国经济增长，形成产业聚集，从而提升产业安全水平；另一方面，提高家庭和社会福利也是维护国家产业安全的最终目的之一。

通过上述分析，我们可以将产业安全定义为：产业安全作为国家经济安全的重要组成部分，指的是在开放条件下，一国产业抵御外来干扰或威胁并不断获得持续发展的状态，很大程度上体现了本国产业的主导地位与竞争力，是一国产业综合素质在不同发展阶段不同宏微观角度的集中反映。

## §1.3 开放条件下的产业安全

经济全球化不再给封闭经济留有余地，开放是唯一选择。开放经济有着与封闭经济不同的风险源。不能因为开放竞争所带来的产业风险增加就暂停开放进程或者倒退，这样只会丧失发展机遇。正确的选择应该是深入研究开放经济的风险形成机制，尽快构建适应开放型经济的产业保护机制。

冷战结束前，各国对国家安全的注意力主要集中在政治安全和军事安全上，强调军事力量是保护和促进国家安全的主要基石。20 世纪 80 年代末，由于冷战的降温并最终结束，世界各国尤其是发达国家对国家安全的忧虑日益表现在经济领域而不是军事领域。经济成为各国外交的中心，经济因素成为影响一国的关键，经济安全也从后台走上前台。在由军事安全、政治安全和经济安全组成的国家安全中，经济安全起着主导和决定作用，国家安全的重点已从传统意义上的军事安全转变为经济安全。作为经济安全基本内容的产业安全自然就成为各国关注的焦点之一。

经济全球化进程的加速对产业安全的影响绝不亚于冷战的结束，它是产业安全日益突出的直接原因。随着资本国际化、生产全球化成为世界经济发展的重要趋势，跨国界的生产要素和商品流动的规模持续扩大。外国资本通过国与国之间投资和贸易渠道，对东道国产业发展产生多方面的深刻影响，使得各国产业主权和产业发展面临新的形势。产业安全成为各国在对外经济交往过程中必须着重考虑的重大问题。

国内对产业安全的关注主要来自跨国投资和国际贸易两个渠道。

跨国投资方面，随着我国对外经济交流不断扩大和深化，特别是外商直接投资比重的加大，国外经济势力对我国产业发展的影响日益重要以至举足轻重，对我国产业安全构成了严重的挑战。产业安全问题在新的形势下凸显出来。

本国资本具有的产业控制力，并不是排斥外资和过度保护的结果，而应该是竞争实力的体现和市场竞争优胜劣汰的结果。如果产业控制力是运用国家行政干预手段进行的暂时的资本控制，即强制规定控股权，而没有注重培养和建立本国产业的国际竞争力，在开外的条件下是难以提升自身产业安全的。因此，当国家面临外资时还是应当持有一种积极的态度，积极引导外资的流向，提高民族产业的国际竞争力。

外商直接投资(FDI)是推动经济增长的重要力量，在经济全球化的过程中，FDI扮演了关键的角色。20世纪90年代以来，流向发展中国家的FDI呈现出与日俱增的态势，各国纷纷出台优惠政策吸引FDI，中国也不例外①。

至于FDI对于中国产业自身发展的效用，我们通过学者们丰富的研究内容可做一简单了解。主要涉及以下几个领域：一是研究FDI对宏观经济增长的作用。大多数研究结果表明，FDI对促进中国经济增长有不可忽视的作用。外国资本的引入对于加强技术进步，提高产出效率和促进产业升级等方面尤为重要(沈坤荣(1999)、杜江，高建文(2002)、王震国，袁汝华(2003))。王成岐，张建华

① 给予外商的超国民待遇，对内外资企业实行不同的税收制度，并且给予外资业以优惠于内资企业的税收待遇。自2010年12月1日起，我国统一内外资企业城市维护建设税和教育费附加制度，对外商投资企业、外国企业及外籍个人征收城市维护建设税和教育费附加。至此，内外资企业税制实现了全面统一，外资企业在税收政策上享受的“超国民待遇”被彻底终结。

和安辉(2002)在研究FDI与地区差异的同时，也指出了国内投资和国外投资都是经济增长的重要动力。不过，也有类似杜江，高建文(2002)的研究表明，尽管外国直接投资和中国经济发展互为因果，但它们之间不存在长期稳定的关系；卢荻(2003)则指出，在产业发展层面，外商投资确实有助于改进资源配置效率，然而这种贡献却是以妨碍生产效率改进为代价的，不同的引资模式对中国经济增长产生的作用是不同的。二是研究FDI对中国工业的溢出效应。有研究表明，外国直接投资对内资工业部门能够产生积极的外溢效应，对推动中国工业增长和增长方式的转变有重要作用(何洁，许罗丹(1999)、Liu，Zhiqiang(2000)、何洁(2000)、姚洋，章奇(2001)、江小涓，李蕊(2002)、王志鹏，李子奈(2003))。江小涓(2003)进一步指出，“虽然跨国公司有垄断愿望，但是随着中国不断深化的开放与改革，跨国公司不仅本身以竞争行为为主，而且成为促进中国竞争性市场结构形成的重要因素。”然而，Aitken，Brian J，Harrison，Ann E(1999)的研究表明，外商投资的溢出效应只对小企业显著，而对纯内资企业是没有溢出效应的，相反外商投资严重阻碍了内资企业生产效率的提高。三是研究FDI对地区经济与产业竞争力的影响。Zhang Q和Felmingham(2002)的研究表明，外商投资对中国的东、中、西部的经济增长都产生了积极的推动作用。王成岐，张建华和安辉(2002)也发现，无论在全国还是各省区分组的层次上，东道国的经济技术水平和政策因素均强烈地影响FDI与经济增长之间的关系。在经济发达地区，FDI对于经济增长的影响更强烈；企业间的竞争最为激烈时，FDI对于经济增长的作用能够得到最大程度的实现，而关于负面效应的研究，近年来也不占少数，很多学者提到，外资并购的根本原因是为了获取更多的利润。其中有人认为，外商直接投资对我国产业安全的威胁主要表现在外商通过各种方式来控制国内企业和垄断某些重要产业。这些方式包括：利用资金实力，占据多数股权，控制国内企业：通过兼并收购及系列投资方式对同一产业内的企业进行一体化控制，使外商对我国的某些产业形成垄断链条；外商对上、中、下游产业进行投资，力图控制关联产业；外商通过战略联盟，共同控制我国的某些高科技产业。还有的认为，外资主要通过品牌控制、技术控制和市场控制影响产业安全，并指出外资对我国产业结构的其他一些负面影响：外资投向导致产业结构失衡问题加剧，国家对产业的宏观调控能力下降等。

国际贸易方面，随着我国加入WTO，特别是后过渡期的即将结束，我国产业失去或部分失去关税和非关税壁垒的保护。尤其是国际范围内贸易保护主义有所抬头，反倾销、反补贴、保障措施等作为合法的贸易保护手段正在被一些国家滥用。国内一些不具备比较优势和竞争力的产业极易遭到国外倾销、反倾销等不正当竞争行为的冲击，产业损害时有发生。在这种情况下，我国学者开始了对产业安全问题的新一轮讨论。

自20世纪中叶以来，世界各国及各种国际组织就加强了对全球贸易往来成本的削减努力，从世界贸易组织（WTO）的前身关贸总协定（GATT）1947年的关税递减协议开始，至今，WTO各种各样的有关贸易成本控制的协定不胜枚举。后期的南方共同市场（MERCOSUR）也出于同样的目的成立，而消除国际贸易往来障碍最为成功的组织欧盟（EU）也是迄今为止贸易一体化或贸易自由化最为彻底和包含成员国最多的区域性国际组织。

贸易自由化是国际贸易发展的必然选择，为世界贸易的发展创造了一个更加开放和自由的环境，对全球贸易和经济增长发挥着强大的引擎作用。贸易壁垒的减少和市场的开放大大刺激了国际贸易的增长，各国都把越来越多的产品投入世界市场，也把世界市场作为促进本国经济发展的途径。随着WTO框架下的多边贸易体制的逐步完善和发展，世界上越来越多的国家和地区融入到了贸易自由化的进程中。贸易自由化对各国的经济健康发展产生着深远的影响。以欧盟为例，从1968年实现关税联盟，逐步取消关税壁垒开始，一系列的相关措施不断推出，尽管有些是出于政治原因，但仍有大量的举措是和发展成员国经济，改善一国福利状况密切相关的。较典型的表现是通过制定统一的规则或法规例如竞争法和消费者权益等限制成员国间的利己经济行为，这些举措便利了欧盟成员国间的相互出口及寻找最有利于自己的生产方式而不再像世界上的其他跨国企业更多地考虑关税及异国政策问题。

当然，更多的贸易自由化政策和协议是为了消减成员国间互相贸易往来的进出口成本，例如一些直接对进口中关税、配额和其他非关税壁垒的限制规定，针对出口的出口补贴，类似于美国反托拉斯法的内部法规和不同类型的公共援助，税收鼓励或者是企业的再培训计划，这样显然便利了企业更快的低成本融入外部市场，学者们在研究过程中还发现了贸易自由化还会对一国的技术改善作出贡献。贸易开放可以帮助相对落后的国家提高外部竞争能力（Pollard和Storper，1996）。近年来的研究也显示政府的出口鼓励，出口资助计划，出口促进机构的政策努力都会对企业的技术提升有显著的正向作用（Rose，2005；Lederman 等，2006；Gil Pareja 等，2008）。

自由贸易的开展是否总是有利无弊，对全球经济有百利而无一害呢？答案显然是不一定，否则我们就看不到当前依然屡见不鲜的出于产业保护的各类贸易纷争和各国依然实行不一的贸易保护政策。以中国为例，随着生产全球化和金融全球化的加剧，外部作用日益彰显，并更多地通过贸易的形式表现出来，尤其是发达国家以往的以利润为导向和中心的世界经济一体化生产体系遭到新兴发展中国家特别是中国的冲击之后，更多的基于产业保护的报复性贸易政策会导致被报复国的产业安全危机。对于发展中国家而言，尽管贸易自由化为其提供了扩大对外经贸合作、发挥产业比较优势、加快结构调整的条件，但由于长期经济欠发达且公共教育水平又很低，这些不利条件大大限制了发展中国家向外发展的自由，其国民产业往往遇到国外强烈的竞争，甚至被剥夺了发展现代工业的机会，产业安全受到严重威胁。

# 第2章 福利经济学角度的产业安全研究

## §2.1 福利经济学与经济福利的含义

1）关于福利经济学

福利经济学作为一个经济学的分支体系，首先出现于20世纪初期的英国。1920年A.C.庇古的《福利经济学》一书的出版是福利经济学产生的标志。第一次世界大战的爆发和俄国十月革命的胜利，使资本主义陷入了经济和政治的全面危机。福利经济学的出现，是资本主义世界、首先是英国阶级矛盾和社会经济矛盾尖锐化的结果。西方经济学家承认，英国十分严重的贫富悬殊的社会问题由于第一次世界大战变得更为尖锐，因而出现以建立社会福利为目标的研究趋向，导致福利经济学的产生。1929—1933年资本主义世界经济危机以后，英美等国的一些资产阶级经济学家在新的历史条件下对福利经济学进行了许多修改和补充。庇古的福利经济学被称作旧福利经济学，庇古以后的福利经济学则被称为新福利经济学。第二次世界大战以来，福利经济学又提出了许多新的问题，正在经历着新的发展和变化。

福利经济学是西方经济学家从福利观点或最大化原则出发，对经济体系的运行予以社会评价的经济学分支学科。帕累托最优状态概念和马歇尔的“消费者剩余”概念是福利经济学的重要分析工具。而马歇尔从消费者剩余概念推导出政策结论：政府对收益递减的商品征税，得到的税额将大于失去的消费者剩余，用其中部分税额补贴收益递增的商品，得到的消费者剩余将大于所支付的补贴。马歇尔的消费者剩余概念和政策结论对福利经济学起到了非常重要的作用。

福利经济学的主要特点是：以一定的价值判断为出发点，也就是根据已确定的社会目标，建立理论体系；以边际效用基数论或边际效用序数论为基础，建立福利概念；以社会目标和福利理论为依据，制定经济政策方案。

2）经济福利的含义

福利（welfare）、幸福（well-being）、效用（utility）、快乐（happiness）等词语，对一般的人和经济学者而言所能联想到的内涵可能很不相同。对于大多数经济学者而言，效用是内涵最小的，它主要指商品消费带来的满足；福利是更广泛的概念，它往往和政策评价有关；而幸福和快乐应该是最广泛的概念，它往往和生活状态等联系在一起。在不同的理论体系中，它们差别巨大。

但是，从本质上讲，它们是同义词，它们指的是人追求的最终极目标，人最根本的利益，人对生活的评价，和它们类似的还有满足感，它们都是在不同理论体系背景下对个体福利的测度。

主观幸福作为人类追求的终极目标一直是哲学、心理学等研究的对象，更是各种文学作品描述的重点。不同的哲学家、心理学家都对此有过定义，而每一个普通人对它也有自己的理解。遗憾的是，要想得到一个大家都认同的具体幸福描述是非常困难的事情，很多哲学家对此的定义也不见得高明多少。例如费尔巴哈（1984）认为："幸福不是别的，只是某一生物的健康的正常的状态，它的十分强健的或安乐的状态"。弗洛伊德（1987）认为："我们所说的幸福（相当突然地）产生于被深深压抑的那些需要的满足"。

很多思想家对他的定义甚至还截然相反，例如斯密（1998）在《道德情操论》第四章《论友好的激情》中认为幸福产生于谈话和交往，说到"交际和谈话是恢复平静的最有效的药物；同样也是宁静、愉快心情最好的保护剂，宁静的心情对自足和享受来说是不可或缺的"。托马斯·莫尔爵士（Sir Thomas More）在他的传世之作《乌托邦》（*Utopia*，1516）中勾勒了他对于人类社会理想幸福生活的设想①，罗素（1976）却评论道："可是必须承认，莫尔的乌托邦里的生活也好像大部分其他乌托邦里的生活，会单调枯燥的受不了。参差多样，对幸福来讲是命脉，

① 也许可以说是大多数的人们对于理想社会的憧憬，因为中国古代的哲学家所设想的大同社会和古希腊哲学家的理想国都和乌托邦有很多类似的地方。

在乌托邦中几乎丝毫见不到。这点是一切计划性社会制度的缺陷，空想的制度如此现实的也一样。"也许罗素的观点道出了幸福的本质，参差多样乃幸福的本源。当然，我们在此并不想作哲学的总结和文学的描述，只是想探究经济学中的幸福观念的理论渊源，这样我们才能全面地理解它。如前所述，对大多数经济学家产生影响的幸福概念主要源于古希腊的亚里士多德和近代功利主义者边沁。亚里士多德的幸福论和社会或生活的客观内容相联系，它是客观幸福观和理性幸福观的典型代表。经济学中福利的客观衡量思想或多或少都来源于亚里士多德的理论体系，即从可以带来幸福的事物入手来衡量幸福，这也是本研究中经济福利的理论渊源。

主观幸福也是经济学最根本的目标。古典经济学（或说经济学诞生阶段）的研究目标中所谓的个体幸福都带有边沁的主观幸福感，带有浓厚的感性心理学和价值判断伦理学的色彩。以这种幸福观为基础，1870 年代的边际革命提出的主观效用实质就是要对快乐进行衡量。

众所周知，现代经济学出身于哲学和伦理学，在诞生初期，亚当 · 斯密在《国富论》中主要研究国民财富的性质和原因，将政治经济学的目标定位于富国裕民，和斯密同时代的大多数英国古典经济学家和以后的经济学家都把他们的注意力用于研究国民财富或国民收入，国民财富（或收入）确实是古典经济学中的重要概念。

马尔萨斯（Thomas Robert Malthus，1962）曾指出："亚当 · 斯密的《国富论》主要研究国民财富的性质和原因，不过，与此同时，他间或还进行了另一种也许更加令人感兴趣的研究，他有时还研究影响国民幸福或下层阶级幸福与安乐的种种因素，无论在哪一个国家，下层阶级都是人数最为众多的阶级。我很清楚，这两个问题是紧密相关的，一般说来，有助于增加一国财富的因素，也有助于增加下层阶级的幸福。但是，亚当 · 斯密博士也许把这两者的关系看得过于紧密了。"

考虑到斯密所在的 18 世纪的英国，对于绝大多数的中下层民众而言，收入的增加，即让他们能够享有对丰裕物质和服务的支配权，对于他们生活质量的改观是意义非常的。无论是马克思的《资本论》，还是恩格斯的《英国工人阶级现状》对 19 世纪英国一般的工人窘困的生活状况都有详尽的描述。我们可以想象，100 多年前的英国和欧洲大陆大多数中下层人民的生活是非常贫穷的。

但是由于主观的幸福(或快乐)的测度未能解决，边际革命以后，经济学越来越数学工具化，而心理学等科学的发展未能给经济学家提供一个像温度计一样能够准确测度出我们大脑中的快乐(满足)的工具。后来的经济学多主张用可以衡量的客观商品来间接测度效用，建立主观效用和客观对象之间的映射关系，即效用函数，带有更多理性的色彩。这种转变其实是一种被迫的选择，例如持有主观效用价值论的西尼尔无奈地说："作为一个政治经济学家，我所要研究的不是幸福而是财富；我不但有理由省略，而且也必须省略掉一切与财富无关的考虑。"

因此福利(Welfare)、幸福(Well-being)和效用(Utility)本身都和人的感受相联系，当然都是主观的，只是后来效用在价格理论中的重要作用，一般都和商品收益联系起来，而福利也大多和经济因素有关，只有幸福游离在经济学之外，保留了人们使用它的本意。

## §2.2 经济福利的个体评价与社会评价

### 2.2.1 经济福利的个体评价

1) 效用

效用(Utility)是经济学中最常用的概念之一。一般而言，效用是指对于消费者通过消费或者享受闲暇等使自己的需求、欲望等得到的满足的一个度量。经济学家用它来解释有理性的消费者如何把他们有限的资源分配在能给他们带来最大满足的商品上。在维多利亚女王时代，哲学家和经济学家曾经轻率的将效用当作一个人整个福利指标。效用一度认为是个人快乐的数学测度。

从西方效用理论的发展过程中看，大体上有三条主线贯穿始终，即：从绝对效用价值论到相对效用价值论，从主观效用价值论到客观效用价值论，从基数效用理论到序数效用理论。值得注意的是，效用理论发展的三条主线不是不同时期相互独立的，而是在各个时期三条主线有叠加、并存相互作用，从而推动着理论继续向深度和广度发展。

基数效用是指按1,2,3,……等基数来衡量效用的大小，这是一种按绝对数衡量效用的方法，这种基数效用分析方法为边际效用分析方法，序数效用是指按第一，第二，第三等序数来反映效用的序数或等级，这是一种按偏好程度进行排列顺序的方法。基数效用采用的是边际效用分析法，序数效用采用的是无差异曲线分析法。凡是熟悉经济学的人们，应该对以上的描述和下面几个经典概念并不陌生。

(1) 总效用与边际效用。总效用是指消费者在一定时期内，消费一种或几种商品所获得的效用总和。边际效用是指消费者在一定时间内增加单位商品所引起的总效用的增加量。总效用与边际效用的关系是：当边际效用为正数时，总效用是增加的；当边际效用为零时，总效用达到最大；当边际效用为负数时，总效用减少；总效用是边际效用之和。

(2) 边际效用递减规律和需求定理。边际效用递减规律决定需求定理：即需求量和价格成反方向变化。因为消费者购买商品是为了取得效用，对边际效用大的商品，消费者就愿意支付较高价格，即消费者购买商品支付价格以边际效用为标准。按边际效用递减规律：购买商品越多，边际效用越小，商品价格越低；反之，购买商品越少，边际效用越大，商品价格越高。因此，商品需求量与价格成反方向变化，这就是需求定理。

(3) 消费者均衡。消费者均衡是研究消费者把有限的货币收入用于购买何种商品、购买多少能达到效用最大，即研究消费者的最佳购买行为问题。

(4) 收入效应、替代效应、总效应。替代效应是指当消费者购买两种商品时，由于一种商品价格下降，一种商品价格不变，消费者会多购买价格便宜的商品，少买价格高的商品。收入效应是指当消费者购买两种商品时，由于一种商品名义价格下降，可使现有货币收入购买力增强，可以购买更多的商品达到更高的效应水平。总效应是指其他条件不变，某一种商品价格下降后消费者从一个均衡点移到另一个均衡点时，对不同商品消费数量的增加或减少。总效应＝替代效应＋收入效应。

效用理论是领导者(宏观到一国的领导者政府，亦可微观至企业的管理层)进行决策方案选择时采用的一种理论。决策往往受决策领导者政策目标的影响，领导者(政府)在决策时要对所处的环境和未来的发展予以展望，对可能产生的利益和损失作出反应，我们把领导人这种对于利益和损失的独特看法、感觉、反应或兴趣，称为效用。由于本书的目的是从福利的角度考虑产业安全，那么当基于效用理论做出决策时，我们的研究对于经济福利个体的讨论就不再是消费者个体，更多的是直接建立在企业层面或是政府决策者展开。事实上，这也是近年来西方经济学家们较为流行的做法，将很多消费者个体所具备的性质移植到社会中的另一种微小经济体企业或者是政府本身，而实证研究也证明和支持了这样一种转移。更为有趣的是，这样的做法相对个体消费者所表现出来的主观感情色彩更浅，从理论上似乎更契合了微观经济理论的应用。

2）偏好

帕累托（Vilfredo Parato，1848—1923）提出偏好概念代替效用，利用无差异曲线等分析工具重新演绎消费理论和经济学中的一般均衡结论。

这个概念在20世纪的20—30年代开始逐渐被人接受，后来成为现代经济学中最重要的分析工具之一，一直流行至今[①]。无差异曲线方法最有力的传播者应该是希克斯（John Richard Hicks，1904—1989），在帕累托无差异曲线的基础上，希克斯将无差异曲线和预算限制线相结合，完善了序数效用理论[②]。他根据偏好次序比较效用的大小，运用新的工具重新演绎了消费理论。他提出商品的“边际替代率”代替了“边际效用”、以“边际替代率递减规律”替代“边际效用递减规律”，重新得到了消费者均衡的条件，在此基础上，他继续讨论了需求、收入、价格之间的关系，利用收入提供曲线和价格消费曲线，将价格变动对需求的影响分解为收入效应和替代效应。希克斯对当代经济学效用理论贡献巨大，熊彼得和萨缪尔森等对此都有很高的评价，可以说希克斯是价值理论的集大成者。

萨缪尔森随后提出显示偏好理论，在显示偏好理论中，主要研究如何从需求信息得到偏好信息。偏好是不能直接观察到的，只能通过观察人们的消费行为来发现他们的偏好，这就是显示偏好的含义，显示偏好是从选择行为中表现出来的偏好。

在这一理论中，我们可以看到，效用概念本身和它的大小都是可有可无。我们观察消费者在不同价格和收入条件下的需求（选择），显示出偏好，如果我们得到的数据足够多，我们就可以描述出消费者的无差异曲线，有或没有效用函数，效用到底是基数还是序数都无所谓了。

因此，在现代西方经济学中，效用理论普遍使用“偏好”范畴来取代“效用”范

① 关于基数效用理论和序数效用理论，虽然现代有些经济学家如森、海萨尼、黄有光等主张效用的可衡量性，主张回到基数效用以解决序数效用理论的很多困境，但是，可以说，当今绝大多数的经济学家还是接受序数效用理论，这在流行的教科书中可以看到，我们随便翻开一本经济学的教科书，其效用的定义都和偏好联系在一起，所用的分析工具也主要是无差异曲线等。

② Hicks. Value and Capital [M]. London: Oxford University Press，1939. 薛番康，译．北京：商务印书馆，1982.

畴。效用和效用函数仅仅被看作是描述偏好的一种数学方法。在萨缪尔森(2004)流行的经济学教科书中，他认为："效用表示满足，更准确地说，效用是指消费者如何在不同的物品和服务之间进行排序。"范里安(1994)也强调效用函数值是对偏好次序的一种数量说明。

因此，关于消费者偏好的假定就成为现代经济学的重要内容，我们往往会作完备性和传递性的公理性假设，以保证表明消费者可以对任意商品束进行排序，它符合建立函数的基本要求。现代消费理论也就逐渐摆脱掉了主观心理和伦理的要求，从逻辑上讲，变得完善强大。

但是，同时，它也陷入了无法证实或证伪的"套套逻辑"中，在经济学的一般分析过程中，我们选择某一商品组合，是因为它受到更好的偏好；而根据显示偏好理论，我们选择了这一组合就意味着它受到更好的偏好，永远不会证伪，都能够自圆其说。因为经济学中的市场行为大都具有不可逆性，我们没有办法通过提供消费者的第二次选择机会来证明一个理性的消费者(事实上什么是理性的消费也一直饱受争议)总是做出有利于自己偏好选择，这也就是萨缪尔森在《经济分析基础》中强调的"消费者的市场行为依靠偏好来解释，偏好又转过来只用市场行为来定义"的循环论证①。

所以说，有时效用和福利之间的差距对经济学家来说已经说不清楚了。关于经济学中的效用概念的演化以及现代效用理论的特点，还是用萨缪尔森精辟的总结作为结束："效用概念经历的全部演进过程，可以说就是一个不断清除那些引起反驳的、有时是不必要的内涵的过程，其结果是，它成为一个很少再引起反驳，但是也令人乏味的学说。……先驱们的……文献中明白描述过的一个意向，就是坚定地趋向于反对边沁、西奇威克和埃奇沃斯的不同种类的功利、伦理和福利的含义。……与此相伴随的情况是，着重点已从效用的生理和心理享受及内省方面移开。……的确，这种反动是那样深远，以至于许多人相信除了一个空洞的规定之外什么都没有留下。其他不承认效用概念空泛的人，在某些场合从事着在操作和经验意义上毫无意义的公式化分析。结果是一种稀奇古怪难以理解的教条和言论。"(萨缪尔森，1992)

---

① 保罗·萨缪尔森．经济分析基础，第五章：消费者行为的纯理论[M]．费方域，金菊平，译．北京：商务印书馆，1992.

3）消费者剩余

其实，庇古的鼓励概念受到他的老师马歇尔的影响，或者说马歇尔已经提出了利用一种指标，希望能够用来“帮助我们大略估计一下一个人从他的环境或时机中得到的某些利益”。（阿弗里德·马歇尔，2005）这个利益就是用消费者剩余来测度，关于消费者剩余的含义，他的阐述是：我们已经知道，一个人对一物支付的价格绝不会超过，而且也很少会达到一个他宁愿支付但又不愿得不到此物的价格[①]。因此，他从购买此物当中所得到的满足，通常超过他为此物付价时所放弃的满足。这样，从这种购买中他就得到一种满足剩余。他宁愿付出也不愿得不到此物的价格超过他实际付出价格的那部分，是对这种剩余满足的经济测度。

马歇尔论述的消费者宁愿支付但又不愿得不到此物的价格，就是保留价格（Reservation Price）。它更一般的定义是：消费者为某商品所愿意支付的最高价格。它等于使消费者消费或不消费商品刚好无差异的那个价格，它用来作为导致消费者做出增加1单位商品所必需的那个效用增量的测度。它通常用来判断经济政策所引起的福利变化，和生产者剩余一起来测度社会福利的总变化。

通过马歇尔的定义我们可以看到，消费者剩余实质是用货币支出（收入）测度主观满足（效用），后来庇古将这种思想扩展，用国民收入来测度社会福利。按照马歇尔的说法，消费者剩余有六种数量，除了维度常数以外全都相等。

在后来的新福利经济学阶段，由于经济学家放弃了效用的基数度量，消费者剩余也受到质疑，萨缪尔森在《经济分析基础》[②]中就“主张除了能列入一个脚注以外，任何一本经济学原理都不应将消费者的剩余包括在论述福利经济学的篇章之中。”同时，他对消费者剩余的六种数量也提出质疑，他认为“只有在收入的边际效用不变[③]和效用独立的时候才能够成立。”其实在拟线性的效用函数下，消费者剩余是效用的准确测度，其他情况下，它只是效用的近似测度。

关于消费者剩余对于福利的度量，现代经济学界也有不同的看法，但是由于

① 马歇尔在此处所谈到的价格就是保留价格。

② 保罗·萨缪尔森．经济分析基础，第七章：消费者行为理论的若干特殊问题——消费者剩余为何多余．费方域，金菊平，译．北京：商务印书馆，1992：217－223.

③ 收入的边际效用不变或者货币的边际效用不变。

在序数效用论下，消费者剩余的衡量也困难重重，保留价格信息很难获得，因此，基于消费者剩余的福利测度也仅仅停留在对于特定问题进行的理论分析中①。

### 2.2.2　经济福利的社会评价

经济福利被认为是能与货币尺度建立联系的满足和不满足。庇古于 1912 年发表了专著《财富与福利》(*Wealth and Welfare*)，也认为应该以“社会福利作为经济研究的中心问题”。1920 年其将内容更系统化为《福利经济学》(*Economics of Welfare*)。在这本书中，他系统地论述了福利概念及其政策应用，建立起福利经济学的理论体系。他所做的最重要的事情，正如他自己界定的研究动机与目的，是“找到更加简便易行的方法去促进福利……政治家的工作建立在经济学家的工作之上的那种可行的方法”②。

1) 经济福利的测度

同他的理论先驱一样，庇古坚持主观边际效用理论(基数效用)，认为效用可以用货币测度。他认为福利可以分为广义的福利即“社会福利”和狭义的福利即“经济福利”。广义的福利包括由于对财物的占有而产生的满足，涉及“自由”、“家庭幸福”、“精神愉快”、“友谊”、“正义”等内容，但这些是难以计量的。经济学所要研究的是指可以用货币计量的那部分社会福利(经济福利)。一个人的经济福利是由效用构成的，各个人的效用总和也就是全社会的经济福利。

庇古测度经济福利的货币或收入，其实质就是新古典的基数效用，可以这么说，庇古的福利概念等同于幸福，而经济福利就等同于效用概念了，对此，庇古并不讳言，他在第 2 章欲望与效用中讲道：“一个人为获得一项物品所准备付出的货币，……测度他获得该物品欲望的强烈程度。……效用表示欲望的强度，它很自然地与满足有关。一些学者已经尽力消除由于使用这一词所引起的混乱，用其他的某个词，如合意(desirability)来代替上述意义的效用。我自己将使用这个词(指效用)”。

既然经济福利是可以用货币计量的，国民收入就是可以用货币测度的那部分社会客观收入，因此，庇古认为：“经济因素都不是直接地，而是通过经济学家

① 罗伯特·威林. 无需道歉的消费者剩余[J]. 美国经济评论，1976，66：589－597.
② 庇古．福利经济学[M]. 朱泱，张胜纪，吴良建，译．北京：商务印书馆，2006.

称之为国民所得或国民收入的经济福利的相应客体来对一国的经济福利产生影响的。……因此，经济福利和国民收入这两个概念是对等的，因此，对他们之中任何一个概念的内容的叙述，也就是对另一个概念的内容的相应的叙述。”

前面已经谈到，对于基数效用，如果可以进行人际比较，加总应该是很简单的问题。庇古直接进行效用的加总，关于人际比较他谈到：“可以认为，一定量的东西不但在任何一个人与其他人之间，并且在不同集团代表成员之间，都得到同量的满足。”因此，要使一国经济福利增加，就意味着要增加国民收入量。换句话说，国民收入总量的增加可以促进经济福利的增加。

2）国民收入分配与经济福利

由于边际效用递减规律，因此低收入者拥有较高的货币边际效用（价值），而相应的，高收入者的货币边际效用比较低。如果将富人的货币收入转移给穷人，则社会的总经济利益会增加，因此，收入均等化时则会达到社会经济福利最大化。因此，庇古主张政府应该通过实行累进税对收入进行再分配，削弱贫富不均，消除贫困现象，实现绝大多数人的幸福。在基数效用，货币边际效用递减的假设下，我们很容易理解庇古的逻辑结论，收入从富人转移到穷人会增加社会的经济福利。

庇古认为对穷人有利的国民所得的分配变化方式中，最重要的是购买力由富人向穷人转移，除极为特殊的情况，这种转移必然会增加经济福利；如果对穷人投资获得的回报率大于正常利率的话，这种转移必然有利于国民所得（增加）。但是，庇古也承认，以一般购买力形式的转移不大可能有效的应用。他说到：“显而易见，收入从较富有的人向性格与其相同的较贫穷的人转移，因为这可以使那些较强烈的需要的人在牺牲（或损害）不那么强烈的需要的人的情况下得到满足，所以必然会增加满足总量。”因而，根据古老的“效用递减规律”，无疑可以得到以下命题：任何使穷人手中实际收入的绝对份额增加的因素，只要从任何角度看不导致国民所得缩减，一般说来，就增加经济福利。

由于救济有工作能力而不工作的堕落者和无工作能力的老人等会引起国民收入的减少，因而不应该实行无条件的普遍的补贴制度，而应该对正常成年工人进行免费培训技能和照顾疾病的方式，对儿童作教育和培育的转移，这些都无疑会产生有利的效益，缓解社会矛盾，增加经济福利。

纵观庇古的福利思想，主要有 3 点：国民收入是社会福利的测度指标，国民收入量的增加和国民收入分配是福利经济学研究的主题。“在许多限定性条件下，特定规模的社会的经济福利很可能愈大：① 国民所得的数量愈大，② 穷人所增加的国民所得的绝对份额愈大。”

庇古谨慎用词小心论证得到的结论无疑是正确的，但是那“许多限定性条件”毫无疑问也限制了庇古结论的作用，制约着庇古理论的解释力。例如，庇古直接用国民收入测度社会总的经济福利，隐含着效用人与人之间的可比性，这也是后来经济学家诘难比较多的地方，如何能够保证货币转移在性格相同的人之间是一个难题，这些信息将如何获得呢？再比如，收入分配的改变如何能够保证国民收入不递减，如果按照庇古隐含货币边际效用递减的假设，很容易得到收入完全均等是经济福利最大的逻辑终极结论，但是稍有常识的人都知道，如果收入真的完全均等分配，如何激励人们努力实现国民收入的最大化，这显然是一个悖论。在中国经历过计划经济时代的人都会深有体会，吃“大锅饭”时人们的工作效率是令人头疼的大问题。

庇古一再强调他研究的目的是实用的，用这个标准来测度，他也许是成功的。他的有些建议至今在经济政策实践中仍然是人们认为无须怀疑的做法，例如利用累进税率的税收政策实现收入转移，实行在教育等方面的转移政策，可以说庇古对二战以后的社会保障体制建设，福利国家的实践影响重大；他提出的社会净边际产品概念也是现代经济学分析外部性的基本研究思路之一。

但是他的重要结论还是让很多经济学家无法接受，也因此引起对社会福利测度、如何由个体福利得到社会总福利的理论探讨、怎样才能够在不是一种极端的资源配置状态下实现社会福利的最大化等等问题的研究热潮，形成了随后 20 世纪 30—40 年代福利理论研究的热潮，出现了伯格森、萨缪尔森的社会福利理论，以及再后来的阿罗和森的研究①。

庇古的福利理论是在他之前很多经济学家关于“共同利益”，“社会福利”思想的深入总结和系统化论述，后来的经济学家将他作为坚持基数效用和人际效用可比性的旧福利经济学的终结。在他之后的经济学家基本都放弃了这一假设，很少有人愿意在这方面作创新性研究，坚持基数效用的现代经济学家寥寥无几，包括黄有光、柏格森等。黄在谈到效用的人际可比性时无奈地说“人际效用

---

① 阿罗不可能定理是福利经济学非常重要的补充，但由于本书的重点是基于主流福利经济学的视角，考察的一国产业安全问题，在我们的研究中，更多的是将国家及企业作为一个福利单位，研究他们的收入消费行为，真正涉及更深层次的消费者问题较少，因而在此并不赘述和深入阿罗不可能定理的探讨。

比较不是没有科学意义的。但是，我承认这种比较具有实际的困难。但同样显然的是，大多数政策会使某些人的状况改善，而使另一些人的状况恶化，因而通常只有进行某种人际比较，才有可能开出政策处方。”（黄有光，1991）

庇古之后的经济学家转向由帕累托开创的序数效用理论，我前面已经谈到帕累托实际上是在庇古之前就完成了利用序数效用论重塑一般均衡理论，但是，是19世纪30—40年代的希克斯、伯格森等让他的理论在英语国家和更广泛的范围内流传起来。因此，黄有光关于新福利经济学的标志界定是非常准确的，他认为有3个标志：① 帕累托法则及有关边际条件的通俗化，② 伯格森关于社会福利函数的论文（1938），③ 1940年前后关于补偿标准检验的争论。

其实放弃了效用的可衡量性和人际可比性后，社会总福利如何由个人福利加总就变得困难重重，如果个体福利用带来福利的客体（如财富、收入或商品数量）衡量，这就是经济福利的思路；如果是主观福利，社会福利（效用）如何由个体福利（效用）得到，帕累托未能充分论述，后来的学者也未能给出一个明确的答案，当然，本书并非纯粹的福利经济学探讨，所以我们可能更偏好能用数学方法对研究问题做一测量，至于人文关怀方面的讨论也确实是作者不擅长的，因而在后面大部分的研究中著者依然是承认效用的可衡量性的。

## §2.3 经济福利与对外经济开放

相对于国内竞争，国际竞争的显著特征在于其跨越国界及竞争主体的变异。在市场经济条件下，企业是国内竞争的主体，国家一般只提供公平竞争的环境而不参与直接竞争。而基于世界市场竞争的国际贸易，从表面上，这种竞争仍是企业间的竞争，但在其背后，有一国政府支撑的清晰影子，可以说世界市场的竞争本质上是国家间的竞争。大到像大型客机等战略物资，小到像香蕉、牛肉产品，欧美之间的贸易战无不体现了一国政府在国际竞争中的作用。因此，在国际竞争福利经济学分析中应将国家或民族作为重要的单元纳入福利函数。追求国家利益最大化成为一国参与国际贸易的终极目标。国家利益是由人口和区域组成的特定的整体利益，是社会综合利益的集中反映。国家利益在边界上具有严格的确定性，在以国家或民族为福利单位的国际竞争福利经济学分析相对于国内区域贸易竞争具有以下显著特殊性。

首先,国家主权的不可交换性。维护政治主权、经济主权及文化主权共同组成的国家主权,特别是在与其他国家发生各种经济关系时的自主权和决策权,对于任何一个政府而言都是最重要的目标。国内区域间经济单位的往来不涉及主权问题。然而,当参与对外经济活动时,对一国的主权的影响却是不容忽视的。通常认为,对外经济开放会增强本国对外国的经济依赖性。这种情形可能会危害到该国的产业安全,比如,一旦战争爆发或国家之间关系紧张,经济往来停止,供应中断,过于依赖对外经济的国家会出现危机,在战争中可能会不战自败。因此,任何涉及一国国家安全的国际经济往来都将受到限制。这样,一方面,有关国家安全的重要战略物资必须以自己生产为主,不能依靠进口。在这些行业面临国际市场竞争时,政府应加以保护。另一方面,对任何有可能加强竞争对手实力(尤其是军事方面)、威胁自身安全的商品都应严格控制出口。可以说,国与国之间的资本与贸易往来体系面临的最具挑战性的问题之一是如何解决对外经济开放和国家产业安全间与日俱增的冲突。近年来,各国对各自的战略产业看得越来越紧的现象充分说明了这一点。国家主权作为一种公共利益,就像国家公园一样,它不是用税收,而是以放弃增加国民收入的机会为代价来换取的。

其次,竞争利得的不可协调性。一些学者认为,自由贸易和资本开放无非是市场经济自由竞争这一基本原则在国际经济中的自然延伸。但是,在全球化条件下,我们必须对市场机制作用重新进行深刻认识,因为在经济全球化环境中市场机制的作用与一国内部条件下的市场经济运行效果是不同的。在一国内部,根据经典的西方经济理论,鼓励充分竞争,实现优胜劣汰,提高资源配置效率就必然可以增加一国福利。其理论依据在于,一国政府可以通过一定的利益协调机制(如税收、金融、财政等)对失败者进行补偿。因此,判断国内竞争对一国福利影响的标准是"帕累托最优"。而在国际经济往来中,市场竞争越出国界,当一国处于弱势地位,将成为竞争中的失败者,并且仅仅是一个失败者而已,竞争收益由强国获取,它将不会来补偿失败的弱国。这是因为,"全球"并不是现实的福利单元,最大的福利单元是"国家"或"民族",而且,迄今为止尚没有一种可行的机制来对这种最大的福利单元——国家或民族福利损益进行调节和补偿。所以,国家利益或民族利益通常具有不可交换性(无偿援助除外),国家利益或民族利益的损失通常就是一种绝对的损失。例如一个产业由国内企业垄断与由国外企业垄断对一个国家(民族)的利益是完全不一样的。如果是国内企业垄断,消费者剩余损失的大部分将转向国内生产者的超额利润，对于国内总福利来说并没有太多损失；如果由国外企业所垄断，消费者剩余损失大部分将转向国外生产者的垄断利润。国内企业之间的竞争胜败仅仅将一企业的收益转为另一企业而已，但国外企业竞争胜败福利的转移将涉及到利润在国界间的流动。分工和专业化确实能产生规模效应，增加经济剩余，但其主要发生于世界层面，而在一国层面上，分工增加经济剩余可能发生也可能不发生，因为增长了的经济剩余以贸易条件为中介在各参与国间重新分配。因此，对外经济开放从全球来看虽然是一个帕累托最优，但由于利得在国与国之间不可补偿性，从一国来看，对外经济开放并不必然保证参与贸易与跨国投资的每一国家都能从中获益。

最后，劳动力难以跨越国界流动。一般而言，以国际贸易为主的对外经济开放会使一国进口部门收缩，失业增加，这成为进口竞争部门的产业协会、工会组织、地方政府和议会向政府施加压力要求实施保护贸易的重要理由，Page and Barabas(2000)的研究显示，1998 年，美国 83%的公众和 45%的领导者希望对外政策保护美国工人的工作，60%的公众和 36%的领导者希望通过关税保护特定制造业的工作免受来自进口的冲击。但问题是，同样会引起优胜劣汰，给相关区域带来失业的国内区际贸易为什么没能成为阻碍国内自由贸易的因素呢？这主要因为劳动力在国内区际流动要比跨国流动容易得多。各国政府出于保护本国国民利益与国家安全对劳动力跨国流动进行极为严格的限制，加之文化的差异，语言的障碍，离乡背井的痛苦，及可能存在的种族歧视，使得劳动力跨国流动的成本极高甚至不可能(尤其是非熟练劳动力)。也就是说，国内区际贸易进口竞争部门收缩而产生的失业较容易在国内另一区域同一产业再就业得到缓解，而国际贸易给进口部门带来的失业难以通过跨国流动在异国同一产业再就业，对一国而言就是失业的净增加。可以说，谋求本国和本民族的经济利益或非经济利益(通常可以用综合国力这一指标衡量)是各国参与全球化的根本动机。因此，对外经济开放的本质是国家利益的产物，只要世界上有不同的国家，就有不同的国家利益，当我们从福利经济学的角度去审视对外经济开放时，鼓励贸易自由化和资本开放的就会一定程度上损害本国的产业经济利益，影响社会福利，如果转而支持贸易保护，资本不流外人田，显然又违背了主流经济学的初衷，研究社会福利在国与国，企业与企业(特别是跨国经营企业)之间达到一种均衡正是作者的研究目的之一。

## §2.4　福利经济学角度的产业安全理解：基于对外开放

与一般的经济学分析不同，国际竞争分析具有特殊的福利经济学内涵。一般经济活动的福利评价通常使用收入增长和分配、就业，或者更理论化的“消费者剩余”、“帕累托改善”等作为准则，而国际竞争分析却必须引入国家（民族）利益这一特殊的福利因素，而且这种特殊的福利因素表现为与其他国家，特别是竞争对手国相比较甚至是相对立的利益权衡。

### 2.4.1　对外开放对东道国经济自主权的影响

一般观点认为，大量外国直接投资将增加东道国政府实行独立政策的困难。产生这种问题的根本原因是参与跨国资本与贸易活动企业的目标与东道国政府目标不同（见表 2-1）。对于一个政府而言，其根本目标是使外国直接投资的净收益最大化以实现全社会福利最大化。这决定了政府必须兼顾效率、主权、公平三者。然而对于参与跨国资本与贸易往来的公司而言，其根本目标在于企业本身全球利益最大化并使风险最小化或者说效率最大化。这一点可以拿跨国公司经营为例，会集中体现在跨国公司的全球经营战略上，跨国公司安排生产、销售、财务、研究与开发等各项职能活动，均是视全球哪个地方有利，就在哪里设点布局。甚至在效率上，跨国公司与东道国政府追求的效率也是冲突的，跨国公司的效率不等于东道国的效率，如跨国子公司的亏损对东道国来说肯定是一种效率损失，然而，跨国子公司却可能通过转移利润而使其母公司的效率最大化。

或许，一个国家能够凭借其所拥有的政治权力要求跨国公司不断对东道国的目标函数作出反应，然而跨国公司的规模、集中控制（如市场营销权、研究开发等）和可能的全球眼光，给了他们一定的与国家政府抗衡的力量，这是国内企业所不具备的。这表明，尽管东道国政府，甚至发展中国家东道国政府，在与跨国公司打交道中，并不是无能的，但是，跨国公司的这些力量无疑会给东道国造成一定的主权损失。以至美国著名研究跨国公司学者 R. 维农教授发出了“国家主权陷于困境”的感叹。

**表 2-1 跨国业务经营企业特征对东道国目标的影响**

| 公司特征 | 东道国的问题 | 受影响的目标 |
|---|---|---|
| 经营多样化 | 垄断行为 | 效率、公平 |
| 跨国性 | 绕过东道国政策 | 公平、主权 |
| 作为外国企业 | 丧失自主权 | 主权 |
| 作为西方的私人企业 | 造成有效的资本主义组织形式 | 效率、主权、公平 |
| 先进技术 | 造成技术依赖 | 效率、主权 |
| 流动性 | 就业水平不稳定 | 主权、公平、效率 |

新世纪以来，我国产业政策体现为：在地区结构上要求向中西部倾斜；在三大产业结构上要求向农业倾斜；在工业结构上鼓励向能源、原材料、基础工业部门等瓶颈行业发展。而参与我国经济发展的合资企业，外商独资企业、包括跨国公司以及对外贸易企业的投资现状却与我国产业发展导向偏差甚远，这给我国产业结构调整带来了极大困难。在工业结构上，据有关学者利用“战略对比法”(Strategic Counterfactual)对外资对我国经济影响做的分析，其基本思路是将涉外企业在发展中东道国实际发生的情况与当地企业的情况相对照，从而推断涉外经营企业对当地经济的影响，其结论是：涉外经营企业不仅没有改进我国工业结构的总体效应，反而使之大幅度下降，加大了我国宏观市场结构的非均衡。表现在：其一，涉外经营企业与国内企业呈现相竞争的“替代”关系，而不是相互分工合作的“互补”关系。这使得我国在短期技术含量较低的产品出现供给过剩，许多厂商开工不足。同时，由于人力资本不足，再加上制度方面的原因，产业调整不充分，这些商品的价格和生产这些商品的工资呈现刚性，结果厂商不得不削减产量，进而导致就业不足。于是，商品市场与要素市场（尤其是劳动力市场）均无法出现的怪圈在中国最近一些年来的经济发展过程中不断再现。其二，涉外经营企业凭借其强大的垄断优势在国内有限的市场上不断排挤本国企业而造成“挤出效应”。这二者给我国宏观调控带来了很大困难。此外，财政政策是一国调节经济的重要手段，其主要包括：税收与国际收支。① 税收，税收是调节一国生产、消费、分配的有力手段。然而，涉外经营企业，特别是跨国公司却时常通过转移定价使一国财政收入蒙受损失，同时，使得一国企业的财务信息缺乏可靠性，给一国的产业决策造成困难。

② 国际收支，我国引进外资的历来政策是鼓励出口，然而，现实是我国的外商投资企业近年来均呈现贸易逆差状态，这一切实际上都隐含着对国内产业安全的威胁。

### 2.4.2　涉外经营企业与东道国产业成长依赖性

一般来说，发展中国家产业成长过程可以分为三个阶段：第一是国内培育阶段，这一阶段一方面促使一国该产业的建立，另一方面扶持该产业在国内市场上发展，并将该产业推进到具有国际比较优势的程度。第二阶段是比较优势的利用阶段，这一阶段是促使该产业在国际市场上进行扩张。第三阶段是一体化外向型阶段，这一阶段该产业已经在各个方面完全赶上世界领先国家工业水平，并在某些方面开始向世界领先位置迈进。

由于既定产业已经在发达国家中存在，并且通常为有涉外经营能力的企业所把持，在开放的经济下，发展中东道国的产业成长就难免受到外资往来、国际贸易及跨国公司的影响。按照产业成长不同阶段上对当地企业、涉外经营企业作为产业成长主体的依靠程度可以将发展中国家产业成长模式划分为 3 种形式：即依附型；自给自足型；自立型(见表 2－2)。不同模式将会对产业成长各阶段产生不同的效果，同时，各个阶段会因各种内外力的变化而相互转化。

**表 2－2　发展中国家产业成长模式比较**

| | 国内培育阶段 | 比较优势和利用阶段 | 一体化外向型阶段 |
|---|---|---|---|
| 模式 1：依附型产业成长模式 | 完全依靠国际贸易、外资或跨国企业带入的技术、生产经营管理方法 | 跨国公司内部贸易，比较优势原则失效 | “逆向”一体化 |
| 模式 2：自给自足型产业成长模式 | 完全依靠当地企业，起初建立时也引进外国技术管理方法等，但一旦建立便与外界完全隔绝 | 依靠跨国公司或自己的贸易网络，但比较优势利用程度有限 | 很难达到这一阶段 |
| 模式 3：“自立”型产业成长模式 | 完全依靠当地企业，但也与外国企业充分持续合作，以不断利用外企优势，促进当地企业发展 | 利用各种方式充分发展自己的比较优势，并逐渐向依靠自己的品牌，贸易网进行产品国际贸易形势推进 | 逐渐达到充分一体化向外向型产业成长阶段，从而实现产业“自立” |

在李斯特看来，经济落后的国家之所以要参与国际分工和国际贸易，其根本目的在于发展本国生产力。他强调，生产财富的能力比财富本身更重要。因为“财富的生产能力比之财富本身，不晓得重要多少倍，它不但可以使已有的和已经增加的财富获得保障，而且可以使已经消失的财富获得补偿。”这句名言对于发展中国家的执政者而言，所得的启示应该是力图发展“自立”型产业成长模式，即经过国内培育阶段，自己对比较优势的控制和利用以及充分一体化外向扩张后，发展中国家的某种产业将达到完全“自立”的程度。“自立”型产业的建立将会彻底改变落后国家在传统国际分工中的悲惨地位，并逐渐使整个国家也“自立”起来。外商投资企业主观上也就在于控制生产力以获得长期稳定的财富收入，在客观上，由于国际分工的细化，跨国公司把当地产业支离破碎地肢解开来并溶入到其全球一体化经营操作网中去，作为一个环节或一个部分。这决定了跨国公司总是力图将东道国产业成长模式纳入“依附”型。显然，这种矛盾的最终归宿，取决于双方力量的对比。

### 2.4.3 国际贸易及关税的福利经济效应分析

当一个国家的国内价格与国际价格不一致时，就会出现进口或者出口。

首先来看国际贸易对一国经济福利的影响。

如果局限于短期和静态的分析，则结论将是非常明确的：任何一个国家，无论其经济发展处于何种水平，也无论其行业在国际竞争中是否具有优势，参加国际贸易都能够增进该国的经济福利。这就是流行的分析国际贸易的福利影响的消费者—生产者剩余理论。具体说明如下。

首先考虑一国国内优势行业的情况。参加国际贸易之后，优势行业的国内价格将上升。伴随国内价格上升而来的供给量增加和需求量减少会引起两种截然不同的福利效应。一方面，供给量的扩大增加了生产者剩余。根据图 2-1，在原来没有对外贸易的时候，国内价格为 $P_0$，相应的供给量为 $Q_0$，生产者剩余由价格 $P_0$以下和供给曲线 s 以上的部分共同决定，即等于区域 $GAP_0$。在参加国际贸易之后，国内价格上升到 $P_2$，相应的供给量增加到 $Q_2$，生产者剩余由价格 $P_2$以下和供给曲线 s 以上的部分共同决定，即等于区域 $GDP_2$。两相比较，生产者剩余的净增加为区域 $P_0ADP_2$。另一方面，需求量的缩小减少了消费者剩余。在原来没有对外贸易的时候，国内价格为 $P_0$，相应的需求量为 $Q_0$，消费者

剩余由价格 $P_0$ 以上和需求曲线 d 以下的部分共同决定，即等于区域 $P_0AF$。在参加国际贸易之后，国内价格上升到 $P_2$，相应的需求量缩小到 $Q_1$，消费者剩余由价格 $P_2$ 以上和需求曲线 d 以下的部分共同决定，即等于区域 $P_2EF$。两相比较，消费者剩余的净损失为区域 $P_0AEP_2$。两种效应综合的结果，生产者剩余的净增加超过了消费者剩余的净损失，超过部分为三角形 $ADE$。由此可得结论：在参加国际贸易之后，一国的优势行业可以通过增加出口而增加社会的经济福利。

另一方面，如果考虑的是劣势企业，则在参加国际贸易之后，其产品的国内价格将下降。随着国内价格下降而来的需求量增加和供给量减少同样会引起两种截然不同的福利效应。一方面，需求量的扩大增加了消费者剩余。在原来没有对外贸易的时候，消费者剩余等于区域 $P_0AF$。在参加国际贸易之后，由于国内价格下降到 $P_1$ 从而相应的需求量增加到 $Q_2$，消费者剩余扩大到区域 $P_1CF$。两相比较，消费者剩余的净增加为区域 $P_1CAP_0$。另一方面，供给量的缩小减少了生产者剩余。在原来没有对外贸易的时候，生产者剩余等于区域 $GAP_0$。在参加国际贸易之后，由于国内价格下降到 $P_1$ 从而相应的供给量缩小到 $Q_1$，生产者剩余减少到区域 $GBP_1$。两相比较，生产者剩余的净损失为区域 $P_1BAP_0$。两种效应综合的结果，消费者剩余的净增加超过了生产者剩余的净损失，超过部分为三角形 $ABC$。由此可得结论：在参加国际贸易之后，一国的非优势行业可以通过增加进口而增加社会的经济福利。

综上所述，消费者—生产者剩余理论表明的是：无论一个国家的经济发展程度如何，也无论一国国内的各个行业在国际上是否具有竞争的优势，无论这些行业生产的产品价格是高于还是低于国际市场的水平，参加国际贸易总是有利的。它一方面刺激了拥有竞争优势的行业扩大出口从而增加了生产者剩余，另一方面又刺激了不具竞争优势的行业扩大进口从而增加了消费者剩余。

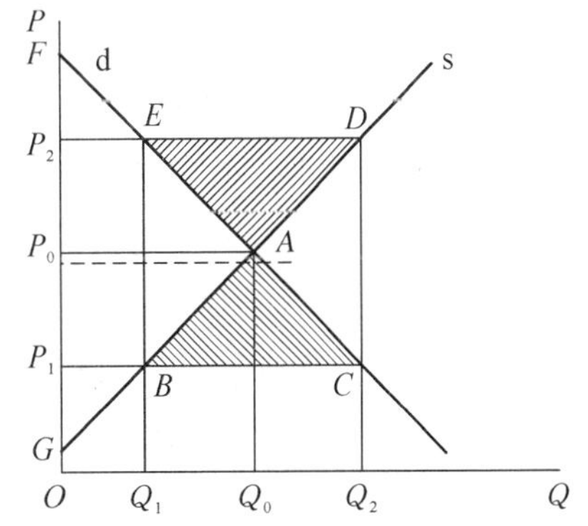

**图 2－1　国内价格、国际价格和进出口**

然而，必须指出的是，上述结论仅仅适用于短期的和静态的情况。一旦换一个角度，即转到从长期的和动态的观点来看问题，我们就会发现，消费者—生产者剩余理论并没有完整地描述国际贸易的全部后果。问题的关键在于，消费者剩余和生产者剩余这两个概念还远不能够充分地说明伴随国际贸易而来的国内需求量和供给量的变动给整个社会造成的全部的成本和收益，其中特别是，生产者剩余这个概念还远不能够说明国内供给量变动的全部社会成本和收益。

虽然经济学家有关自由贸易会使双方获利的分析令人信服，但在现实生活中，各国宏观经济决策者出于各种考虑或迫于各种压力，仍然在推行各种限制自由贸易的政策。各种各样的贸易政策会给一国带来不同的经济后果，例如进口关税和进口配额。这些政策的经济后果，是该国各个利益集团因贸易政策实施以后利益变化的加总，即你之所得和我之所失相互抵消以后该国净福利所发生的变化。我们对各种贸易政策经济效应的分析，必须深入到各利益集团经济福利所发生的不同变化上。

现实生活中使用较多的出于对国内产业保护的贸易政策有：进口关税，进口配额，出口补贴，自动出口限制、国内产品价格支持、投入品政府补贴以及反倾销等。

历史上对进口商品所征收的关税，不管是从量关税(Specific Tariffs)还是从价关税(Advalorem Tariffs)，都曾经是政府收入的重要源泉。但是在当代，关税的主要功能已不再是增加政府的税收，而是去阻挡来自国外商品的进入，保护国内市场和国内相关的产业。当然，国家有大有小，同样幅度的进口关税，对小国和大国可以产生不同的经济效应。在此，我们将主流的经济结论做如下总结：

1) 小国征收进口关税对本国福利的影响

分析进口关税的经济效应时，要区分不同的利益集团不同的利害关系。如果对进口商品征收金额为 $t$ 的从量税，在进口国是一个小国的情况下，可以从 3 个方面来分析该国 3 个不同的利益群体之利弊得失。首先，让我们来分析该进口商品国内生产者的福利变化。由于进口关税使得该国该商品在国内市场上的价格从图 2 - 2 纵轴上的 $P_w$ 提高到了 $P_t$，因此生产者剩余也增加了面积 1。其次，是该国该进口商品国内消费者的福利变化。由于国内价格因为关税的征收而提高，使得该国的消费者剩余减少了面积(1+2+3+4)。最后，是该国政府部门因为关税而增加了财政收入。在图 2 - 2 中，进口关税使得进口数量从 $Q_d$—

$Q_s$ 减少到 $Q_{dt}-Q_{st}$，在税率为 $t$ 的情况下，政府的关税收入为面积3。现在，把该国各利益集团的所得所失相加，可以知道进口关税最终使得该国福利的净变化是损失了面积(2+4)。

图2-2中的面积2称之为生产扭曲损失。生产扭曲损失缘自进口国国内错误的价格信号。它的含义是：由于进口关税导致国内的价格 $P_t>P_w$，该国许多生产效率低下成本较高的生产者进入该替代品生产行业所造成的资源浪费损失。这些生产者按照国际市场的标准价格 $P_w$，本来是无法进入该进口替代品生产行业的，因为他们的单位成本高于 $P_w$。现在，它们不但也能堂而皇之地进入，而且还能获利。而且，进口关税越是高，生产资源浪费所造成的生产扭曲损失越是大。面积4称之为消费扭曲损失。消费扭曲损失同样缘自进口国国内错误的价格信号。它的含义是：由于进口关税导致国内的价格 $P_t>P_w$，该国许多消费者放弃该商品消费所造成的消费福利减少。同样，进口关税越是高，放弃消费所造成的消费扭曲损失也越是大。

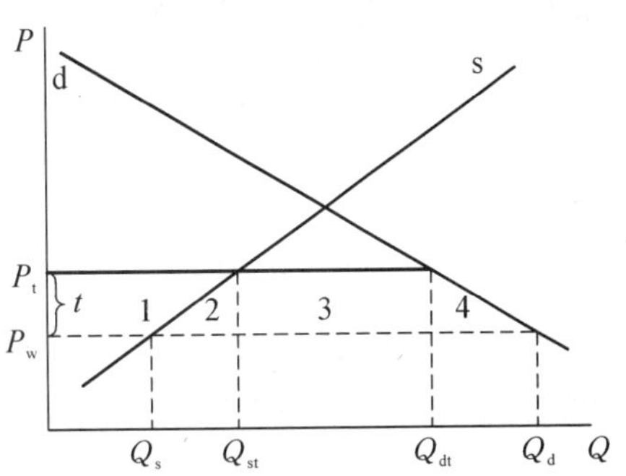

**图2-2　小国进口关税的经济效益分析**

从图2-2可以看到，该国幅度为 $t$ 的关税造成了进口数量从 $Q_d-Q_s$ 减少到 $Q_{dt}-Q_{st}$。作为一个小国，进口数量的这种减少，与整个世界上该商品的贸易量相比，是微不足道的事情。因此小国进口关税的征收从而进口数量的减少，还不足以迫使出口方降低原先的出口价格，它们还会继续保持在 $P_w$ 的水平上。但是，如果征收进口关税的是一个大国，情况就不一样了。大国进口数量的减少可能在整个世界该商品的贸易量中占很大的比重。为了抵消大国进口关税对进口数量减少的影响，大国的贸易伙伴即该商品的出口国会主动把出口价格降低到 $P_w$ 以下。让我们来看看大国进口关税会有怎么样不同的经济效应。

2）大国征收进口关税对本国福利的影响

如前所说，大国的进口关税会迫使其贸易伙伴把出口价格降低到原先世界市场价格 $P_w$ 以下。大国进口价格的降低，就是它贸易条件的改善。在图2-3中，我们用 $P_{w^*}<P_w$ 来表示这种情况。在 $P_{w^*}$ 这个进口价格水平上，大国在征

收税率为 $t$ 的关税后，进口数量是 $Q_{dt}-Q_{st}$。现在，政府的关税收入是面积(3+5)，不是图2-2中的小国那样只有面积3。与小国相比，这块面积5是大国贸易条件改善的得益。从图中看来，尽管大国对该进口商品征收的税率还是 $t$，但是因为出口国的主动让价，$P_t$ 已经更接近于 $P_w$，国内的生产者剩余和消费者剩余都有所减少。

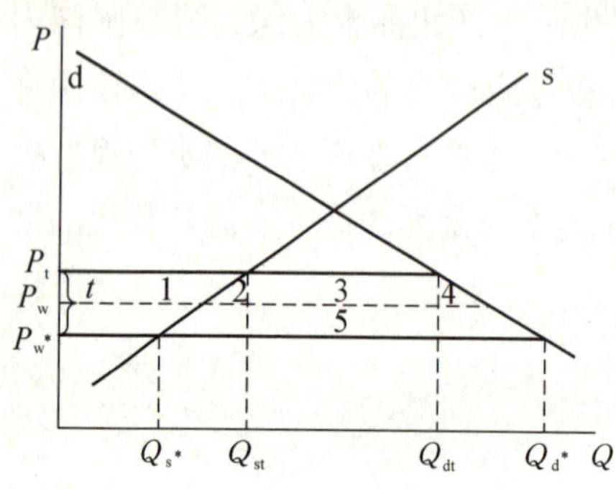


**图 2-3 大国进口关税的经济效应分析**

现在大国的生产者剩余增加了面积1，消费者剩余减少了面积(1+2+3+4)，政府的关税收入是面积(3+5)。这样，大国进口关税的征收使得它的净福利变化是面积5—面积(2+4)。可见大国征收进口关税未必是整体福利的净所失，只要面积5足够地大，大到超过面积(2+4)，大国就可以从进口关税的征收中得益。这就是国际经济生活中的大国效应。

进一步分析可以知道，大国征收进口关税后究竟是净所得还是净所失，决定于影响面积5和面积(2+4)大小的因素。面积5的大小，一是取决于出口国的降价意愿。说得确切一些，决定于进口国的关税减少了国内需求后，出口国为了保持一定的出口量而愿意把出口价格 $P_{w^*}$ 多大程度地压低到世界市场价格 $P_w$ 以下。二是取决于进口国的进口数量。说得确切一些，决定于征收关税后进口国的进口量还能有多少。如果进口国是一个不够大的国家，其进口额占世界市场需求量较小份额，关税提高引起的国内需求量的减少无损于出口国，出口国的出口价格 $P_{w^*}$ 很可能不会下降，或仅下降到略低于世界市场价格 $P_w$ 的水平，进口国的贸易条件得益即面积5就会等于零，或者是一个很小的量；如果进口国是一个足够大的大国，其占世界市场很大份额的进口量因关税提高而引起的下降程度是如此之大，足以迫使出口国较大程度地把出口价格 $P_{w^*}$ 压低到世界市场价格 $P_w$ 的水平以下，进口国贸易条件的得益即面积5就有可能较大。而面积2和4的大小，除了决定于征收关税后国内价格和世界市场价格的差距外，还分别取决于供给弹性和需求弹性的大小。弹性大的供给曲线会在进口国造成更大的生产扭曲损失；弹性大的需求曲线也会在进口国造成更大的消费扭曲损失。

3) 一国征收进口关税对进出口双方贸易条件的影响

以上所述，基本上是从一个国家的角度，不管它是大国还是小国，来分析进口关税的征收对进口国福利的影响。如果把进出口双方放在一起，建立一个两国模型，则一方征收进口关税就不会只影响进口国生产者和消费者的利益了。在两国构成一个统一的世界市场的前提下，一国进口关税的征收会影响由该两国所构成的整个世界市场上的供给和需求，整个世界市场上的供给和需求的变化，最终会导致两国贸易条件的变化。下面，让我们来分析双方的贸易条件是怎么样发生变化的。

假定由进出口两国组成的世界市场中，两国同时生产两种商品，但每个国家分别在一种商品的生产上享有比较优势，并以对方为贸易伙伴，各自把自己拥有比较优势的商品出口到对方国家去。假定两种商品中间有一种被某一进口国征收进口关税，以多少抵消一些自己在生产上的比较劣势，另一种它具备比较优势的商品没有被它的贸易伙伴征收进口关税，为自由贸易商品。对某一商品征收进口关税以后，进口国国内原来生产该进口商品的生产者会因国内市场上该商品的价格提高而增加供应，在一定的资源约束条件下，进口国的生产者会同时减少另一有比较优势商品的供应。如果我们用这两种商品的相对价格 $P_t/P_f$ 作为纵轴，用它们的相对数量 $Q_t/Q_f$ 作为横轴来构成一个图 2－4 这样的坐标体系，以表示两国统一的世界市场因为某一国征收进口关税而发生的情况，则上述进口国生产者所作出的反应，会使得两种商品的相对供给曲线 RS 在图中发生右移，移到 RS′的位置上。同时，进口国的消费者也会对关税所造成的两种商品的相对价格变动作出反应。这些消费者会因征税品价格的相对提高而减少消费量，他们还会更多地购买另一种不被征收关税的自由贸易品。在图 2－4 中，进口国消费者的这种反应，会导致图相对需求曲线 RD 左移，左移到 RD′的位置上。

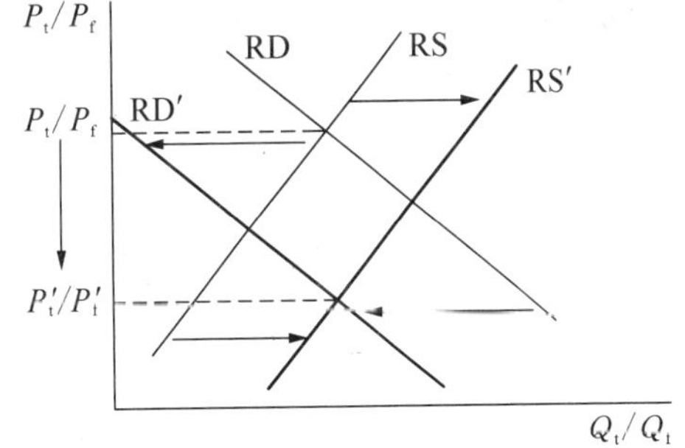


**图 2－4　进口关税对进出口双方贸易条件的影响**

RS 和 RD 的上述移动，会在由这两个国家构成的世界市场上决定新的相对价格。从图 2－4 可以看出，现在关税商品和自由贸易品的相对价格 $P_t/P_f$ 已经

在纵轴上下降到 $P_t'/P_f'$。这种相对价格的下降，对征税商品的进口国来说是贸易条件的改善，对出口国来说是贸易条件的恶化。可见，关税对进口国能带来有利的贸易条件效应，对出口国来说相反，带来的是不利的贸易条件效应。

4) 关税对进出口双方的总体影响

现在抽去不征收进口关税的自由贸易商品，用一个两个国家一种商品的模型，把关税对进口国福利影响的分析，扩大到进出口双方的总体上。图 2-5 把进口国和出口国放在同一个坐标体系上。右图表示进口国的情况，它就是图 2-3 的复制；左图表示出口国，其出口商品国内的供给曲线和需求曲线分别为 $s^*$ 和 $d^*$。进口国如果是个大国，征收关税 $t$ 之后，出口国被迫把出口价格从 $P_w$ 降低到 $P_{w^*}$，这表明出口国为了使自己出口商品在进口国的售价不致因关税而变得太贵在出口价上作了减让。面积 6+7+8+9 则表示出口价的减少使出口国生产者剩余的减少。面积 6 则表示，如果出口国的出口价格与该商品国内销售价格并无二异，则国内消费者因价格降低而增加了的消费者剩余。出口国因对方征收关税而产生的净损失为面积(6+7+8+9)－面积 6＝面积 7+8+9。从前面的分析我们知道，进口国的净效益，是右图代表消费者剩余减少的面积(1+2+3+4)，同生产者剩余新增面积 1 加上政府关税收入面积(3+5)之和的比较。由于进口国关税收入的一部分面积 5 就是出口国出口价格上的减让面积 8，故计算两国效益加总时这两块相互抵销的面积可以忽略不计。这样，进出口双方的净效益就是左右二图中以下各面积的加总：面积 1－面积(1+2+3+4)+面

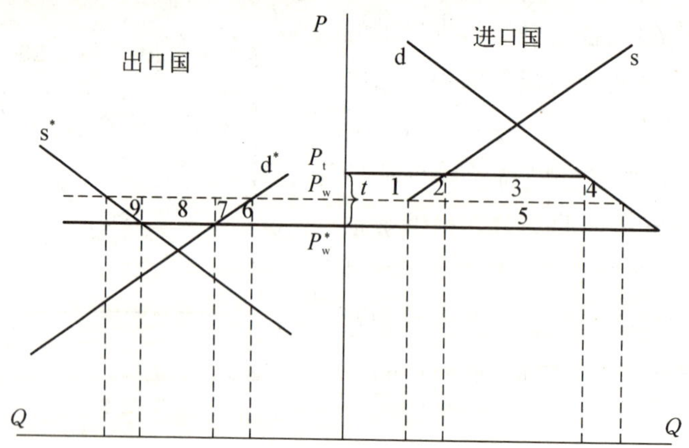


图 2-5　关税对进出口双方的影响

积 3 ＋面积 6－面积(6＋7＋9)＝－面积(2＋4＋7＋9)。可见，征收关税对作为一个整体的进出口双方只有净损失，由于进口国作为一个大国多少还能用面积 5 来弥补面积(2＋4)所代表的亏损，而出口国的净亏损如前所说是面积 7＋8＋9，故出口国受到其贸易伙伴进口关税的损伤最大。

大国效应是一个非常有趣而重要的事实。中国的贸易大国的地位尽管毋庸置疑，但实际上更多的历史时间在表现为一个出口大国，进口小国，从本书随后的实证分析中我们不难再次证明这样的角色实际上是最无益于本国的福利抑或产业安全的。

# 第3章 基于对外经济开放的产业安全研究综述

国内外的很多学者都对产业安全进行过长足的研究，由于产业安全这一提法本身就是基于一国主权角度出发的，因而大部分内容涉及一国对外经济开放的利与弊就不足为奇了。本章对国内外学者从一国对外开放角度（主要是贸易和投资）展开的产业安全理论和研究进行了较详尽的梳理和评述，因为前人对此较为系统和细致的归纳并不多，同时由于近年来很多西方学者对产业安全问题的研究注入了更多福利经济的观念，因而为了展现这样的一种演变脉络，我们需要给出一个较全面的研究脉络分析，以期对我国在开放条件下应对国家产业安全问题有所启示。

## §3.1 国家产业安全的理论起源

产业安全起源于国家经济安全理论。国家经济安全作为系统、科学的研究仅仅只有几十年的历史，有关国家经济产业安全的理论也正在讨论、构建和形成之中。发展经济学家托达罗（Todaro M. P.，1983）曾对发展中国家的共同经济特征进行过描述，他认为，发展中国家处于低生活水平，高失业和收入分配的不均衡状态是穷国与富国的经济、政治力量的悬殊的一个重要原因。力量的悬殊不仅表现在富国占有控制国际贸易格局的支配地位，还表现在富国拥有决定以什么条件向穷国转移技术、外援和私人资本的专断权力。发达国家还向发展中国家输出不切合后者实际国情的价值观、体制以及行为准则等，说明发展中国家在国际关系中，受着国外势力的控制和支配。以巴西学者 T. D. 桑托斯（Santos T. D.，1971）为代表的依附理论者认为“所谓依附，我们指的是若干国家的经济受到它们所依从的另一些国家经济的发展和扩大的制约”。他们认为，经济上依附将会产生国内经济不稳、加强外国资本主义的控制、受跨国公司的压榨等不良后果。著名国际经济学家查尔斯·金德尔伯格曾说过，国际金融体系有内在的“疯狂、恐慌和崩溃”倾向。它容易不时发生债务危机、国际资本流动不稳、投机、为追求更高收益率或安全避风港而出现的资本抽逃。他认为，国际金融是同霸主国对国际经济和政治事务施加影响紧密相关的。霸主国既是国际金融体系的管理者，又是该体系中的主要受益者。总之，从发展经济学家以及国际经济学家和国际政治学家的著作中，我们都能发现蕴涵着国家产业安全的问题。

## §3.2　国家产业安全的贸易理论基础

1）重商主义保护贸易论是产业安全经济思想的萌芽

国际贸易保护理论开始于15世纪的重商主义，它是代表商业资本利益的经济思想和政策体系，分早期重商主义和晚期重商主义。早期重商主义的代表人物是英国的约翰·海尔斯和威廉·斯塔福，主要观点是：金银是财富的唯一代表，国家的一切经济活动和一切经济政策的目的都是为了获取金银，为了国际经济贸易的顺差，国家必须干预经济。景玉琴(2005)研究认为，到重商主义后期，鼓励出口与限制进口成了普遍做法。这种做法具有明显的保护国内产业的性质。为就业创造机会以及扶植工业，既增加财富又加强了国势，很多国家已将其作为制定政策的出发点。

2）亚当·斯密关于国家产业安全的理论是产业安全经济思想的补充

斯密主张必须“小心翼翼地恢复自由贸易”。因为他意识到如果国内制造业不具备国际竞争力时，受到大量外国进口工业品的冲击，可能导致一国产业不安全，这可能直接表现为人们的大量失业和生活资料的丧失，甚至发生严重的社会混乱。斯密还对产业不均衡、过分依赖某一产业、某一市场可能导致的经济、政治负面影响表示担心。实际上，产业和贸易的不均衡，在一切国家都普遍存在，但是过分地不均衡，则可能导致国家产业不安全的严重后果。尤其是某些关系到国计民生的重要产业，如果过分地依赖少数国外市场，就会给国民经济的发展和国家产业安全带来很多负面影响。

3）保护幼稚产业论标志着产业安全经济思想的成熟

以美国首任财政部长亚·汉密尔顿(1757—1804)和德国历史学派的先驱弗里德曼·李斯特(1789—1846)为代表的幼稚产业保护论的提出，使产业安全理论趋向成熟。1791年美国的经济学家汉密尔顿代表工业资本家的利益，向国会提出了关于制造业报告，阐述了保护制造业的必要性，建议征收保护关税，因为本国的幼稚工业经不起外来竞争。德国历史学派的先驱弗里德曼·李斯特的学说集中反映了后期资本主义国家发展民族经济的要求，他的学说更多地关注了国家经济安全以及政府对产业发展的支持和保护。他通过对英国、美国、德国等西方国家近代经济发展历史的考察得出结论：一个国家不能在工业尚未充分发达前，就采取自由贸易的方针，如果盲目执行自由贸易的政策，就会使国家的工业衰弱、消亡，最终导致这一国家国际政治、经济地位的衰落。李斯特在论证他的幼稚产业保护理论时，提出了独特的生产力理论。李斯特以美国为成功的例子来说明，只有对本国工业进行保护、扶持，待本国的产业具有一定的国际竞争力时再开放市场，才能真正提高一个国家的经济实力和确保国家的经济和产业安全，才能使一个国家最终富强起来。

4）发展经济学家的贸易贫困化增长理论是产业安全经济思想的进一步发展

"贫困化增长"是二战后的20世纪50年代中期国际经济学界在研究经济增长对发展中国家的国际贸易影响时提出来的一项重要命题。根据比较优势理论，发展中国家基于自身的资源禀赋结构所决定的比较优势而参与国际分工能获得更多的利益，但普维雷什(Prebish)、辛格(Singer)和巴格瓦蒂(Bhagwati)等人的贫困化增长理论对此提出质疑。他们认为，处于分工低阶梯的发展中国家所生产的初级产品，缺乏价格弹性和收入弹性，大量增加出口必然造成价格大幅下跌，这样产量提高的收益将由于价格贸易条件恶化而完全丧失，从而造成本国的实际收入水平和消费水平都比增长前绝对下降，出现福利恶化的"贫困化增长"。贫困化增长理论指出了一个重要的事实：在传统的贸易分工格局中，处于分工低阶梯的发展中国家处于不利地位，从贸易中所获得的实际利益较少，而这种不利的贸易利益分配格局是与其低层次的出口产品结构和不利的价格贸易条件直接相关的。

5）当代国际贸易理论是对产业安全思想的深化

(1) 比较优势陷阱(后发劣势)和竞争优势理论。一般认为，比较优势理论的缺陷是仅考虑了各方静态利益而忽视了动态利益。比较优势理论的核心在于各国应按照比较优势原则加入国际分工，从而形成对外贸易的比较优势结构：资本和技术密集的发达国家应出口资本和技术密集型产品，进口劳动和资源密集型产品。而发展中国家可以出口劳动和资源密集型产品，进口资本和技术密集型产品，这样各国都可以在国际贸易中获得利益，从而提高国家福利。但在现实的国际贸易中却出现了所谓"里昂惕夫"之谜，这是比较优势理论所无法解释的，更严重的是以比较优势理论作指导、执行比较优势战略的发展中国家出现了贸易条件恶化和贫困化增长的现象，出现了比较利益陷阱。

所谓"比较优势陷阱"是指一国（尤其是发展中国家）完全按照比较优势，生产并出口初级产品和劳动密集型产品，则在与技术和资本密集型产品出口为主的经济发达国家的国际贸易中，虽然能获得利益，但贸易结构不稳定，总是处于不利地位，从而落入"比较利益陷阱"或"比较优势陷阱"。

比较优势陷阱可以分为两种类型：一是初级产品比较优势陷阱。它是指执行比较优势战略时，发展中国家完全按照机会成本的大小来确定本国在国际分工中的位置，运用劳动力资源和自然资源优势参与国际分工，从而只能获得相对较低的附加价值。并且比较优势战略的实施还会强化这种国际分工形式，使发展中国家长期陷入低附加值环节。二是制成品比较优势陷阱。由于初级产品出口的形势恶化，发展中国家开始以制成品来替代初级产品的出口，利用技术进步来促进产业升级。但由于自身基础薄弱，主要通过大量引进、模仿先进技术或接受技术外溢和改进型技术等作为手段来改善在国际分工中的地位，并有可能进入高附加值环节。但是这种改良型的比较优势战略由于过度的依赖技术引进，使自主创新能力长期得不到提高，无法发挥后发优势，只能依赖发达国家的技术进步。

国际贸易发展的现实表明：比较优势战略不能改变发展中国家经济落后面貌，也无法改变国际贸易利益分配中不公平现象。比较优势战略由于过分地强调静态的贸易利益，而忽略了贸易的动态利益，即对外贸易对产业结构的演进，技术的进步以及制度的创新的推动作用。长期执行单纯的比较优势战略会造成一国的产业结构不能得到升级，而且具有固化原有产业分工的作用，使发展中国家处在国际分工的不利地位。由于侧重于发挥资源和劳动力的优势，还会引起对强化资源和劳动力优势关系不大的先进技术特别是劳动替代技术或资源替代技术的不重视甚至排斥，这会使发展中国家享受不到现代高新技术进步带来的利益。所以发展中国家必须调整自己的贸易发展战略，突破比较优势战略的束缚，实行竞争优势战略。美国哈佛大学迈克尔·波特(Micheal Porter)教授从微观、中观和宏观三个层次阐述了"竞争力问题"，向传统贸易理论提出了挑战。他指出，具有比较优势的国家未必具有竞争优势。在《国家竞争优势》一书中，他站在国家的立场上，从全球范围和长远角度考虑如何将比较优势转化为竞争优势。迈克尔·波特教授认为国家竞争力最终取决于产业竞争力，并创建了竞争优势的"波特六因素"模型。迈克尔·波特的竞争优势战略是指以技术进步和制度创新为动力，以产业结构升级为特征，全面提高本国产业的国际竞争力，以具有竞争优势的产品参与国际竞争，分享国际贸易利益的一种强调贸易动态利益的贸易发展战略。它所关心的是一国如何将潜在的比较优势转变成现实的竞争优势。竞争优势战略是发展中国家改变在国际贸易中不利地位，充分发挥对外贸易作用的一个必然选择。

(2) 战略性贸易政策理论。20 世纪 80 年代，布兰德(J. A. Brander)撕潘塞(B. J. Spencer)、克鲁格曼(P. R. Krugman)等人提出战略性贸易政策理论。该理论突破了以比较优势为基础的自由贸易学说，强调了政府适度干预贸易对于本国企业和产业发展的作用。因此，战略性贸易政策是一种有利于促进战略性产业发展、实施政府有效干预的产业政策。该理论有两大内容：利润转移理论和外部经济理论。

利润转移理论是战略性贸易政策理论的主体内容，包括战略性出口政策、进口政策和以进口保护促进出口的政策。该理论认为一国政府可以通过对出口或进口的贸易干预，影响本国企业及国外竞争者的行为，改变国际竞争的格局，从国外寡头厂商抽取租金或向本国企业转移利润，达到增加本国净福利，并促进本国企业和产业发展的目的。

外部经济理论包括收益性外部经济和技术性外部经济。前者是指厂商从同一产业或相关产业厂商的集聚中获得市场规模效应(包括获得便利而低价的原材料、中间产品、技术工人、专业化服务等)，后者是指通过同一产业或相关产业中其他厂商的技术外溢获得技术和知识。两者都能使厂商提高生产率和降低成本。外部经济理论认为，某些产业由于外部规模经济效应，厂商不能独享投资带来的收益，且投资的风险很大，打击了私人投资的积极性，这在新兴高科技产业最为明显。这些行业的私人投资明显不足，实际产出低于社会最优水平。然而，外部规模经济明显的行业又往往具有战略性，其创造的知识、技术、产品对国家的发展和社会的进步有不可低估的作用。因此，政府要扶持高科技产业，降低其投资的风险，吸引私人资本投入该行业，推动战略性产业成长，以更有利于国家的长远利益。

战略性贸易政策理论并不是一种单纯的贸易理论，它所涵盖的内容不仅包括了对贸易结构和特征变化的分析，提出了保护和拓展国际市场份额的手段和途径，还广泛涉及了科技和产业结构的调整问题，因而它实际上是一种对产业安全问题的最好诠释的理论。

## §3.3　国家产业安全的投资理论基础

国际投资，又称对外投资或海外投资，是指跨国公司等国际投资主体，将其拥有的货币资本或产业资本，通过跨国界流动和营运，以实现价值增值的经济行为。国际直接投资主要有 3 种形式：一是在国外创办新企业包括建立合资企业、独资企业和跨国公司；二是购买外国企业股权达到控制的比例（跨国并购）；三是以利润进行再投资，即投资者把通过直接投资所获得利润的一部分或全部用于对原企业的追加投资。国际间接投资的主要类型包括公司股票、公司债券、政府债券和国际信贷等。

外商直接投资在民族经济发展中的绩效一直是经济发展理论和政策中最引起争论的问题之一。其中最具代表性的是对消极效应进行分析的依附理论学派与注重于对积极影响进行论证的现代化理论学派。依附论分析家指出，外商直接投资的利用不仅存在着利润外流超过新的资本引进、应用资本密集型技术导致新的失业，以及忽视较贫困地区和较落后产业的发展等主要问题，而且当一国必须在一定程度上依赖于外商直接投资，来获取经济继续增长所需要的重要进口品和专有技术时，这种依附关系的建立将使得外国投资者可以通过可能抽回其投资的明显的或隐含的威胁，而对东道国的政治产生重要影响。因而，从整体而言外商直接投资将有可能直接或间接威胁到本国的经济和政治安全。依附学派的代表性人物有：保罗·巴兰（1957）、桑多斯（1970）、彼得·埃文斯（1979）。现代化论者则持相反的观点，他们更多的是以开放经济体系下的东亚新兴工业国的经济发展成效作为反驳的依据。现代化分析专家认为，外商直接投资的利用意味着新资源的流入、就业机会的增加、对技术和管理经验的引进以及打入国际市场渠道的开辟，因而它无疑将促进一国的经济发展，对于发展中国家而言，则体现为现代化进程的推进。现代化学派的理论代表性人物则包括尼尔·雅各比(1966)、金光锡(1979)、理查德·纽拉斯(1984)。

对外开放与产业保护能否兼容，大致上可以分为体制论派和结构论派两大学派。体制论派否认开放与保护的兼容性。他们认为，选择了开放经济政策体制就无法同时选择产业保护政策。因为开放经济就是自由经济，开放经济发展的最得力的依托在于其“无为而治”的市场机制，如若硬性通过政府的力量动用行政干预手段来实施产业保护政策，这势必会阻碍市场机制的正常作用，同时由于相应各种官僚管理机构的设立而诱导权力寻租行为的产生，都将使得整个经济体系的效率下降。美国学者克格鲁(1980)和巴哈格瓦蒂(1988)持这一观点。结构论派认为，一国的经济发展问题应该放在世界经济分工的整体大环境中来考察，一国经济的发达或者落后是与他们在世界经济结构中所处的不同地位密切相关的。世界市场是一个不完全竞争市场，各国进入国际经济大循环的初始条件如国内经济效率、国际贸易条件等也不尽相同，因而接受这一世界市场机制的调节所形成的产业发展格局就未必能够同时满足各国实现其经济福利最大化的愿望。换言之，自由贸易所形成的经济结构未必是一国经济基础发展的最终结构。基于此，在构筑开放经济体系的同时，根据本国的具体情况，辅之以局部的保护措施以扶植策略性的产业发展，这不仅是可行的，而且是必需的。世界银行(1993)，克鲁格曼(1984)，帕克(1991)均持这一观点。

外商直接投资中最重要的方式之一和近年来最为学者们关注是跨国公司的跨国并购。跨国公司通常指一国企业为了某种目的，通过一定的渠道和支付手段，将另一国企业的整个资产或足以行使经营控制权的股份收买下来。跨国公司是国内企业并购的延伸，即跨越国界，涉及到两个以上国家的企业、两个以上国家的市场和两个以上政府控制下的法律制度的并购。跨国并购是跨国公司为了维持其生存和发展的需要，根据全球经济环境和内部组织结构的变化而对企业自身的体制、结构、功能、规模等进行重新组合调整的组织变革或制度创新，是企业对国外直接投资的一种重要方式。因此也产生了一些关于产业安全方面的相关理论。

1）国际生产折衷理论

根据英国里丁大学教授邓宁(John H. Dunning)的国际生产折衷理论，跨国公司从事国际生产要同时受到所有权优势、内部化优势和区位优势的影响，对外直接投资是这三项优势整合的结果。其中内部化理论认为，市场缺陷的存在是内部化优势产生的前提，公司可以通过内部交易安排节约交易费用，从而为企业带来竞争优势。在现实中对外直接投资的原因之一就是规避关税和非关税贸易壁垒。壁垒越高，即外部交易费用越高，对外投资即内部化的意愿就越强。因此，对外直接投资能很好地绕过东道国的贸易壁垒，使东道国借助贸易措施保护产业失灵。

2）边际产业扩张理论

日本一桥大学教授小岛清认为，一国应将本国已处于或即将处于劣势地位的产业转移至该产业正处于优势地位或具有潜在比较优势的国家。他通过国与国之间产业转移次序的分析，认为一国所有趋于比较劣势的生产活动都应通过直接投资顺序向国外转移。按其理论模式，发展中国家的产业结构高度，不仅取决于跨国公司的产业结构高度，而且还取决于转移产业的比较劣势程度。于是依赖跨国公司的国际直接投资而推动的产业发展，将难以缩小发达国家与发展中国家之间的产业结构差距，发展中国家可能会陷入“利用外资的陷阱”。

3）其他国际直接投资理论

巴克莱和卡森等人的内部化理论认为，跨国公司对“知识产品”的内部化动机最强，其根本原因在于，避免外部化导致的技术外溢和壮大自己的竞争对手。1966年，费能提出了产品生命周期理论，从此国际产业转移理论开始发展起来。先是日本经济学家赤松要提出了“雁行模式”，它基本揭示了国际产业转移的内在机理。随后，日本学者小泽辉智在赤松要的基础上引入国际直接投资和跨国公司的因素，提出了“增长阶段模式”，使“雁行理论”进一步深化，从而使国际产业转移理论得以逐步形成。从其理论主张看，无论“雁行模式”还是“增长阶段模式”都表明，由于国际直接投资所引发的产业国际转移是由劳动密集型产业转移开始进而到资本、技术密集型产业的转移，是从相对发达国家转移到次发达国家，再由次发达国家转移到发展中国家和地区这样梯度推进的。当代国际直接投资实践表明，为了在竞争中处于优势地位，跨国公司不可能将所拥有的一流先进技术以技术转让或对外直接投资的方式转移出去。许多发达国家向发展中国家转移的是国内已淘汰、高能耗、高耗原材料、高污染的劳动密集型产业或低端产业，不仅严重影响了发展中国家的产业安全，而且大大地破坏了东道国的生态环境。

## §3.4 国内学者对产业安全问题的研究

由于国家产业安全具有国家性、根本性和战略性等特点，我国学者从20世纪80年代后期开始了这方面的研究，其中蕴涵着很多成果卓有成效，本部分主要从学者们对产业安全这一问题提出，概念熟知，深入分析、综合实证研究及相应政策对策研究等阶段性方面对涉足这方面的研究进行梳理。

90年代，我国学者开始了对产业安全问题的重视，最早对该问题的提出是与外商直接投资联系在一起的，例如，方芳(1997)在讨论外商直接投资对我国产业安全的威胁时是这样进行定义的：所谓国家产业安全问题最主要是由外商直接投资产生的，指的是外商利用其资本、技术、管理、营销等方面的优势，通过合资、直接收购等方式控制国内企业，甚至控制某些重要产业，由此而产生对国家经济的威胁。这样的定义虽有失偏颇，但是对于极力主张外资引进和自由贸易的主流学说却显示出了不同的研究视角。赵英(1997)同年在《经济管理》杂志上发表了《产业国际竞争力与国家经济安全(上、中、下)》系列文章，提出了经济安全与产业安全问题，文中指出：国家经济安全是指一个国家的经济竞争力；一个国家经济抵御国内外各种干扰、威胁、侵袭的能力；一个国家经济得以存在并不断发展的国内、国际环境。并且强调了从国家经济安全角度对产业进行区分，指出我国对国家经济安全至关重要的产业的划分标准主要涉及6个方面：① 国防工业及与国防工业密切相关的产业；② 与人民最基本生活需求密切相关(实际上这里已经考虑的福利角度，可惜这一研究角度没有很好地传承到后续的研究中)；③ 高新技术产业；④ 波及效果大、产业关联度大；⑤ 就业面广；⑥ 环境因素(这是从可持续发展角度出发的，目前也越来越被很多学者所重视)。我们认为这样的划分实际上更人性化和可被理解，但实证研究的数据获取无疑是困难的。

我国学者张幼文等自90年代末开始对经济全球化背景下国家经济安全进行了系统的研究，出版了一套(经济全球化论丛)丛书，在国内影响较大，他指出对战略产业的有效控制是维护国家产业安全的基础。经济全球化深化了国际分工，开放经济的许多产业是国际化的，甚至完全是由外资发展起来的。对大部分产业来说，深化分工有利于提高效率，从而发挥本国的要素优势。但是，任何一个国家都需要拥有自己的核心产业和核心竞争力，才能在国际经济竞争中获得更大利益，立于不败之地。只依外商直接投资联系在一起的靠廉价劳动力参与国际分工至多只能脱贫，不可能建设经济强国。由外资建立起来的高新技术产业只是存在，而非拥有。特别是对于一个大国来说，即使不必追求完整的国民经济体系或工业体系，也仍然必须拥有自己的战略性产业。这些战略性产业对于国民经济发展具有基础性和关键性的作用，也能够防范国际政治动荡和经济波动等带来的冲击和影响。随后，有学者开始对产业安全进行专门性的探索研究，并开始给出较为严谨和全面的定义。例如偏福利经济学角度强调以国民为主体的产业安全观，如赵世洪(1998)认为谈论产业安全不能脱离国民这个主体，一国国民具有共同的利益，产业安全的准确提法应为国民产业安全；强调控制力的产业安全观，如王允贵(1997)认为，产业安全是指本国资本对影响国计民生的国内重要经济部门掌握控制权，国民经济各行业的发展主要依赖于本国的资金、技术和品牌，支柱产业具有较强的国际竞争力；强调竞争能力的产业安全观，如杨公朴(2000)指出一国对国内重要产业的控制能力及该产业抵御外部威胁的能力主要体现为产业的国际竞争力。景玉琴(2005)认为产业安全应当分为宏观、中观和微观三个层次，并分析了导致产业发展偏离安全状态的因素不仅源于外部，而且还来自于内部：外部因素包括外商直接投资的产业控制及外国生产商在我国的低价倾销；内部因素包括企业层面的治理机制不完善，产业层面过度竞争与竞争不足共存，政府规制层面的缺位、错位、越位。虽然上述观点各异，但为我们能准确把握产业安全的内涵作出了重要的提示和贡献。

1) 关于产业安全的理论研究

新世纪以后，学者们陆续展开了对产业安全的理论分析，试图用各种经典的经济学理论解释和分析产业安全的理论架构和演化规律，如李孟刚(2006)提出了基于产业经济学理论框架的产业安全研究路径；孙瑞华和刘广生(2006)在归纳和评析国内已有产业安全观的基础上，对产业安全概念进行重新界定，进而建立了基于一国国内市场竞争的两国模型，他们相对之前的研究更深入地讨论了产业安全的基本内涵、最佳安全状态的确定和产业安全水平的测度等问题。周勤和余晖(2006)研究了转型时期中国产业组织的演化规律。建立以中央政府为行为主体，以产业开放程度、制度环境和产业政策为投入要素三维空间，以产业绩效和产业安全为约束条件的基本模式。他们认为产业组织的演化实际上是中央政府以产业安全和产业绩效为约束条件下，调整产业的开放程度、制度环境和产业政策等投入要素，追求最优产业组织下中央政府的效用最大化的结果。中央政府实现最优产业组织的条件符合新古典经济学的均衡条件，即各要素边际收益与维持投入要素的支付之比相等。通过调整不同的约束条件会使最优要素组合发生变动，而开放程度、制度环境和产业政策导致产业组织形态的变化，可以与中国转型时期不同产业的产业组织的演化相对应，并据此预测产业组织未来的演化方向。随后，李孟刚(2008,2009)尝试一条新的路径，即根据产业经济学的基础理论，将产业经济学中对产业组织的分析工具应用于对产业安全的研究，以期能够对产业安全进行深层理论的探讨。将产业安全放到较为成熟的产业经济学中的产业组织分析中进行剖析和观察，一方面对产业安全问题进行理论研究；另一方面，也试图论证产业经济学解释产业安全问题的有效性和局限性。此外，曹秋菊(2011)还专门进行了外商直接投资影响中国产业安全的理论讨论，归纳了影响产业安全的国际投资理论基础，研究指出。外商直接投资对中国产业安全的影响主要是通过以下六个方面途径：一是外商直接投资对行业和市场的控制；二是行业规模不经济引发产业安全问题；三是外商直接投资对品牌的控制；四是外商直接投资对技术的控制；五是外商直接投资对中国产业生存与发展环境所带来的负面影响；六是外商直接投资控股和“独资化”趋势强化了对我国产业安全的不利影响。

2) 关于产业安全的实证研究

我国学者们对产业安全的的实证研究实际是早于理论分析的。20 世纪末和 21 世纪初就有很多针对较容易受到国际竞争的脆弱行业展开的产业安全实证研究。其中何维达可以说是对我国产业安全实证领域研究涉足较早，研究也较全面和综合的一位学者，他较为突出的贡献是最早提出了产业安全指标体系的建立，其在 2001 年主持完成的国家社会科学基金项目《中国“入世”后产业安全与政府规制研究》中提出了产业安全评价指标体系，该体系由产业国际竞争力评价指标、产业对外依存评价指标和产业控制力评价指标组成，进而对入世后我国三大产业安全问题作了一个初步估算，2004 年又对入世后中国各产业(共七个主要产业）的安全进行了定量的估算研究，根据影响产业安全的因素，将评价产业安全的指标划分为4类及各小类：① 产业国内环境评价指标，包括资本效率、资本成本、劳动力素质、劳动力成本、相关知识资源状况、供给产业的竞争力、境内需求量及境内需求增长率；② 产业国际竞争力评价指标，包括产业世界市场份额、产业国内市场份额、产业国际竞争力指数、产业R&D费用、价格比、产业集中度；③ 产业对外依存评价指标，包括产业进口对外依存度、产业出口对外依存度、产业资本对外依存度、产业技术对外依存度；④ 产业控制力评价指标，包括外资市场控制率、外资品牌拥有率、外资股权控制率、外资技术控制率、外资经营决策权控制率、某个重要企业受外资控制情况、受控制企业外资国别集中度；王瑛和邵亚良（2005）针对我国经济高速发展的背景但同时产业结构低水平同构化、产业转换缺口明显、民族制造业受挤压、地区间产业发展不平衡等现实，提出了对我国经济增长路径的新思考，给出了产业安全衡量指标体系的相关建议。刘雪斌和颜华宝（2007）提出一国的某一产业价值链的安全是产业安全的基础性问题，而反垄断只是低层次的产业安全策略。产业的分工位势低、关联度减弱、产业生态环境恶化、控制力降低、对外依存度提高以及外资并购等因素会诱发我国的产业安全问题。要提高产业的国际竞争力，应从产业安全的战略角度着眼，构建防范体系，提高我国产业控制力和发展力。曹秋菊和唐新明（2009）选取开放经济下影响产业安全的四大因素，即产业国际竞争力、产业出口对外依存度、产业资本对外依存度和产业外资股权控制率来构建评价指标体系，采用这4项指标1995—2007年的数据，运用因子分析法对中国三大产业和各主要产业安全度进行了评价。结论显示中国三大产业和各主要产业中农业、采掘业、服务业、交通运输、仓储和邮电通讯业、科学研究和综合技术服务业是基本安全的，但工业、制造业和金融保险业是不安全的。当然，现在看来，这个结论是稍显草率和极端的。段敏芳等（2011）按企业注册类型，通过对成本、投入、产出和综合效益的实证分析，发现外资趋利的隐蔽性是造成我国工业产业安全日益严重的重要原因。维护我国的产业安全需要政府、企业与行业三方的共同努力。此外，王培志（2009）通过对产业安全模式的国际比较，面对许多国家维护本国产业安全的模式随着国际经济形势的不断变化而呈现出多样化这一趋势，对我国建立产业安全预警体系做了系统的机理性分析，并在此基础上，提出了基于主成分——BP神经网络的产业安全预警体系的构建，建立了一个具有自动获取预警信息、自动报警的智能功能、实现实时监控的产业安全预警体系，为我国产业安全监控、预测、警示和防护提供了一种决策工具和预警维护技术。李孟刚（2013）立足于开放经济、开放市场的前提之上，分析科学发展观与产业安全的内在联系；研讨各种外部政治、经济因素对我国产业的渗透与影响，建立了一套科学的产业安全评价体系，客观评判了当前中国产业安全与发展的阶段性特征，他以产业安全评价指标体系为基础，充分考虑到行业特征，选取钢铁、石化、轻工、纺织、机械、汽车、电子7个重点产业进行实证评估，较为全面地反映了中国制造业的产业安全状况。

同时，还有很多学者针对具体行业的产业安全也做了很多较深入的研究工作。胡晓鹏（2006）以产业安全为切入点，在对中国食品加工业地位进行基本界定的前提下，分别从对外依存、资本控制、市场控制和技术进步4个方面考察了中国食品加工业的产业安全能力。总体上看，我国食品加工业虽然在上述4个方面处于不利的位置，但国外同行并没有构成对我国食品加工业显著的产业威胁。长远来看，中国食品加工业必须顺应全球化的发展趋势，在开放中加强产业安全，一味地保护只能是失败。王苏生等（2008）针对跨国并购对中国汽车产业的安全影响作定量分析，在产业安全理论体系的基础上，利用汽车产业国际竞争指标、汽车产业对外依存度以及外资产业对中国汽车产业的控制程度三大指标构建了汽车产业安全评价模型。模型中所有一级、二级指标均与外资并购有着直接或间接的联系。从而得出目前中国汽车产业在跨国并购日益成熟频繁的大环境下的安全级别。2008年金融危机在全球蔓延，中国所遭受的冲击首当其冲是对外贸易，尤其是纺织业产品出口和进口出现了双下滑，企业生产和经营困难。从产业控制力、竞争力、成长性、发展环境等角度，赵书博和胡江云（2009）全面分析和评估中国纺织业的产业安全形势，并提出维护中国纺织业产业安全的政策措施与建议。如张丽淑（2011）从跨国企业行为视角所做的我国零售产业安全评估，研究构建了零售产业安全评估指标体系，并分别通过加权平均模型、模糊综合评价模型两种方法进行了实证检验。结果显示：2009年我国零售产业尚处于“基本安全”状态，但2003年以来呈明显下降趋势，两种方法实证结果极为一致，且与其他学者的判断相吻合。结论认为：基于跨国零售企业行为研究来评估我国零售产业安全的理论构思是可信的；基于跨国零售企业行为视角以探寻零售产业安全风险防范对策的思路是可行的；杨化邦（2011）对中国钢铁产业安全关键要素进行了分析，分别从生产技术、市场结构、原料瓶颈和国家产业政策等方面对钢铁产业的安全关键要素进行讨论；张意翔(2011)给出了中国煤炭产业生态安全评价，以煤炭产业土地环境、煤炭产业水环境、煤炭产业大气和煤炭产业生态控制力为基本指标，运用计量模型对2005—2009年间我国煤炭产业生态安全度进行了评价。结论认为，尽管我国煤炭产业处于基本生态安全状态，但是这几年的煤炭产业生态安全度在不断减弱。为此，我们可以从实施节约优先的发展战略、综合开发利用与煤共伴生资源和煤矿废弃物、加强节能和能效管理等方面入手提高煤炭产业生态安全度，促使社会持续发展。卜伟(2011)等基于产业控制力分析了我国装备制造业产业安全问题，利用1998—2008年的相关统计数据，选取外资市场控制率、外资股权控制率、外资技术控制率和主要企业受外资控制率4个指标，从产业控制力角度考察了我国装备制造业的产业安全问题，发现外资对装备制造业产业控制力影响较大。在此基础上提出了增强内资装备制造业产业控制力、保障产业安全的主要对策建议。

3) 关于维护产业安全对策方面的研究

在关于维护产业安全的对策方面的研究，很多学者很早就意识到了该问题的严重性，早在20世纪末，张勤奋(1999)指出产业安全是指一国产业在国际竞争中抗击外来侵害的状态或能力，产业安全的实质是如何在开放的环境中更好地保护和发展本国的产业。随着我国对外开放的扩大，外企尤其是跨国公司对华投资日益规模化，我国的产业安全问题也随之引起各方面的高度重视。虽然经济一体化已成世界潮流，但贸易保护和投资限制仍未过时，各国都应在努力寻求更具隐蔽性的措施来保护本国的产业安全。沈东(2004)在其研究中强调，产业安全不仅仅是国际贸易领域引发的问题，也涉及到农业石化、纺织等领域，面对纷繁复杂的局势变化，产业安全保障是行业稳定发展的根基。在产业安全保卫战中，应该把产业安全当作第一要务来抓，行业应及时反应，提高抗风险能力，上下产业链配合，这是行业持续、健康协调发展的大事。景玉琴(2006)研究指出不适当的政府规制已经成为影响产业安全的最重要内部因素：设租性规制的租金耗散影响产业安全；法制不完善与规制真空制约产业安全；行政不作为与行政权力滥用危害产业安全。吕政(2006)认为必须处理好引进技术与自主创新的关系，在技术引进的基础上，加强对引进技术的消化吸收和再创新，更有利于提升本国产业的竞争力，维护产业安全；高虎城(2004)认为提升产业国际竞争力是维护产业安全的根本途径。李文瑛(2008)针对跨国公司独资化对我国产业安全的负面效应进行了相应对策研究，指出① 需借鉴经验，加强产业安全立法；② 完善引资政策，调整跨国公司投资的产业结构；③ 加大薄弱产业的公共投资力度；④ 坚持自主开发，提高核心技术水平。刘冲(2008)指出外贸的快速发展拉动了我国经济发展，也给我国产业安全造成了一定的威胁。应立足于国民权益维护视角，提出了在后危机时代的大开放背景下，促进外贸发展的产业安全对策，即探讨构建我国安全高效的开放型经济体系，以改善外贸发展中的贸易结构、贸易方式、贸易条件、贸易依存度等产业安全状况，提高产业竞争力，维护贸易安全与国民利益。朱建民(2013)充分借鉴了他国维护产业安全的做法，指出在经济全球化和知识经济的深刻影响下，各国力图通过技术和品牌控制全球资源及产业链条，并维护国家的产业安全。我国现有的技术战略和发展思路显然是缺乏维护国家产业安全的战略思考。目前，我国产业安全战略存在三大问题，应在保持产业可持续发展的基础上，采取措施维护国家产业安全。

但是，国内对产业安全的研究成果虽多，但研究远没做到完善和成熟，尤其是有影响力的成果不多见，特别涉及国民福利角度的研究更是凤毛麟角，这就难怪很多对中国经济发展持争议态度的学者们将目前中国的现状称之为民穷国富，如果我们将自身的产业安全发展考虑更多的国民福利因素，也许对该理论的更丰富发展会有一定的贡献。

## §3.5 国外学者对产业安全问题的研究

在国外，“产业安全”一词有两种含义：一是指某产业中生产过程的安全性和事故防范，这实际上把产业安全等同于生产安全，划归为技术操作问题，多见于制造业中，如日本的一些以产业安全为标题的书实际上是指此类含义；二是广为接受和应用的含义是从国际贸易领域提出的，是指在开放的经济体系中，一个国家或地区的特定产业如何在国际竞争中保持独立的产业地位和产业竞争优势。如早期的重商主义从贸易角度论述对国内产业施以保护，可以说是维护产业安全思想的萌芽。对产业安全问题的关注是随着国际贸易的不断发展以及跨国投资的增加而逐渐加深的，在产业安全问题的研究中大量应用了国际贸易和产业经济学的一般理论。我们的研究归纳将偏重后一种观点，而后一种观点中很多西方学者都表现出了和国内学者的不同，即会纳入国民福利的考虑。

国际贸易及产业经济学等学科的发展为产业安全的概念提出和理论发展提供了基本的生长点。国际上的专家学者从以上学科背景出发，以制造业为重点，构建了有关产业安全的理论体系，并提出了相应的政策建议。对于产业安全问题的研究国外学者主要围绕两条主线展开：一是考察产业国际竞争力；二是考察跨国公司直接投资对产业安全的影响。前者以波特为代表。该派观点认为，如果产业面临国外更高生产率的竞争对手时，其产业发展与安全将受到威胁；后者包括布雷、阿明以及联合国跨国公司中心，该派观点认为，发达国家试图将落后的发展中国家变为自己附庸的时候，跨国公司也正忙于将这些国家中的经济或产业变成自己的产业附庸。我们基于这两条主线对国外产业安全的理论进行梳理，从国际贸易、产业竞争力以及产业安全与国家经济安全三个方面进行文献述评。

1）基于国际贸易理论的产业安全研究脉络

最早提出产业安全和产业保护理论的当属德国政治经济学历史学派的先驱弗里德里希·李斯特。李斯特是德国重要的经济思想家，贸易保护主义的倡导者，他生活的时代正是德国社会经济和政治发生剧烈变动的时期。他详细分析了当时德国具体的历史条件，反对实行普遍的自由贸易，主张在德国实行关税保护的制度。他的名著《政治经济学的国民体系》提出了维护主权国家的经济稳定与产业安全的中心思想，并提出了著名的针对幼稚产业的“有效保护”理论(1996)，这一理论被认为是产业安全理论的雏形。李斯特的理论观点概括起来就是：在国家经济基础不十分强大，产业安全不十分理想的情况下，不宜迫不及待地利用外资。幼稚产业保护论得到了学术界的普遍承认，并成为许多国家(特别是发展中国家)的政策实践。

著名的发展经济学家阿明(2004)指出，在发达国家试图将落后的发展中国家变为自己附庸的时候，跨国公司也正忙于将这些国家中的经济或产业变成自己的产业附庸。若代表所在国利益的跨国公司敌意地抑制东道国的战略产业，如新兴产业、自然资源产业等，则会对该国未来的经济发展产生严重影响。或者跨国公司出于战略考虑、出于发达国家的国际政治需要，倾向于诱导东道国的各收入阶层实行过度的消费开支，或者引进与该国人口基本需要不相一致的社会目标和社会价值尺度，或者集中生产那些主要满足高收入阶层的消费品，则会导致东道国产业结构的畸形发展。

日本经济学家小岛清(1989)的“逆贸易导向型对外投资”指出，向国外输出的产业和技术均是国内竞争中已处劣势的产业和技术，方可取得“出口替代”的作用。日本另一经济学家赤松为了补充说明小岛清的观点，提出了“雁行发展模式”。该理论认为：发达国家内劳动密集型产业和技术落后工业的单位劳动力成本上升使其竞争力严重减弱或几乎完全丧失竞争力，为了实现国内产业结构优化和升级，需将这些产业和技术输送到欠发达国家和地区。

如前文所提到的，在20世纪80年代，布兰德、斯潘塞、克鲁格曼等人提出了战略性贸易政策理论。该理论以不完全竞争和规模经济理论为前提，以产业组织中的市场结构理论和企业竞争理论为分析框架，突破了以比较优势为基础的自由贸易学说，强调了政府适度干预贸易对于本国企业和产业发展的作用。该理论有两大内容：利润转移理论和外部经济理论[①]。利润转移理论是战略性贸易政策理论的主体内容，包括战略性出口政策、进口政策和以进口保护促进出口的政策，指的是在与国外寡头厂商进行古诺双寡头竞争的国际市场上，存在着因产品价格高于边际成本形成的租金或超额垄断利润。一国政府可以通过对出口或进口的贸易干预，影响本国企业及其国外竞争者的行为，改变国际竞争的格局，从国外寡头厂商抽取租金或向本国企业转移利润，达到增加本国净福利，并促进本国企业和产业发展的目的。如果本国和国外厂商都属于寡头厂商，对国外出口厂商征收关税就更容易被其部分吸收，这将导致垄断利润的部分转移，从而更增加本国的净福利。利润转移论还强调通过国内市场保护使本国厂商获得规模优势，进而扩大在国内外市场(主要是没有保护的国外市场)的份额。该理论以寡头垄断、市场分割和规模收益递增为前提，从国际竞争和竞争战略的角度来分析政府干预的理由与作用，即对于规模经济效应很强的产业来说，对本国市场的保护可以使本国厂商在国内市场的地位相对稳定，使国内厂商获得一种相对于外国厂商的规模优势，由此降低生产的边际成本，同时使外国厂商因确保市场销售量而导致边际成本上升；国内外厂商边际成本的反向变化将导致其分别调整国内外市场销量，其结果是本国厂商的产量将进一步扩大，外国厂商的产量

---

① Hudson W. Economic Security for All: How to End Poverty in the United States[DB/OL]. [2007-10-16]. http://www.inlet.or/esp/chapiii.htm-45k.

将进一步减小，从而再次对两国厂商的边际成本产生相反的影响。这种从产量到边际成本的不断循环和调整过程，将使进口保护成为促进出口的重要机制。

外部经济理论（Akanmatsu K，1962）包括收益性外部经济和技术性外部经济。前者是指厂商从同一产业或相关产业厂商的集聚中获得市场规模效应（包括获得便利而低价的原材料、中间产品、技术工人、专业化服务等），后者是指通过同一产业或相关产业中其他厂商的技术外溢获得技术和知识。两者都能使厂商提高生产率和降低成本。外部经济理论认为，某些产业由于外部规模经济效应，厂商不能独享投资带来的收益，且投资的风险很大，打击了私人投资的积极性，这在新兴高科技产业最为明显。这些行业的私人投资明显不足，实际产出低于社会最优水平。然而，外部规模经济明显的行业又往往具有战略性，其创造的知识、技术、产品对国家的发展和社会的进步有不可低估的作用。因此，政府要对高科技产业加以适当的扶植，降低其投资的风险，吸引私人资本投入该行业，推动战略性产业的成长，以更有利于国家的长远利益。如果一个处于发展初期并且规模较小的产业属战略性产业，政府可以通过保护和扶持的贸易政策，支持这些产业的厂商扩大产量，提高产业的市场规模效应和厂商的收益性外部经济，从而促进这些产业较快地增强国际竞争力。另外，经济外溢效应不仅存在于本产业内，产业与产业之间也存在外溢效应，表现为一个产业对另一产业的支撑效应。技术性外部经济与政策干预的内容是，在研发投入强度大的产业（一般为技术密集型产业，特别是高技术产业）中，技术外溢效应使厂商不可能完全获得研发投资的收益，由此导致的私人投资不足使这些产业不能发展到社会最佳状态，因而需要贸易政策的扶持。如果政府采取保护或补贴的政策，将能够促进这些产业的发展，并增加国民福利；而外国政府对这些部门的支持和保护，可能使本国丧失或减少这些有益的技术外溢，因此本国必须采取对应或反击的行动。

根据斯潘塞（1980）的分析，战略性贸易政策扶持的产业应具有以下特点：一是产业或潜在产业所获得的收益必须超过补贴支出；二是必须是面临外国厂商激烈竞争或潜在竞争的产业，对本国产业的补贴要能迫使外国竞争对手削减计划生产能力和产出；三是与出口相关的国内产业应比外国竞争产业更集中或同样集中；四是国内的扶持政策不会引起要素价格上升过高；五是本国产业相对于外国竞争者有较大的成本优势，增加生产会带来较大的规模经济或学习经济；六是具有研发补贴和扶持效果的产业，即该产业国内新技术向外国竞争厂商的外溢很少，而政府干预政策有利于将外国技术转移给本国厂商；七是研发投入和资本投入比重高的产业（技术和资本密集型产业），政府的补贴和扶持政策能够有效增强本国厂商的国际竞争力，或提高外国厂商进入该产业的壁垒。而克鲁格曼(1994)认为贸易政策扶持的战略性产业必须具有两方面要求：一方面要有大量的"租金"存在，即这一产业的资本或劳动的回报率很高；另一方面，有较强的外部经济效应，一旦这个产业获得国际竞争优势，就能获得自我加强动力。

此外，科特勒(1996)的产业吸引力因素理论对于选择贸易政策扶持的战略性产业也有参考作用。他认为，一个国家现在或未来的产业吸引力反映在下面几个因素上：一是高附加值；二是产业关联度高；三是具有未来竞争力；四是产业专门化强；五是出口潜力大；六是本国需求前景良好。因此，战略性贸易政策从这一层意义上讲，是一种有利于促进战略性产业发展，实施政府有效干预的产业政策。

2）基于产业国际竞争力的产业安全研究脉络

目前，国际上对竞争力的评价分为宏观（如国际、国家竞争力）、中观（地区竞争力和产业竞争力）以及微观（如企业竞争力）3 个层次。美国哈佛大学迈克尔·波特教授在对全球竞争进行全面的分析研究后，认为国家竞争力最终取决于产业竞争力，有 4 个因素决定一国的国家和产业竞争优势：第一，生产条件因素，包括人力资源、自然资源、知识资源、资本资源、基础设施等；第二，需求条件，如果某类产品的国内需求大于海外市场，则可以在国内建立规模经济的国际竞争优势，如果本国对产品的需求层次高，则可以促进该产品相关产品的创新，从而获得国际竞争优势，如果发生本国消费者攀比国外产品，则本国公司应及时调整结构，改进产品，否则将丧失竞争优势；第三，相关支撑产业，主导产业（上游产业）和支撑产业（下游产业）存在着密切的协同关系，相关支撑产业是促进主导产业获取国际竞争优势的有力保证；第四，企业战略、结构与竞争，美国企业注重短期利益，日欧企业关注长期利益，这不利于美国企业参与国际竞争。对于波特所讲的竞争力实际上就是一国特定产业通过在国际市场上销售其产品所反映出来的生产率，市场营销和生产效率是检验产业国际竞争的关键标准。

美国从 20 世纪 70 年代开始关注外国在美国的投资问题。前国务卿乔治·鲍尔(George Ball)1970 年 10 月在一次讨论有关外国直接投资的会议上提出，要注意外资的挑战，有好几家美国企业已经落入欧洲人之手。此后，一些经济学家对外资在美国的作用及对美国产业发展的影响进行了研究。美国学者 John N,Ellison,Jeffrey W Frumkin 和 Timothy W Stanley 等(1983)对美国的产业安全进行了研究。通过对原材料产业、战略资源产业、机床和半导体等制造业的案例分析,他们认为,由于受到进口商品的冲击,美国一些重要产业处境很艰难,生产能力利用不足;现有工人不能完全适应技术进步的要求,新的人力资本又供给不上来,产业发展陷入恶性循环。他们在研究中指出,如果一旦战争出现,重要投入品依赖外国的状况会直接影响国家安全。针对进口商品泛滥的趋势,有必要采取措施让美国产业重现生机。但他们并不赞成采用提高关税和限制进口数量的直接保护措施,也反对给产业大量补贴,因为这对产业竞争力提高意义不大。他们建议让企业自己去解决问题,增强竞争力是企业自己的事。但政府对进口剧增不能坐视不管,必要时可以采取紧急措施以限制进口。John N Ellison,Jefrey W Frumkin 和 Timothy W Stanley 也对美国市场上的并购进行了研究,并建议政府加强对国外企业并购美国企业的监管。如果一个企业因并购受外国资本控制,该企业又具有相当的市场支配力,这会对美国的产业安全构成威胁。

20 世纪 80 年代,美国麻省理工学院成立了"工业生产率委员会",研究美国在"二战"后首次面临的工业业绩严重下滑以及由此给美国经济带来严重威胁的问题,该研究可以理解为针对一定的产业安全危机提出的一套理论。该委员会认为竞争力是影响企业业绩的因素之一,而一国的经济活力的度量应该用"产业业绩"一词,即产业的生产业绩。产业的生产业绩是由它的生产率和其他各种因素组成的,但这些因素在大多数经济统计资料中往往被忽视,如质量、及时服务、灵活性、创新速度和对战略技术的掌握程度。该委员会发现,导致美国制造业"产业业绩"落后的因素主要有: ① 陈旧的战略;② 公司战略的短期目光;③ 开发与生产中的技术弱点;④ 忽视人力资源;⑤ 公司与伙伴之间缺乏合作;⑥ 政府与产业的目的相左。该委员会的结论是,过去 40 年里,美国的产业业绩的确出现了十分严重的问题,这主要表现为生产率的缓慢增长和产品在质量和创新性方面的弱点。但美国没有理由悲观,如果工业界、政府和教育系统能够充分发挥美国的传统优势,同心协力去实现"一个更有生产效率的美国"的目标,就有可能表现出更高的效率,成为"明日世界的经济领袖"。在日本,学术界和企业界于 1990 年组成日本产业绩效委员会,该委员会对日本的制造业进行了系统研究,并于 1994 年出版了《日本制造—日本制造业变革的方针》一书。该书主编吉川弘之指出，“现在，进入先进制造体系的代价正在不断上升，使自发地进入到这一系统变得愈发困难；全球环境和资源有限问题的出现，明确地暴露了过去 200 年间日本和西方所追求的富裕实现机制内在的缺陷，而由于一国国内产业和国际产业复杂的关联性，不是局部修改一国国内政策就可以解决这些问题的”。《日本制造——日本制造业变革的方针》对 20 世纪 90 年代初期日本所面临的前所未有的困境进行了分析，并为日本所采取的一系列被贸易对手所谴责的产业政策进行了辩解，因为他们认为这是维护日本产业安全所必要的。

3）涉及福利的产业安全微观实证研究

许多西方学者在讨论到不均衡的经济开放时都指出，资本开放和自由贸易可能会导致国内产业的下行发展（Hufbauer et al.，1986；Ray，1991）或者福利状况变差，例如，M. Kabir Hassan 等（2009）年通过理论模型分析了不同发达程度国家间的贸易自由化政策对产业经济安全的影响。结论发现影响出口和进口成本的贸易自由化过程主要取决于发达国家及发展中国家具体采取的贸易政策：当自由化进程中的贸易政策使得更多种类的出口生产企业集聚于发达国家，那么两国的经济增长率和社会福利都会得到改善，而自由化政策若使得更多的生产企业集聚于发展中国家，则整个社会的经济增长率将下降，但发展中国家的福利会得到改善，同时与发达国家的贫富差距会缩小。Baldwin 和 Robert-Nicoud（2002）指出那些相对国外发展较失败的国内产业会得到更多的政府支持，他们把这种现象称之为“失败者悖论”（loser's paradox）。对这一现象的解释可以立足保守的社会福利角度，政客们往往花在损失治理方面的精力多于收入增加（Corden，1974）。但是，这样的答案也不完全确定，毕竟政策制定有时是一个强制性过程，同时受到的外界环境的干扰很多，而且绝大部分政策的出台并不会从微观经济角度的分析出发。此外，从政治经济学的角度而言，学者们的研究还说明了这样一个事实：并不是所有的下滑产业都会得到产业保护，通常只有那些受国有控制较强的产业能得到更多的照顾（Gawande 和 Bandyopadhyay，2000）。Grossman 和 Helpman（1996）证明了国内产业中的新加入者很少会得到政府政策的保护，当然，换句话说，日渐下滑的行业也很难有很多的新加入者。相关领域的文献还有 Baldwin 和 Robert-Nicoud（2002），他们假定准入自由并且不存在沉没成本（sunk costs），结果证明工业扩张发展中，某行业的新加入者倾向于削弱政府的干预，而正在走下坡路的行业是政府政策干预介入的主要对象，因此，这就导致了政策制定对不同行业部门所体现的非对称性。

Rodrik(1995)提到的，对于反对外经济扩张倾向，例如反贸易的一个解释就是关税是一开始就强制加入国际贸易中的一项重要措施，而反贸易者却主张经济最好维持其初始状态(即非国际贸易往来的状态)。结合一些理论分析和实证技术，Eaton 和 Grossman(1985)指出小规模经济体中，由于可能面临更多的贸易不确定性或者是某些要素的不可自由移动及保险市场的不完善，贸易政策通常会表现出反贸易倾向。Limao 和 Panagariya(2004)通过一般均衡模型表明反贸易倾向可能源自国内市场的生产替代弹性大于国际市场。同样在一般均衡模型的框架下，Limao 和 Panagariya(2007)再次证明如果政府的目标反映了一种不公平的政策倾向，或者是减弱了对某些贸易要素的政策支持，就称贸易政策存在反贸易的倾向。而以上这些反贸易倾向最终均将政府的政策意愿指向了基于福利考虑的一国产业安全与均衡发展。学者们在研究中当涉及福利因素时，通常使用效用函数说明问题，在传统的期望效用理论中，效用函数取决于最终资产而不是相应的获得或损失。Kahneman 和 Tversky(1979)提出效用的价值是由财富的改变决定的，他们通过实证证明个体损失相同数量的财富带来的负效用是大于个体获得相同数量财富带来的正效用的。这就是损失厌恶模型，并且这种特征决定了效用函数曲线在描述财富减少时会显得比财富增加时更陡峭。一些实证研究也表明了：当损失厌恶系数约为 2 时，正好介于冒风险与不冒风险的临界点(Kahneman, et al., 1990；Tversky 和 Kahneman，1991，1992)。随后，他们又发现了减弱敏感性(diminishing sensitivity)的证据，无论是获得还是损失的边际价值都会随着财富规模的减小而变小。注意这点在纯凹性的效用函数中是不成立的，效用凹函数实际上暗含着相对损失的增长敏感性(increasing sensitivity)，在本书的第 5 章对此作了更详细的分析。

Haufler 和 Wooton(1999)的研究认为，各国提出的竞争外资的优惠政策对跨国公司的投资区位选择没有任何正面影响，纯粹是资源浪费。Brros 和 Cabral(2000)假定两个吸引 FDI 的国家即使不提供优惠政策，跨国公司也会在其中一个国家投资，但“囚徒困境”效应会使两个国家竞相提出各种吸引外资的优惠政策。从而不同程度地改变两国福利或产业安全。

# 第4章 基于投资开放的中国产业安全与福利分析

## §4.1 中国投资开放与产业安全发展

### 4.1.1 外商直接投资(FDI)

FDI与外商间接投资(Foreign Indirect Investment，FII)的根本区别在于前者对所投资的企业具有控制力。从东道国角度来看，当一个产业尤其是重要产业利用FDI较多时，就产生了一个问题：该产业在多大程度上被外资控制？产业安全性如何？

产业被外资①控制程度即产业控制力问题，是产业是否安全的最为重要的外在表象(王苏生等，2008)，是实现产业安全的关键性因素(赵元铭，2008)。产业控制力是指外资对东道国产业的控制能力，以及对东道国产业控制力的削弱能力和由此影响产业安全的程度(李孟刚，2006)，其实质是外资产业控制力和东道国产业控制力两种力量的对决能力。

1) FDI对我国产业的市场控制

FDI的重要目的之一，是为了扩大市场份额，实现对东道国市场的控制。21世纪初以来外商为了实现这一目的，加强了产业内并购，谋求在产业内的垄断地位(祝年贵，2003)。分析FDI对我国产业市场的控制程度，可用外资市场控制率指标(李孟刚，2013)。该指标反映国内产业市场中外资控制企业的程度，用外资企业市场份额与国内产业总的市场份额之比来衡量。外资市场控制率越高，产业安全受影响的程度越大。这里用《中国统计年鉴》(1994—2009)中“外资(含

---

① 包括港澳台商投资企业和外商投资企业。

港澳台商投资企业和外商投资企业)工业企业的销售收入"与"全国规模以上工业企业的销售收入"①的百分比来表示,即外资市场控制率=外资工业企业销售收入/全国规模以上工业企业销售收入。

外资企业会凭借其在资本、规模、技术、管理等方面的绝对优势,力图占领和控制我国市场并且在某些行业形成垄断,阻止我国企业进入,甚至将我国企业最终挤出市场。如表4-1所示,自1993年以来,外资在我国市场上的占有率呈直线上升趋势,除了2008年略低于30%外,自2003年起均已超过30%。如果外资形成垄断,外商不仅控制国内市场、制定垄断价格和瓜分市场策略,而且会制约内资企业的成长和技术进步,制约国内幼稚产业的发展,影响产业安全。

**表4-1 1993—2011年中国工业外资市场控制率**

| 年份 | 外资市场控制率 | 年份 | 外资市场控制率 | 年份 | 外资市场控制率 | 年份 | 外资市场控制率 |
|---|---|---|---|---|---|---|---|
| 1993 | 8.64 | 1998 | 24.33 | 2003 | 30.46 | 2008 | 29.32 |
| 1994 | 13.04 | 1999 | 25.72 | 2004 | 30.79 | 2009 | 30.02 |
| 1995 | 17.04 | 2000 | 26.79 | 2005 | 31.61 | 2010 | 31.21 |
| 1996 | 18.66 | 2001 | 27.76 | 2006 | 31.55 | 2011 | 31.22 |
| 1997 | 20.52 | 2002 | 28.49 | 2007 | 31.40 | | |

资料来源:根据《中国统计年鉴》(1994—2012)计算得到。

2) FDI对我国产业的股权控制

外资进入中国市场的策略往往是先与国内重要企业合资,利用转移价格,提高由其投入的投入品(如原材料)价格,造成合资企业亏损的局面,然后再提出"增资扩股"。中方因缺乏资金,导致外资股权占比提高、获得绝对控制权,甚至变成外资独资企业。外资企业的这种运作,最终有可能控制东道国的产业,从而影响东道国对本国产业的实际控制力,带来产业风险。

反映外资股权控制情况的指标是外资股权控制率。外资股权控制率是从股权的角度反映外资对国内产业控制的程度。这里用《中国统计年鉴》(1994—2012)中"外资(含港澳台商投资企业和外商投资企业)工业企业的所

① 2005—2011年数据为"主营业务收入"。

有者权益”[①]与“全部规模以上工业企业[②]的所有者权益”的百分比来表示，公式如下：外资股权控制率=外资工业企业所有者权益/全国规模以上工业企业所有者权益。

表4-2和图4-1给出了1998—2011年总体上我国工业外资股权控制率状况。从中可以看出，1998—2011年外资股权控制率缓慢上升，从1998年的22.42%上升到了2011年的26.11%。一般来讲，单个企业外资股权份额超过20%即达到了对企业的相对控制，超过50%即达到对企业的绝对控制（王苏生等，2008）。套用上述企业控制标准，表明外资已对我国产业总体上达到了相对控制的程度。

**表4-2　1998—2011年中国工业外资股权控制率**

| 年份 | 外资总计/亿元 | 全国总计/亿元 | 占比/(%) | 年份 | 外资总计/亿元 | 全国总计/亿元 | 占比/(%) |
|---|---|---|---|---|---|---|---|
| 1998 | 8 844.84 | 39 445.40 | 22.42 | 2005 | 27 770.72 | 102 882.02 | 26.99 |
| 1999 | 9 730.41 | 44 618.80 | 21.81 | 2006 | 33 663.65 | 123 402.54 | 27.28 |
| 2000 | 11 054.36 | 49 406.88 | 22.37 | 2007 | 41 198.76 | 149 876.15 | 27.49 |
| 2001 | 12 794.29 | 55 424.40 | 23.08 | 2008 | 49 307.20 | 182 353.38 | 27.04 |
| 2002 | 14 359.94 | 60 242.01 | 23.84 | 2009 | 50 132.18 | 198 972.31 | 25.20 |
| 2003 | 17 473.30 | 69 129.56 | 25.28 | 2010 | 52 134.01 | 205 672.1 | 25.35 |
| 2004 | 22 622.01 | 86 005.79 | 26.30 | 2011 | 54 213.34 | 207 652.18 | 26.11 |

注：1998—2003和2005—2011年的统计项目是“‘三资’工业企业主要指标”和“全部国有及规模以上非国有工业企业主要指标”；2004年数据缺失，表中数据为2003年、2005年的平均数；2007—2011年的统计项目是“按行业分外商投资和港澳台商投资工业企业主要指标”和“按行业分规模以上工业企业主要指标”。

《中国统计年鉴(2009)》第13篇工业的“简要说明”：本篇资料的统计范围

① 所有者权益指企业投资人对企业净资产的所有权。企业净资产等于企业全部资产减去全部负债后的余额，其中包括投资者对企业的最初投入，以及资本公积金、盈余公积金和未分配利润，对股份制企业即为股东权益（自国家统计局网站中的“指标解释”）。

② 1998—2011年为全部国有及年主营业务收入在500万元以上的非国有工业企业，自2007年起为年主营业务收入在500万元以上的工业企业（即规模以上工业企业）。另一种统计对象是“大中型工业企业”。根据国家统计局网站上“统计标准”栏目内容，大中型工业企业要同时满足3个标准，中型企业的标准之一是销售收入达到3 000万元人民币及以上。显然，用“规模以上工业企业”数据比用“大中型企业”数据更接近产业的真实情况。

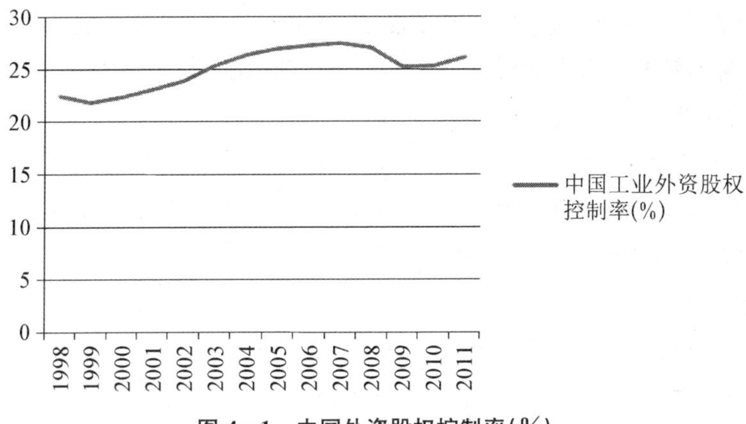


**图4-1　中国外资股权控制率(%)**

资料来源：根据《中国统计年鉴》(2004—2011)相关数据计算得到。

1998—2011年为全部国有及年主营业务收入在500万元以上的非国有工业企业。2007—2011年为年主营业务收入在500万元以上的工业企业(即规模以上工业企业)。本篇资料中工业行业分类按2002年《国民经济行业分类标准》划分;企业大中小型划分按2003年《统计上大中小型企业划分办法(暂行)》标准执行。

3) FDI对我国产业的技术控制

对外商而言,保持技术垄断性比市场更重要(祝年贵,2003)。尽管我国国内关于中国的FDI技术溢出效应的文献中有绝大多数发现了我国正向的FDI技术外溢效应,但是在明确考虑制度变迁效应的情况下,我国的FDI技术溢出效应并不显著,我国企业的技术进步,主要是由于近30年市场化改革引起的制度变迁,特别是民营经济的成长对内资企业生产率的明显促进作用,以及外资企业其自身要素生产率的提高(郑秀君,2006),所以,FDI在技术方面的影响主要表现为对技术的控制。德国博世并购江苏威孚就是一个典型案例。虽然合资后企业经营状况非常好,依据弥补了国内欧三、欧四标准的电喷产品的空白,产品供不应求,2008年销售超过了60亿,但是"合资公司不但没有如中方期望的那样进行电喷技术攻关,甚至没有进行任何开发活动,主要由博世在汽油燃油喷射系统领域向合资企业提供EV6的技术许可……已经可以谋取中国市场的外国企业甚至不再愿意允许中国企业保持对引进技术进行学习的控制权"(王苏生等,2008)。事实上,考虑到我国的FDI技术溢出效应并不显著(周新苗和唐绍祥,

2011)，由外方控制核心技术的“国际收支”中“中国居民”意义上的国内企业生产的产品，若不考虑其提供的就业、税收和污染，只从技术的掌握角度考虑，和进口没有什么差别。

从技术角度反映外资对国内产业控制情况的指标是外资技术控制率。根据李孟刚(2013)研究所提供的数据来看①，整体上我国工业的外资技术控制并不严重，但是在一些重要产业，如整体上装备制造业2004—2007年的外资技术控制率一直在30%以上，其细分行业中的通信设备、计算机及其他电子设备制造业近几年来则高达50%以上，相当严重，不能不引起重视。

随着经济全球化的发展和知识经济时代的到来，国家间综合国力的竞争已演变为国家科技进步的速度和自主创新能力的竞争。改革开放伊始，在科技实力薄弱的初始禀赋状态下，我国政府大规模地实施了“以市场换技术”的技术引进战略(即通过FDI引进技术)，其初衷是通过大规模的技术引进尽快提升我国产业技术水平和经济实力，以缩小与发达国家的经济、科技差距。回顾我国通过吸引FDI的“技术引进战略”的实施进程与效果，我们发现：一方面，通过技术引进的确在一定程度上助推了新兴产业的发展，促进了对传统产业的改造，提高了我国企业的技术水平；另一方面也使得现有制度安排内的既得利益集团(中央政府、地方政府以及内资国有企业)产生对目前技术引进的“稳定需求偏好”和刚性依赖。这种政府主导型的制度变迁的必然结果便是技术创新制度的非均衡，并内生出国内企业“重引进技术、轻消化吸收和自主创新”的倾向，陷入了“引进→落后→再引进”和对国外技术过度依赖的双重非良性循环之中，最终导致制度变迁陷入一种非效率的封闭状态(沈能、刘凤朝，2008)。

4) 对我国产业外资控制的反思

(1) 我国利用外资FDI的规模与分布。

我国自改革开放以来，利用外资取得了举世瞩目的成绩。根据中国投资指南网，中国实际使用外商直接投资(FDI)金额从1983年的6.36亿美元，增长到

---

① 单个企业的外资技术控制率与国产化率之和为1，因而，可以首先通过国产化率计算单个企业的外资技术控制率，然后将单个企业的外资技术控制率按产值加权平均，即可计算出产业的外资技术控制率。李孟刚使用国家层面上的“大中型企业外资企业研发经费”占全国的百分比，以及“外资企业拥有发明专利数”占全国大中型企业总体的百分比表示外资技术控制率。外资技术控制率越高，产业发展安全受影响的程度越大。

2008年的923.95亿美元，增长了144倍多。2009年受金融危机的影响，当年全国实际使用外资金额900.33亿美元，同比下降2.56%。[①] 在利用FDI的几种行驶中，外商独资企业所占比重逐年提高，从2000年占47.31%、超过了合资企业所占比重，到2002年起比重超过60%、2005年起超过70%，独资化倾向十分明显。

就FDI实际利用金额在第一、第二和第三产业的分布来看，第一产业利用FDI所占比例一直比较低，在2005—2006年甚至低于1%；第二产业所占比例基本上逐年降低，由2003年的74.22%降到2007年的51.32%，但2008年则大幅度提高至57.64%；第三产业利用FDI所占比例逐年提高，由2004年的23.18%提高到2007年的47.58%，上升了约24个百分点，但2008年降到了41.07%（李孟刚，2013）。

就FDI实际利用金额在东、中、西部地区的分布来看，中、西部地区与东部相比较，所占比例仍然很低。在2002～2004三年里，西部地区实际利用FDI金额在全国所占比重逐年微微下降，由3.8%降到2.88%；中部地区略微提高，由9.5%提高到11.02%；东部地区则维持在85%以上的高位。根据中国投资指南网，自2005年起FDI的区域分布统计有所变化，除东、中和西部外，还有“其他”（2005）或“相关部门”。与2005年相比，2006年东部地区所占比例大幅回升，提高了约8个百分点，西部地区上升至3.13%，而中部地区所占比例则继续降低。2007年中部地区和西部地区分别小幅提高约1个百分点，而东部地区则小幅下降近2个百分点。

（2）我国产业外资控制现状。

由于FDI与FII的根本区别在于前者对所投资企业具有控制力，我国利用FDI促进经济发展的同时，相应地产生了一个必须重视的问题：我国产业在多大程度上被外资所控制？产业安全性如何？

根据历年《中国统计年鉴》和《中国科技统计年鉴》的数据进行计算，可以得到反映我国产业被外资控制情况的市场控制率、股权控制率和技术控制率情况。

① 市场控制率。FDI的重要目的之一，是为了扩大市场份额，实现对东道国市场的控制。21世纪初以来外商为了实现这一目的，加强了产业内并购，谋求在

---

① 引自中国投资指南网。

产业内的垄断地位(祝年贵,2003)。1998—2008年期间外资在我国市场上的占有率呈直线上升趋势,除了2008年为29.32%、略低于30%外,自2003年起均已超过30%。② 股权控制率。1998—2008年外资股权控制率缓慢上升,从1998年的22.42%上升到了2008年的27.04%。总体上外资已对我国产业达到了相对控制的程度。需要说明的是,即使在外资没有获得绝对控制权的产业、企业,外方也可能具有实际控制力。如上汽大众51%绝对控股的合资股权构架,成为中国汽车界股权构架的标准模式,但即使是改动桑塔纳轿车的一个门把手,也必须经过德方同意;又如四川韵律公司控股73%,与百事公司合资多年,百事公司提出终止合作合同,终止浓缩液供应协议和商标许可证合同,也提供了一个核心技术与股权谁说了算的经典案例。国家产业控制力和国际竞争力已经无法完全体现在股权控制上,也不在于产业的庞大和产业的属地,而在于产业的和核心技术和品牌掌握在谁的手中。③ 技术控制率。2001—2008年期间,我国工业整体上的外资技术控制率大体在15%～30%。但是在一些重要产业,如装备制造业整体自2004年以来外资技术控制率一直在30%以上,其细分行业中的通信设备、计算机及其他电子设备制造业近几年来高达50%以上,相当严重。

(3) 我国产业外资控制的国内经济环境。

外资对我国产业控制的着力点是并购行业中的重要企业。在我国许多行业中,重要(或龙头)企业多数是国有企业。因此,研究产业外资控制问题,需要先分析一下国有企业的效率问题。

现代企业与古典意义上的企业(个人业主制和合伙制)的根本区别是前者的所有权与经营权相分离。现代意义上的企业由此产生了委托-代理问题,只有克服了这个问题,公司制的现代企业才有可能取得良好的绩效。

国有企业不但是所有权与经营权相分离的企业,而且与私营企业相比,其从最终所有者(普通老百姓)到最终经营者(国有企业的厂长、经理)的链条更长,需要建立起比私营企业更加复杂、更加精密的现代公司治理结构。但是,只有当委托人具有监督代理人、努力设计能够克服委托-代理问题制度安排的内在激励时,才有可能建立起现代公司治理结构,而国有企业的委托人缺乏这种激励(耿同劲,2009)。因此,国有企业是低效率的。

基于以上分析,这里得出一个命题,即我国在机制或制度安排上某种程度内是一种开放产业被外资控制的结果。根据《中国统计年鉴(2009)》,我国的企业按注册类型分为内资企业(包括国有企业、集体企业、股份合作企业、联营企业、有限责任公司、股份有限公司、私营企业、其他企业),港、澳、台商投资企业(包括合资经营企业、合作经营企业、独资经营企业和投资股份有限公司),外商投资企业(包括中外合资经营企业、中外合作经营企业、外资企业和外商投资股份有限公司,其中,外资企业即外资独资企业)。其中内资企业典型的是国有企业和私营企业。由于我国坚持国有经济在质量和数量两方面都占主导地位,而作为国有经济载体的国有企业在竞争性领域是低效率和缺乏竞争力的,加上既得利益集团的影响,便产生了两方面的问题。① 在金融方面,绝大多数贷款流向国有企业,私营企业严重缺乏发展所需要的资金。如2009年上半年6万亿贷款,因为国有企业由政府担保,国字号企业银行放心,其中的80%流向国有企业[①]。财政部财政科学研究所课题组的研究结果也持有相同看法,认为"银行贷款中大部分是贷给国有企业的,民营企业很难获得银行贷款"。据统计,我国全部商业银行贷款的80%以上流向了国有企业[②]。② 在市场准入方面,一些产业允许国有企业和外资企业进入,但私营企业被排除在相应的产业之外。世界银行驻中国代表处经济学家赵敏在商务部国际经贸研究院发布《2005年跨国公司在中国》报告后接受记者采访时表示,"有些行业保护很厉害,民营资本进不去,对外商则另眼相看,政策导致了让渡给外商部分垄断收益"[③]。2006年11月17日在南京举行的由全国政协经济委员会、国家发改委、全国工商联共同举办的"促进非公有制经济健康发展论坛"上,厉以宁认为"目前落实'36条'最大的问题就是市场准入"。这表现在民营企业还无法进入当前一些行政垄断部门和行业、公用事业和基础设施领域,"通信、广电、邮政、电力、金融等方面表现更为突出"。一些行业是"明放暗不放",设限严格、门槛非常高,甚至高到只有行业内原有企业能维持或少数实力很强的企业才能进入。在该论坛上,保育钧引用部分浙江的个体、私营企业主的说法表示:当前,最有用的政策是放宽市场准入,最想进入的领域

---

① 《评析6万亿银行贷款的喜与忧》,http://blog.szonline.net/u/561/26900.html,2009年12月18日。

② 财政部财政科学研究所课题组:《财税体制对地方政府固定资产投资膨胀的影响分析》,《经济研究参考》2007年第72期,第2～28、59页。

③ 《商务部报告称外资负面显现追问5600亿外资功过》,http://tech.sina.com.cn/it/2005-02-19/0958529896.shtml,2009年12月30日。

是公用事业和基础设施行业[①]。除此之外，商务部研究院跨国公司研究中心主任王志乐在“2007北京国际并购研讨洽谈会”上表示，“现在真正的垄断企业还多是国有企业。随着改革开放步伐的加大，绝大多数行业应该允许外资、民营企业进入”[②]。

在那些对外资开放的竞争性产业中（不管是否对私营企业开放），国有企业的低效率和私营企业缺乏资源甚至可能被排除在产业之外的状况，导致内资企业整体上处于劣势，而包括港澳台商投资企业在内的外资企业凭借其技术优势、管理优势等所有权优势以及享有的税收优惠、土地价格优惠和其他优惠，容易获得对我国产业的控制地位（见表4－3）。

**表4－3 现行制度安排内的产业被外资控制机理**

| | | | | | | |
|---|---|---|---|---|---|---|
| 国有经济占主导地位 | → | 资源和市场准入偏向国有企业 | → | 内资企业整体上处于劣势 | → | 产业被外资控制 |
| 国有企业效率低 | | 私营企业发展受到资源和市场准入限制 | | | | |
| 私营企业效率高 | | | | | | |
| 外资进入：高效率和享有各种优惠 | | | | | | |

另外，由于吸引外资的政绩观，地方政府处于政绩的考虑，可能会产生用本地优质企业资源引进外资的冲动，包括强制其下辖的优质内资企业被外资并购，从而使外资能够比较轻易地并购相关的龙头企业，进而具备控制我国相应产业的能力，对我国产业安全构成威胁。

产业被外资控制产生的产业安全问题在于外资企业将某一（些）重要产业的龙头企业控制后，其核心技术、关键技术的研发依旧留在母国，作为东道国的我国仍然无法获取，这将影响我国的产业结构升级和产业政策的实施。如果我国根据对国际、国内政治经济形势的判断，决定发展某一产业（或产品），但根本未掌握该产业的核心技术，甚至也买不到，则关于该产业所有的产业政策都将失效，从而导致产业政策安全问题。另一个问题是若军民两用技术出现上述问题，

① 陈黛：《各界共谋助推民企破解非公经济发展“玻璃门”》，http://business.sohu.com/20061120/n246492018.shtml，2009年12月18日。

② 《商务部官员：中国目前没有一个行业被外资垄断》，http://news.worldbydata.com/zxnewview26609.htm，2009年12月20日。

则影响我国军事装备的现代化，危机国家军事安全。

### 4.1.2　对外直接投资 OFDI

尽管之前的讨论中我们看到了 FDI 对我国经济特别是产业安全的负面影响，但是从学者们已经展开的 FDI 对我国经济影响的方方面面的研究，不能否认绝大部分研究表明 FDI 在我国经济高速发展与改革开放初期的正面作用远大于负面影响，目前这些研究成果已具一定规模。但近年来，无论从国家出台的一系列政策还是从经济学家的兴趣出发，我们发现中国对外直接投资 OFDI 已开始受到关注，经济的可持续发展与产业结构的健康对于发展中国家可能更有赖于对外投资合作的规划。甚至很多国外的经济领域的学者们也开始将研究重心从基于发达国家的跨国公司（MNEs）对外直接投资转向关注新兴发展中国家这种对外投资行为，例如巴西、中国和印度等，大部分研究显示，新兴发展中国家的跨国公司（Emerging Market MNEs，EMNEs）所表现出来的对外扩张能力已远不下于传统发达国家的跨国公司。例如中国联想电脑对 IBM 个人电脑的收购，印度塔塔汽车对捷豹路虎品牌收购等均表现出了不俗及惊人的高效和实力。学者们大多认为当经济发展到一定程度，一味地引入外资会更多地集聚在东道国的低端及非绿色产业，从而破坏该国的产业结构，因而适时的进行对外资本输出与合作会更有助于调整该国的经济与金融产业安全。

目前为数不多但已日渐引起学者关注的文献讨论主要集中在当发展中国家面临过度 FDI 流入影响国内产业结构或者说当投资国试图实施某些金融手段干涉东道国部分金融结构时，如何通过调整一定的资本外流及在面临并不完善的机制和不完全的市场时成功地实现海外扩张，从而促进经济健康发展上。但显然目前新兴国家的对外跨国投资与合作并未很好地兼顾这一点。以对外投资的最大主体跨国企业为例，绝大部分新兴国家的跨国企业依然是家族控股式，通常的运营环境是较弱的合同约束力和不完善的资本市场（Bhaumik & Gregoriou，2010）。这样的一种特点会使得 EMNEs 跨国企业由于较弱的公司管理体制不愿或者不敢去承担由于转变为与外商联盟的经营模式所需的成本，毕竟大部分 EMNEs 对外部的环境知之甚少（Bhaumik，Driffield，& Pal，2010），显然这样的一种对外投资并未使发展中国家获取更多的长期利益。

已有研究文献还指出大部分新兴国家对外投资，特别是来自亚洲地区的对外投资或扩张的目的是为了更加便利企业的国际化进程(Bhaumik, et al., 2010;Mathews,2006;Zhan,1995)。令人意外的是,研究还观测到新兴发展中国家跨国企业通过和政府的联盟可以得到不少益处,有大量的事例表明政府行为促进了政府占股的跨国企业对外扩张。中国和印度石油公司在俄罗斯萨哈林,在委内瑞拉和苏丹国的石油天然气领域得到好处无不得益于中国和印度政府的大力支持。事实上,在后WTO时代,当大众认为政府通过海外子公司及税收优惠对内资企业带来的好处逐渐减弱时,政府依然能够通过一些隐含力量的帮助影响和受益内资企业的对外经济行为。因而可以说,政府参与对外投资行为对于任何行业的跨国企业或公司都是关键而重要的,即当国内自然资源遭受被动海外经济入侵时,积极的主动的对外经济行为,例如本书研究的对外投资合作却可以试图通过对外经济寻求新的经济平衡。

本书在研究过程中特地展开了OFDI角度的探讨,即试图分析中国这样一个新兴市场中,政府的软实力行为如何基于资源及经济安全视角来决定企业对外投资的方向从而达到平衡并促进国内产业可持续发展的目的。想做这样的研究主要是基于以下两个想法：第一,中国目前的对外投资行为是否伴随对目标国的某些联动利益;第二,我们发现有相当比重的中国企业海外投资会流向矿藏能源丰富的发展中国家,并且同时较关注该投资国的经济安全状况,我们试图发现以上要素是否主要决定了中国目前的主要的对外投资合作方向。

目前而言,我国对外投资合作的现状可简单总结如下：

1) 投资合作规模不断扩大

随着我国对外开放程度不断提高,特别是加入世贸组织后,我国对外直接投资总量不断增加、增速不断加快。根据《2010年度中国对外直接投资统计公报》数据,2010年,中国对外直接投资净额688.1亿美元,较上年增长21.7%。其中：新增股本投资206.4亿美元,占30%;当期利润再投资240.1亿美元,占34.9%;其他投资241.6亿美元,占35.1%。

截至2010年底,中国13 000多家境内投资者在国(境)外设立对外直接投资企业1.6万家,分布在全球178个国家(地区),对外直接投资累计净额3 172.1亿美元。联合国贸发会议(UNCTAD)《2011年世界投资报告》显示,2010年全球外国投资流出流量1.32万亿美元,年末存量20.4万亿美元,以此为基期进行计算,2010年中国对外直接投资分别占全球当年流量、存量的5.2%

和1.6%，2010年中国对外直接投资流量名列全球国家(地区)排名的第5位，存量位居第17位。

“十一五”期间，中国对外直接投资合作额持续快速增长。2010年，中国非金融类对外直接投资合作金额达到590亿美元，比2005年增加3.8倍，居世界的位次从2005年的第18位大幅上升到2009年的第5位。中国对外直接投资合作金额占世界总量的比重从2005年的1.4%提高到2009年的5.1%(见表4-4和图4-2)。

**表4-4　2005—2009年对外直接投资合作额居世界前10位的国家(地区)**

(单位：亿美元)

| 位次 | 2005年 | | 2006年 | | 2008年 | | 2009年 | |
|---|---|---|---|---|---|---|---|---|
| | 国家和地区 | 对外直接投资合作 | 国家和地区 | 对外直接投资合作 | 国家和地区 | 对外直接投资合作 | 国家和地区 | 对外直接投资合作 |
| | 世界 | 8 931 | 世界 | 14 106 | 世界 | 19 288 | 世界 | 11 010 |
| 1 | 荷兰 | 1 318 | 美国 | 2 242 | 美国 | 3 305 | 美国 | 2 481 |
| 2 | 法国 | 1 150 | 德国 | 1 187 | 法国 | 1 611 | 法国 | 1 472 |
| 3 | 英国 | 808 | 法国 | 1 107 | 英国 | 1 611 | 日本 | 747 |
| 4 | 德国 | 759 | 西班牙 | 1 042 | 德国 | 1 346 | 德国 | 627 |
| 5 | 瑞士 | 511 | 英国 | 863 | 比利时 | 1 300 | 中国 | 565 |
| 6 | 日本 | 458 | 瑞士 | 758 | 日本 | 1 280 | 中国香港 | 523 |
| 7 | 西班牙 | 418 | 荷兰 | 650 | 加拿大 | 808 | 俄罗斯 | 461 |
| 8 | 意大利 | 418 | 比利时 | 507 | 西班牙 | 749 | 意大利 | 439 |
| 9 | 比利时 | 327 | 日本 | 503 | 匈牙利 | 598 | 加拿大 | 388 |
| 10 | 加拿大 | 275 | 中国香港 | 450 | 俄罗斯 | 561 | 挪威 | 342 |
| | 中国 | 123(18) | 中国 | 176(20) | 中国 | 559(11) | | |

资料来源：联合国贸发会议数据库，括号内为当年位次。中国数据来自《中国统计年鉴》。

2)“走出去”迈出新步伐，对外经济合作驶入良性发展轨道

“走出去”战略主要内容是推动企业以对外投资、对外经济合作等多种方式走出国门，是我国对外开放的重要方面。“十一五”期间，我国深入实施“走出去”战略，对外投资合作取得新发展，“走出去”的规模和效益进一步提升。即使受到

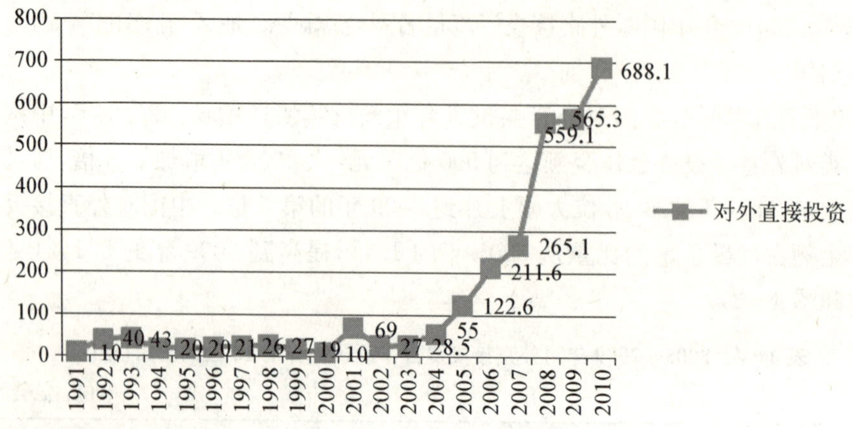


**图 4-2　1991—2010 年中国对外直接投资流量情况(单位：亿美元)**

注：1991—2001 年中国对外直接投资数据摘自联合国贸发会议世界投资报告，2002—2010 年数据来源于中国商务部统计数据。

国际金融危机的严重影响，对外投资、对外经济合作仍实现逆势上扬，为促进国民经济平稳较快发展发挥了积极作用。

“十一五”期间，对外投资合作的领域不断拓宽，对外投资合作的层次和水平不断提升，呈现出市场多元化发展态势。对外投资合作国别已覆盖 170 多个国家和地区，主要集中在亚洲和拉丁美洲地区的发展中国家。2009 年，亚洲占我国非金融类对外直接投资合作国别的 71.4%，拉美占 13%，欧美、非洲和南太平洋市场开拓也取得积极成效。

对外投资合作方式也由单一的绿地投资向跨国并购、境外上市等多种方式扩展。2006—2009 年，对外直接投资通过收购、兼并方式实现的金额(包括非金融类和金融类)分别为 83 亿、63 亿、302 亿、192 亿美元，占当年流量(包括非金融类和金融类)的 39%、23.6%、54%、34%。海外并购除了聚焦于资源相关工业外，对高科技企业并购的交易数量也在增长。“十一五”的第一年——2006 年实施合格境内机构投资者(QDII)制度，允许符合条件的境内金融机构投资于境外证券市场。截至 2010 年 12 月，外汇局共批准 88 家 QDII 机构，境外投资额度共计 684 亿美元。这一制度拓宽了境内机构和个人的境外投资渠道，使之在全球范围内配置资产和管理风险。

与此同时，对外经济合作驶入良性发展的快车道，已形成一支门类比较齐全、具有较强国际竞争力的队伍，业务范围向技术性较强的领域不断扩展，经济效益和社会效益明显提高。“十一五”期间，对外承包工程完成营业额2 971亿美元，是“十一五”规划目标的2.3倍；累计派出各类劳务人员192万人，是“十一五”规划目标的1.5倍。5年时间，对外承包工程连年实现新突破。2006年对外承包工程完成营业额300亿美元，2007年突破400亿美元，2008年又突破500亿美元，2009年再突破700亿美元，2010年跨上900亿美元台阶，达到922亿美元，是“十五”末的4.2倍。

3）对外投资行业分布广泛

九成的投资流向商务服务业、金融业、批发和零售业、采矿业、交通运输业、制造业。

以2010年为例，中国对外直接投资流向租赁和商务服务业302.8亿美元，同比增长47.9%，占44%。金融业86.3亿美元，同比下降1.1%，占12.5%。批发和零售业67.3亿美元，同比增长9.6%，占9.8%。采矿业57.1亿美元，同比下降57.2%，占8.3%，主要是石油天然气开采业、有色金属开采业、黑色金属矿采选业。交通运输、仓储和邮政业56.6亿美元，同比增长173.8%，占8.2%，主要是水上运输业、其他运输服务业、航空运输业等投资。制造业46.6亿美元，同比增长108.2%，占6.8%，主要是交通运输设备制造业、有色金属冶炼及压延加工业、化学原料及制品制造业、专用设备制造业、电器机械及器材制造业、纺织服装/鞋/帽制造业、纺织业、医药制造业、食品制造业等的投资。建筑业16.3亿美元，同比增长352.2%，占2.4%。房地产业16.1亿美元，同比增长72%，占2.3%。科学研究、技术服务和地质勘查业10.2亿美元，同比增长31.6%，占1.5%。电力、煤气及水的生产和供应业10亿美元，同比增长113.7%，占1.5%。农、林、牧、渔业5.3亿美元，同比增长55.8%，占0.8%。信息传输、计算机服务和软件业5.1亿美元，同比增长82%，占0.7%。居民服务和其他服务业3.2亿美元，同比增长20%，占0.5%。住宿和餐饮业2.2亿美元，同比增长191%，占0.3%。其他行业3亿美元，占0.4%(见图4-3)。

## §4.2　投资开放与产业安全的理论分析：基于福利角度

发达国家通过投资向发展中国家，尤其是向中国这样的发展中大国，实现产业梯度转移有其重要的理论基础。国外学者关于外国直接投资问题研究的成熟

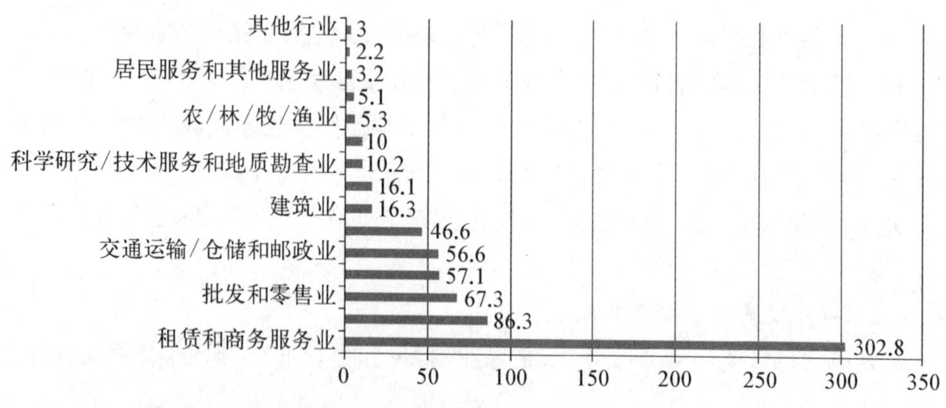


**图 4-3　2010 年中国对外直接投资流量行业分布(单位：亿美元)**

注：数据来源于《2010 年度中国对外直接投资统计公报》。

理论大都基于在市场发育较为完善的条件下进行，而忽视了发展中国家有可能会处于国际投资往来“食物链”的最底端这样的事实，发展中国家在国内产业结构得不到合理均衡发展的同时，由于开放门户会更加被动及长期的处于一个“劣势”的产业结构状态。比如中国这样一个对外对内经济改革及转型关键时期的发展中国家。在现实中不难发现，一个经济体的发达程度从一定程度上一定会影响其接受外国直接投资利益的能力。经济中一旦存在产业结构的非均衡状态，这样类似的扭曲现象便会从一定程度上影响一国吸引外资能够得到的实际利益。所以，对于发展中国家而言，对外投资往来很可能导致东道国经济福利的净损失。本节即试图从理论角度阐释在这样的条件下发展中东道国产业安全的隐患和福利水平的下降。

1）模型设定

假定国内共有 $n$ 家企业进行竞争，其中 $n_d$ 家为本土企业，$n_f$ 家为涉外营业企业，且 $n = n_d + n_f$。假定所有的企业的成本为线性的，这主要取决于该国的生产函数，因此，假定所有的涉外企业当其出口时，不变边际成本为 $c_f$，当其在国内销售时，该不变边际成本为 $c_d$。由于本土经营企业总是在国内生产，因此其不变边际成本始终为 $c_d$。

基本模型：

A、B 表示吸引 FDI 的较发达国家和欠发达(或发展中)国家，在 A、B 国各有一种本国公司生产与跨国公司生产的相同产品。假定

(1) A 国和 B 国的本地公司及跨国公司的可变生产成本分别为 $C_A$、$C_B$ 和 $C_M$，且①

$$C_M = 0 \leqslant C_A \leqslant C_B = \frac{1}{6}$$

(2) A 国和 B 国为一体化市场，且国家间不存在贸易成本和价格歧视。因此，国家市场规模的差异与我们研究目的无关，以 $S$ 表示每个国家的市场规模，$P$ 表示市场价格。则 A 国和 B 国该产品的需求函数为

$$Q_i = (1-P)\frac{S}{2},\ (i = \mathrm{A},\mathrm{B})$$

(3) 跨国公司的决策集{对外直接投资，出口}。对外直接投资的初始投资成本(set-up cost) $F$ 与产出规模无关，出口至 A、B 国的单位贸易成本均为 $t$，$t$ 较低使跨国公司的出口可行，我们假定②

$$t \leqslant (1 + C_A + C_B)/3$$

(4) 跨国公司为获得规模经济只在 A 或 B 中的一个国家投资。跨国公司及 A、B 国的本地公司在 A 和 B 国组成的一体化市场上进行策略为产量的古诺垄断竞争博弈，市场上的总产量为

$$Q = q_A + q_B + q_M$$

(5) 跨国公司的技术外溢仅对其投资的地区有正的外部性：当地公司可以部分或全部地获取跨国公司的技术以使其生产成本减少 $\phi C_i$，其中 $0 \leqslant \phi \leqslant 1$。当 $\phi = 1$，技术溢出效应最强，当地公司和跨国公司成本相同均为 0。

在技术溢出的各种影响因素之中，技术差距与溢出效果相关关系的争议无疑是最大的。Kokko(1994)对墨西哥的研究认为，溢出与技术差距具有反向相关性，当本国企业技术能力较强，与外资企业的技术差距较小时，溢出效应高。Imbriani 和 Reganati(1997)对意大利 FDI 技术效率的分析业也得到了同样的结

---

① 假定 $C_B = \frac{1}{6}$ 可以使欠发达地区与较发达地区相比从外商直接投资中获益较多，参阅 Markusen (1995)。

② 下文中的式(4-1) 可以说明此假定的合理性。

论。而以赶超战略(catch-up strategy)为代表的观点则认为：技术差距越大，当地企业从 FDI 溢出中获益越多。Fredrik Sjiaholm(1999)提出，技术差距与溢出之间可能存在非线性关系。显然，溢出的发生要求有某种技术差距。在初级阶段，溢出水平的确随着技术差距的增加而增加。然而，当差距增大到某一水平以至于当地厂商无法在现有的经验、教育水平及技术知识基础上对国外先进技术加以吸收时，溢出将与技术差距的变化背道而驰。Broenztein 等(1998)和 Blamstrom 等(1994)称这一转折点为发展门槛(development threshold)，认为东道国应具备一定的劳动技术水平和基础设施水平才能跨过门槛，享受 FDI 带来的人力资本扩张的益处。

(6) 由于本书关注的是有助于产业结构改善的技术引进及溢出，考虑到我国目前的经济发展阶段基本对中低端技术的消化已达到饱和，而技术溢出方，通常指来自发达国家的跨国公司对于高端技术通常持保留态度，加之发展中国家长期的对外出口及引资结构的不合理，我们假定 A、B 两国在有助于本国产业结构改善方面的技术吸收是不均等的，A 国具有更强优势，当地企业从技术溢出中获益更多，即 $\phi_A > \phi_B$。

为吸引外商直接投资，假定 A、B 国都提供可置信的优惠政策承诺，分别表示为 $T_A$、$T_B$。那么 A、B 国的目标函数为本国的总福利水平，即生产者剩余和消费者剩余之和减去优惠政策的成本。

动态博弈的阶段如下：

在阶段 1，A、B 国同时承诺本地区外商直接投资的优惠政策；

在阶段 2，跨国公司决定出口或直接投资 A 国或 B 国；

在阶段 3，跨国公司及 A、B 国的本地公司在 A、B 国组成的一体化市场上进行策略为产量的古诺垄断竞争博弈。

2) 博弈的均衡分析

采用完全信息动态博弈的逆向归纳法，分析阶段 3 跨国公司在 A、B 国组成的一体化市场上与 A、B 国在本地公司进行古诺垄断竞争博弈的利润($\pi_m$)及 A、B 国的福利($W_i$)。

情况 1：跨国公司出口

$$\pi_m^E = \frac{S(1 + C_A + C_B - 3t)^2}{16} \tag{4-1}$$

$$W_i^{\mathrm{E}} = \frac{S(3-C_i-C_j-t)^2}{64} + \frac{S(1-3C_i+C_j+t)^2}{16} \tag{4-2}$$

$$(i, j = \mathrm{A}, \mathrm{B} \text{ 且 } i \neq j)$$

式中的右上角标 E 表示跨国公司的对外策略为出口。

情况 2：跨国公司对地区 $i$ 直接投资

此时，$t=0$，$i$ 地区提供的优惠政策为 $T_i$，跨国公司的技术外溢使 $i$ 地区本地公司的生产成本减少至 $(1-\phi_i)C_i$。因此，由式(4-1)、(4-2)可推导

$$\pi_{\mathrm{M}}^{\mathrm{I}_i} = \frac{S(1+C_i(1-\phi_i)+C_j)^2}{16} + T_i - F \tag{4-3}$$

$$W_i^{\mathrm{I}_i} = \frac{S(3-C_i(1-\phi_i)-C_j)^2}{64} + \frac{S(1-3C_i(1-\phi_i)+C_j)^2}{16} - T_i \tag{4-4}$$

$$W_j^{\mathrm{I}_i} = \frac{S(3-C_i(1-\phi_i)-C_j)^2}{64} + \frac{S(1-3C_j+C_i(1-\phi_i))^2}{16} \tag{4-5}$$

式中右上角标 I 表示跨国公司的对外策略为直接投资，右下角标为 $i$ 国(或 $j$ 国)的福利状况，右上角标为跨国公司对 $i$ 国进行投资。

式(4-2)、(4-3)和(4-5)的第一项表示消费者剩余，第二项表示生产者剩余即本地公司的利润。当跨国公司由出口转向对外直接投资，节省了贸易成本 $t$，增强了 A、B 国组成的一体化市场的竞争强度，消费者从较低的均衡价格中获益，本地公司都遭受负的外部性——“竞争效应”。跨国公司直接投资地区的当地公司由于跨国公司的技术溢出而同时享有正的外部性，而另一地区的当地公司只有负的外部性。

阶段 2 时，根据 A、B 地区吸引外商直接投资的优惠政策，跨国公司决定出口或直接投资某地区。较发达地区由于有较好的投资环境、产业配套能力以及集聚效应等因素，欠发达地区为获取外商直接投资必须提供的额外优惠政策 $\Gamma$

$$\begin{aligned} \Gamma &= \pi_{\mathrm{M}}^{\mathrm{I_A}}(T_{\mathrm{A}}=T) - \pi_{\mathrm{M}}^{\mathrm{I_B}}(T_{\mathrm{B}}=T) \\ &= \frac{S(1+C_{\mathrm{A}}(1-\phi_{\mathrm{A}})+C_{\mathrm{B}})^2}{16} - \frac{S(1+C_{\mathrm{B}}(1-\phi_{\mathrm{B}})+C_{\mathrm{A}})^2}{16} \geqslant 0 \end{aligned} \tag{4-6}$$

$\Gamma$ 随着 A、B 国间技术差距的扩大而增加。用 $\Omega^i$ 表示 A、B 国在跨国公司在

其决策集{出口，对外直接投资}中选择出口与直接投资时所获得的企业收益差

$$\begin{aligned}\Omega^i &= \pi_{\mathrm{M}}^{\mathrm{E}} - \pi_{\mathrm{M}}^{\mathrm{I}_i}(T_i = 0)\\ &= \frac{S(1+C_i+C_j-3t)^2}{16} - \frac{S(1+C_i(1-\phi_i)+C_j)^2}{16} + F\\ &= F + \frac{S}{16}(\phi_i C_i - 3t)[2+2C_j+C_i(2-\phi_i)-3t] \qquad (4-7)\end{aligned}$$

$(i,j = \mathrm{A},\mathrm{B}$ 且 $i \neq j)$

$$\Omega^{\mathrm{B}} = \Omega^{\mathrm{A}} + \Gamma$$

若 $\Omega^{\mathrm{B}} < 0$，即使A、B国不提供优惠政策，跨国公司也会选择对外直接投资；当 $\Omega^{\mathrm{A}} > 0$，若无优惠政策，跨国公司会选择出口，此时，只有A、B国提供了适当的优惠政策，跨国公司才会对外直接投资。因此，在博弈的第二阶段：

若 $T_{\mathrm{B}} > \max(T_{\mathrm{A}} + \Gamma,\ \Omega^{\mathrm{A}} + \Gamma)$，跨国公司严格偏好于在B国投资；

若 $T_{\mathrm{A}} > \max(T_{\mathrm{B}} - \Gamma,\ \Omega^{\mathrm{A}})$，跨国公司严格偏好于在A国投资；

若 $T_{\mathrm{A}} < \Omega^{\mathrm{A}}$ 且 $T_{\mathrm{B}} < \Omega^{\mathrm{A}} + \Gamma$，跨国公司严格偏好于出口。

阶段1：A、B国之间展开竞争。

$T_{\mathrm{A}}^{\max}$、$T_{\mathrm{B}}^{\max}$ 分别表示A、B国为吸引外商直接投资所愿意提供的最大优惠政策。$\Delta\pi_{\mathrm{A}}$、$\Delta\pi_{\mathrm{B}}$ 等于A国和B国在跨国公司投资于该国与投资另一国的福利变化，即

$$T_{\mathrm{A}}^{\max} = \Delta\pi_{\mathrm{A}} + \Delta CS \qquad (4-8)$$

$$T_{\mathrm{B}}^{\max} = \Delta\pi_{\mathrm{B}} - \Delta CS \qquad (4-9)$$

根据式(4-4)和(4-5)

$$\begin{aligned}\Delta CS = CS^{\mathrm{I_B}} - CS^{\mathrm{I_A}} &= \frac{S(3-C_{\mathrm{B}}(1-\phi_{\mathrm{B}})-C_{\mathrm{A}})^2}{64} - \\ &\quad \frac{S(3-C_{\mathrm{A}}(1-\phi_{\mathrm{A}})-C_{\mathrm{B}})^2}{64} \geqslant 0 \qquad (4-10)\end{aligned}$$

$$\Delta\pi_i = \pi_i^{\mathrm{I}_i} - \pi_i^{\mathrm{I}_j} = \frac{S(1-3C_i(1-\phi_i)+C_j)^2}{16} -$$

$$\frac{S\,(1-3C_i+C_j(1-\phi_j))^2}{16}>0 \qquad (4-11)$$

$$(i,j=\mathrm{A},\mathrm{B}\text{ 且 } i\neq j, \Delta CS、\Delta\pi_i \text{ 是 } \phi \text{ 的增函数})$$

式(4-8)、(4-9)表示：跨国公司投资于欠发达国，技术较落后的当地公司所获得的有效技术溢出有限，不利于该国产业结构优化，人力成本及环境成本及产业非均衡的代价大幅度增高将导致较高的均衡价格，从而使所有消费者受损。因此，欠发达国家获得外商直接投资，消费者剩余为负；而发达国家获得外商直接投资，消费者剩余为正。不过式(4-11)仍然表达了：即使技术溢出效应较小，跨国公司投资国的当地公司也会由于技术溢出效应使其技术升级，成本降低，利润增加。只是与发达国家的当地公司比较，欠发达地区的当地公司技术较落后，会由于跨国公司投资该国获得技术溢出更有限，但不是任何时期的 $\Delta\pi_{\mathrm{A}}$ 都大于 $\Delta\pi_{\mathrm{B}}$。若 $C_{\mathrm{A}}$ 足够高(在分析中，我们发现当发展中国家始终吸收低技术溢出是，这一点就很难满足了)，$\Delta\pi_{\mathrm{B}}$ 可能大于 $\Delta\pi_{\mathrm{A}}$。

总而言之，$T_{\mathrm{A}}^{\max}$、$T_{\mathrm{B}}^{\max}$ 为正，并且是技术溢出强度 $\phi$ 的增函数。与较发达地区相比，发展中国家由于经济增长进入瓶颈期，可能获得的技术溢出效应有限，所以可能会改变原有的愿意优惠的政策设定(即由原先的 $T_{\mathrm{A}}^{\max}\leqslant T_{\mathrm{B}}^{\max}$ 更新至 $T^{\max}{}_{\mathrm{A}}=T_{\mathrm{B}}^{\max}$)①。这样发展中国家在跨国公司直接投资区位选择中所获得的正向福利效应会更加有限。

## §4.3　投资开放与产业安全的实证分析：基于福利角度

回到中国角度，不能否认，外商对华直接投资 FDI 对我国经济的发展与促进是巨大而显著的，从之前大篇幅的分析中可以看到不少学者展开了 FDI 对我国经济影响的方方面面的深入研究，其中绝大部分研究肯定了 FDI 在我国经济高速发展与改革开放初期的正面作用，这些研究成果已具一定规模。但我们也已经清醒地认识到被动的一味引资对我国的产业均衡发展已经弊大于利。基于学者们大部头的 FDI 引资研究不胜枚举，本节不再就单纯的 FDI 引资与产业安

① 其实，这一点也是非常符合我国现实国情的，如前文提及，实际上自 2010 年 12 月 1 日起，外资企业在我国税收政策上享受的"超国民待遇"被彻底终结。

全展开实证分析。实际上，若想主动的通过对外资本往来促进一国的产业健康发展，变被动为主动，目前更多的眼光和举措应该付诸于发展中国家自身的对外直接投资，即 OFDI，而 OFDI 中会有政府导向性的资本流出会集中于对外经济合作项目投资(ECI，economic cooperation related investment)，这样的对外投资往往更有利于一国做出有利于本国产业结构的决定，本节的实证部分主要是针对这样的基础展开。

目前为数不多但已日渐引起学者关注的文献讨论主要集中在当发展中国家面临过度 FDI 流入影响国内产业结构或者说当投资国试图实施某些金融手段干涉东道国部分金融结构时，如何通过调整一定的资本外流及在面临并不完善的机制和不完全的市场时成功地实现海外扩张，从而促进经济健康发展上。但显然目前新兴国家的对外跨国投资与合作并未很好地兼顾这一点。以对外投资的最大主体跨国企业为例，绝大部分新兴国家的跨国企业依然是家族控股式，通常的运营环境是较弱的合同约束力和不完善的资本市场(Bhaumik & Gregoriou，2010)。这样的一种特点会使得 EMNEs 跨国企业由于较弱的公司管理体制不愿或者不敢去承担由于转变为与外商联盟的经营模式所需的成本，毕竟大部分 EMNEs 对外部的环境知之甚少(Bhaumik，Driffield，& Pal，2010)，显然这样的一种对外投资并未使发展中国家获取更多的长期利益。

已有研究文献还指出大部分新兴国家对外投资，特别是来自亚洲地区的对外投资或扩张的目的是为了更加便利企业的国际化进程(Bhaumik，et al.，2010；Mathews，2006；Zhan，1995)。令人意外的是，研究还观测到新兴发展中国家跨国企业通过和政府的联盟可以得到不少益处，有大量的事例表明政府行为促进了政府占股的跨国企业对外扩张。中国和印度石油公司在俄罗斯萨哈林，在委内瑞拉和苏丹国的石油天然气领域得到好处无不得益于中国和印度政府的大力支持。事实上，在后 WTO 时代，当大众认为政府通过海外子公司及税收优惠对内资企业带来的好处逐渐减弱时，政府依然能够通过一些隐含力量的帮助影响和受益内资企业的对外经济行为。因而可以说，政府参与对外投资行为对于任何行业的跨国企业或公司都是关键而重要的，即当国内自然资源遭受被动海外经济入侵时，积极的主动的对外经济行为，例如本章研究的对外投资合作却可以试图通过对外经济寻求新的经济平衡。

本章从这些文献已有的立场出发，试图分析中国这样一个新兴市场中，政府的软实力行为如何基于资源及经济安全视角来决定企业对外投资的方向从而达到平衡并促进国内经济可持续发展的目的。想做这样的研究主要是基于以下两个想法：第一，中国目前的对外投资行为是否伴随对目标国的某些联动利益(Buckley et al.，2008)；第二，我们发现有相当比重的中国企业海外投资会流向矿藏能源丰富的发展中国家，并且同时较关注该投资国的经济发展状况，我们试图发现以上要素是否主要决定了中国目前的主要的对外投资合作方向。

一般来说我国政府软实力的体现就是通过和海外公司签订涉及工程建设项目的对外经济合作合同，而这些合同会给当地或政府带来长期收益而备受所在国青睐。我们假定政府导向性的对外合作与投资是基于平衡国内产业及资源结构并在海外寻求更稳定的发展为前提的，而这样的对外合作通常政府通过向海外在建项目进行资本输出实现，同时我们进一步假定影响这部分外资流的因素可运用经典的引力模型进行考察，本节下面的工作即试图去验证我们这样的假设。

根据我国相关政策对于跨国经营企业的相关优惠，跨国企业往往可以通过借贷或其他经营优惠杠杆式扩张海外业务，他们可以相对全球其他的竞争者以较低的成本从我国金融机构获取资本；同时，还可以凭借较为宽松的信贷要求从国有银行，国有企业甚至政府本身获得廉价借款(Ankiewicz & Whalley，2006；Lardy，1998；Warner，Hong，&Xu，2004)。实际上，借贷资本的易得和低成本本身就是中国本土资本市场的一大特点(Tsai，2002)。当然一国的对外投资通常都会通过分散不同国家进行投资，从而减少因杠杆式投资带来的风险。

在我国改革开放的前些年，我国的海外投资主体及对外决策由大型国有企业充当，包括对外投资国的选择，政治导向色彩较重(Hong & Sun，2006)。例如，当年对香港基础建设的投资就是为了提升中国的影响力，改变当时英式主权依然处于主导的局面。到1992年，关于中国未来改革方向的争论暂告一个段落，打开国门，开展外向经济已无可争议。近几年来，鼓励中国企业的海外投资已经成为一项长期战略，海外投资已经成为获取技术和自然资源，维护贸易顺差及外资流入均衡，保护国内产业资源均衡及安全的重要途径，我国对印度尼西亚和阿尔及利亚地区石油行业，南非的矿区，巴西的钢铁业和美国的技术部门的高调投资也说明了这一特点。我国对外投资的目标还包括为中国企业提供进入海外市场的机会，树立中国的国际品牌。例如，海尔集团对美国生产设备业的投资就成功使得中国企业绕开了美方反倾销诉讼，同时在当地取得了一定的品牌效应，TCL成功获得汤姆逊和阿尔卡特品牌，也已经在当地取得了一定的效果。

来自官方的数据更能说明我国近年来对外投资的迅猛势头，联合国贸发会议(UNCTAD)《2010年世界投资报告》显示，2009年全球外国直接投资(流出)流量1.1万亿美元，年末存量18.98万亿美元，以此为基期进行计算，2009年中国对外直接投资分别占全球当年流量、存量的5.1%和1.3%，2009年中国对外直接投资流量名列全球国家(地区)排名的第五位，发展中国家(地区)首位，相关数据如图4-4所示。

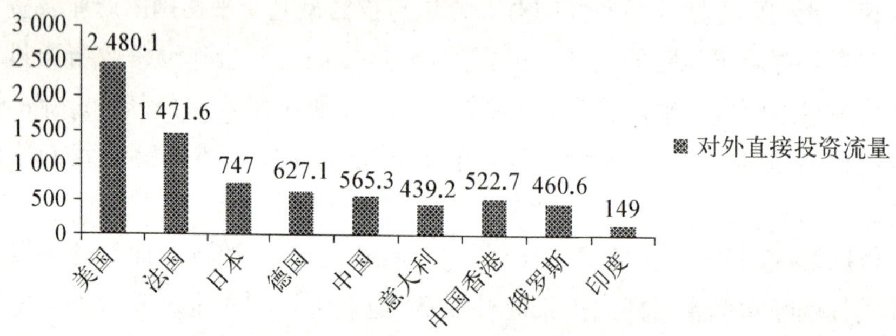


**图4-4　2009年中国与全球主要国家(地区)流量对比(单位：亿美元)**

注：2009年中国对外直接投资流量来源于商务部统计数据，其他国家(地区)统计数据来源于联合国贸发会议《2010年世界投资报告》。

1）引力模型设计

已有文献所示，我国对外投资模式在一定程度可解释中国对外经济合作的走向，或者说，我国对外经济合作导向了我国的外资流出，如果确实如此，我们即可以说中国的政府决策比国际市场的外资供需更易影响中国的海外投资。从而说明，中国的对外投资主要流向我国的海外合作项目(政府在这些项目上更具话语权)，而基于政府潜在影响力的海外投资势必会以保护本国的经济利益为前提，因而在对外投资决策上，可能更倾向于海外资源及经济安全更有保障的地区。当然，如前所述，我们的工作即要证明这一重要论点。

本节实证研究的基础为引力模型，该模型已被广泛应用于双边国际经济交流间的实证研究(贸易或投资流)。根据已有文献，引力模型一般包括贸易双方的GDP，人均GDP和物理距离等。引力模型一般主要用来解释跨国间的贸易和投资流。当然，现有的引力模型也可被扩展到包括其他变量。本章中就加入了文化相似性及资源禀赋程度作为我国通过对外投资寻找对外目标合作国的两个重要考虑因素。

引力回归模型设定如下：

$$ECI_i = \alpha + \Gamma' X + \Phi' Z + e \tag{4-12}$$

式中：$ECI$ 为我国基于海外合作项目的对外投资；$X$ 中主要包括了传统引力模型中应有的要素；$Z$ 中则包含在选取对外投资国时从资源及经济安全考虑的其他要素。

向量 $X$ 中：变量 $GDP$ 用来表示一国的市场规模，一般来说，规模越大的国家预期更能得到越大规模的经济合作 OFDI 流入，从我国现有的相关经济表象中，似乎我国政府在搜寻对外投资目标国上，经济规模的大小也是一个关键因素。变量 $GDPPC$ 表示人均 GDP，更能反映一个国家或地区的实际经济发展水平，它对于投资流的影响往往是不确定的。换句话说，流向发达国家的附带双边合作条款的 OFDI 便利了发展中国家获得技术和相关产品，但也可能阻碍发展中国家的自身发展。当然，也有证据表明，这种 OFDI 可能使发展中国家增加经验获得竞争优势。变量 $GEODIST$ 表示投资国和接收国间的地理距离。距离对外向经济的影响例如投资流和贸易流的影响是显而易见的：距离越远，交通成本越高，发生经济互动可能越小。变量 $CULDIST$ 描述了一种文化距离，它表示双边国经济往来的非交通成本。Rauch(1999)指出文化背景较为相似的两国经济往来的成本相对更低。变量 $BITRADE$ 表示的是两国间的双边贸易流。贸易流和投资流之间的关系是表现不一的，例如，Egger(2001)对欧洲国家的研究表明，出口额和 OFDI 表现为一种替代关系，而 Bevan 和 Estrin(2004)的研究则表明进出口额和 OFDI 是一种互补的关系。周新苗和唐绍祥(2011)利用 1994—2007 的数据考察了我国农业对外贸易与 OFDI 的关联度及相互影响，结论显示我国 OFDI 与农业的贸易往来表现出一种相互抑制的替代作用。

对于向量 $Z$，我们给予了充分细致但不一定是全面的考察，因为现有文献中对于这一观点触及较少，并没有系统而一致的归纳，因此，$Z$ 中的变量我们主要考虑投资国从经济持续发展及产业经济安全角度出发对资本输入国经济稳定及长远双边合作的考察。如果相关经济合作是通过贸易流或投资流趋向于扩展我国和他国更广阔的经济合作的，它应该会被或至少部分会对 $Z$ 向量中影响本国经济利益基础的因素做出反应。Fan et al.（2009）研究总结了两个较为重要与产业可持续发展的相关因素，其中变量 *EXPGROW* 表示资本接收国经济增长预期，*INSTAB* 表示经济绩效稳定性。他们认为，如果资本接收国的预期经济增长越高，宏观经济政策预见性更强，那么投资国越愿意持续地保持向该资本接收国的外资注入，因为对投资国而言，他们将来的回报在这样的经济基础上更稳定。此外，维护经济利益始于维持一个健康的产业结构，如果中国的对外投资偏好是利于均衡国内产业资源结构，那么自然资源相对丰富的国家可能更容易成为目标国，变量 *NR* 表示的是合作或投资接收国的自然资源禀赋，有证据已表明中国的"走出去"政策会部分流向那些中国稀缺资源所在的发展中国家。变量 *INSTQLTY* 是表明资本接收国体制质量的变量，它描述了接收国经济运营的环境。它影响着投资国政府或出资的跨国企业的企业绩效和公司策略的制定。较弱的产权往往蕴含较弱的体制（Grossman & Hart，1986），一方面，它可能有利于投资国做出对本国更有利的决策倾向，另一方面，弱体制可能导致腐败问题，而腐败又会对投资流产生负面影响，使不确定性因素增强并会导致两国合作计划的签约成本提高（Wei，2000）。变量 *POLRIGHT* 用来表明资本接收国的政治权利。

将我们的计量模型具体化，会得到如下形式：

$$ECI_{it} = \alpha + \gamma_1 GDP_{it} + \gamma_2 GDPPC_{it} + \gamma_3 GEODIST_{it} + \gamma_4 CULDIST_{it} + \gamma_5 BITRADE_{it} + \phi_1 EXPGROW_{it} + \phi_2 INSTAB_{it} + \phi_3 NR_{it} + \phi_4 INSTQLTY_{it} + \phi_5 POLRIGHT_{it} + e_i \tag{4-13}$$

式中 $i$ 表示的是 OFDI 接收国 $i$，因变量 $ECI_{it}$ 表示的是我国在 $t$ 时期对 $i$ 国的外经济合作产生的对外投资流，如果 ECI 确实反映了中国现有对外经济合作策略的偏好，并且政府会在政策上偏向具有这样特征的中国跨国企业的对外投资流，那么在本章的研究过程中，我们应该会观测到这样两个事实：首先，式（4-12）中所列出的解释变量 $X$ 部分在以往文献中表现出得对 OFDI 的作用对本章所列因变量 ECI 的冲击作用应该是一致的；其次，如果中国的 OFDI 更多地表现为一种政府行为，那么 ECI 对解释变量 $Z$ 部分能做出适当并积极的反应，或者说如果变量 $Z$ 部分能做出适当并积极地反应，说明我国基于政府行为的 ECI 是有利于我国产业结构安全并均衡的。

2）研究数据和实证建模

本章因变量 *ECI* 的数据和双边贸易流变量 *BITRADE* 均来自我国历年出版发行的统计年鉴，并按当年平均汇率折算为美元。其中 *ECI* 为对外经济合作项目的总金额，其中包括与对外承包工程，对外劳务合作和对外设计咨询相关对外投资金额，*BITRADE* 为中国对他国进口及出口额的加总。方程(4－12）中的解释变量的数据搜集来自其他各种不同的统计资源：接收国的 *GDP* 和 *GDPPC* 数据用 2000 年不变国际美元表示，来自世界银行对外公布的世界发展指标。地理距离 *GEODIST* 依然使用国际通用的经纬度大圆公式，测量两国最重要城市之间的距离。至于文化距离 *CULDIST*，使用 Rauch(1999)的方法，一般用两国使用的语言衡量，在此我们用汉语使用情况衡量，它是一个虚拟哑变量，如果被投资国或地区有 9%以上的汉语人口，例如香港、澳门、台湾、新加坡、马来西亚等，或者被投资国 9%以上文字为汉字构成，例如越南、日本、朝鲜、韩国等，则该变量赋值为 1，否则为 0。

资本输入国 $i$ 的预期增长率 *EXPGROW*，沿用 Fan 等人(2009)的方法对于阶段 $t$ 的预期增长率取 $t-1$，$t-2$，$t-3$，$t-4$ 和 $t-5$ 年的人均真实 GDP 增长率的均值表示。同时用这 5 年的人均真实 GDP 增长率的标准差表示每个国家的宏观经济政策的稳定性，也即衡量该国经济绩效稳定性指标 *INSTAB* 的数据来源。对于 *ECI* 接收国和中国之间的自然资源禀赋变量 *NR* 测量自该国对中国能源矿藏和非能源矿藏的出口，该指标同样来自世界银行发布的世界发展指标。对于变量 *INSTQLTY*，使用由美国传统基金会(Heritage Foundation)发布的机构质量指数表示。由于该指数所测量的各个方面有着很强的相关性，选择腐败指数(Corruption Index)作为衡量一国机制质量的指标。该指标的赋值一般从 0 到 100，该指标值越高表明一国腐败程度越低。对于变量 *POLRIGHT*，我们使用美国自由之家(Freedom House)官网报告的政治权利指数表示，该指数的级别分为 1～7 共 7 个级别，赋值 1 表示该国具有最高的政治自由度。

我们的研究数据跨度为 2001—2009 年共 89 个和中国有经济合作投资往来的国家和地区。所有的数据在研究过程中被分为 3 个阶段：2001—2003 年，2004—2006 年，2007—2009 年。同时，每一阶段数据是该阶段各年数据的综合样本，将数据进行这样的分段处理是为了避免回归结果受到年度特有峰值的影响。之所以没有联合 9 年的数据做一个总样本分析是因为这样可能模糊我国对外经济合作的政策转变特点，毕竟，近10年，随着人民币升值和经济危机的压力，我国的对外经济政策发生了较为显著地改变，我们希望通过分阶段的分析能够捕捉到这种不同。为了验证结果的稳健性，最后我们还会通过面板数据 pool 分析方法进行总样本的回归分析，并观测其相应结果。

为了消除内生性问题，我们在模型中将使用解释变量的滞后值，例如，因变量 *ECI* 为 2001—2003 数据时，解释变量的取值则为 2000—2002 年。同时对于该阶段解释变量的经济预期 *EXPGROW* 则分别使用 1995—1999，1996—2000，1997—2001 年的均值，对于经济宏观政策 *INSTAB* 则用这 5 年相关指标的标准差表示宏观经济政策的波动性。

取自然对数的 *ECI*(*LECI*)的分布直方图如图 4-5 所示。显然，图形的右倾特点非常明显，这说明随着时间的推移，我国的对外经济合作投资呈明显增长趋势。

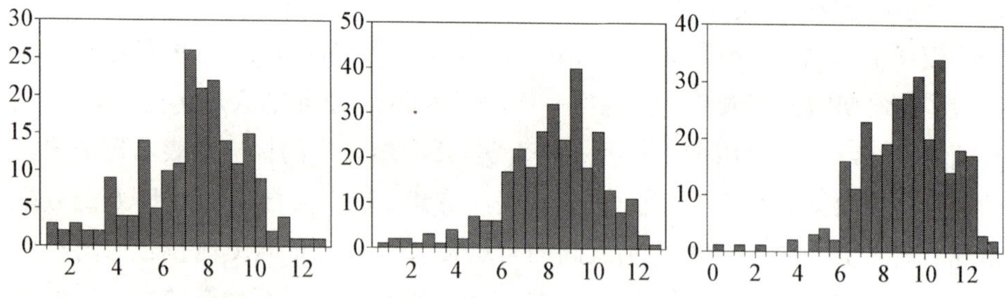

**图 4-5　中国对外经济合作投资分布直方图(取自然对数)**

注：左图为 2001—2003 阶段，中图为 2004—2006 阶段，右图为 2007—2009 阶段。

图 4-6 为中国对外 *ECI* 和合作国自然资源禀赋的相关关系散点图。对于自然资源禀赋我们分别用合作国对我国能源(燃料)(*FUEL*)和非能源(矿藏)(*MINERAL*)的出口表示。在图中，横轴表示一国对我国能源(燃料)及能源(矿藏)出口占其对我国总出口额的百分比，纵轴为我国对该国的合作投资额的自然对数值。

从图 4-6 中可以看出：如果只考虑那些自然资源较丰富的国家，即该国的能源燃料及非能源矿藏的出口超过了总出口额的 30%以上，图中确实显示了有一种较微弱的正向关系表现在 *ECI* 和对华自然资源出口两者之间。但是对于那些自然资源出口低于 20%的对外合作国，散点则表现出了较大的波动性，如

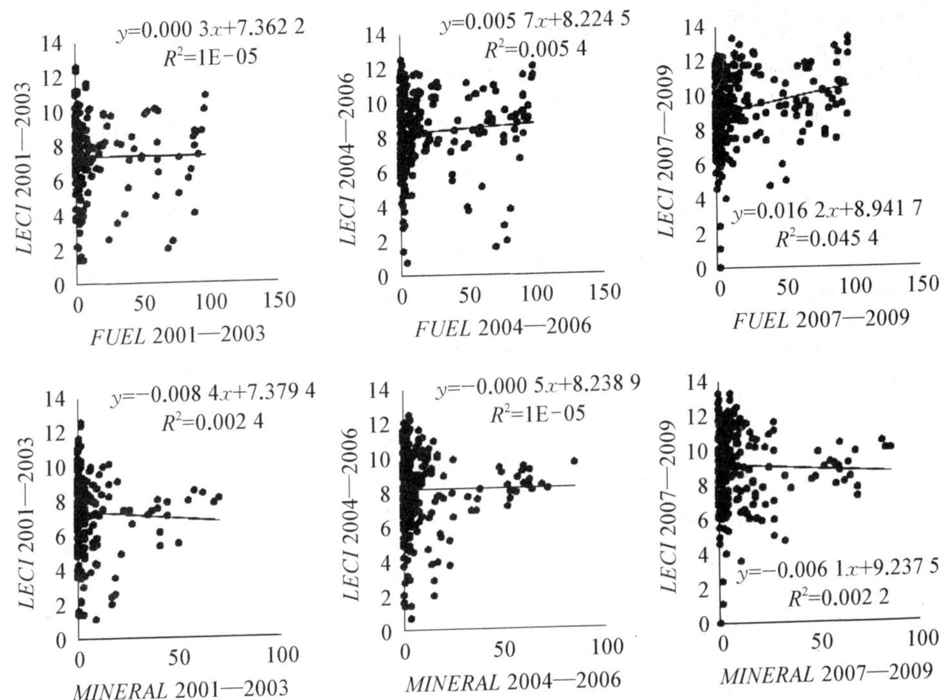


**图 4-6　中国对外经济合作(取自然对数)与合作国自然资源对华出口相关关系散点图**

注：*LECI* 表示的是不同阶段我国对外投资合作金额的自然对数值，*FUEL* 表示的是能源燃料分组，*MINERAL* 表示的是非能源矿藏分组。左图为 2001—2003 阶段，中图为 2004—2006 阶段，右图为 2007—2009 阶段。

果忽略图中的右上角和左下角部位，我们几乎很难分辨出两者具体是怎样的一种关系表现。

表 4-5 是因变量 *ECI* 和其他自变量分 3 个考察阶段的统计分析结果，从统计分析结果中，我们得到了一些有趣的发现，首先，中国主要对外经济合作的国家居然是一些较发达的国家，因为我们可以看到这些国家 3 个阶段的人均 GDP 都在 10 000 美元以上。同时他们的经济发展状况表现出的不稳定性似乎近年来更强。因此，如果我国的对外经济合作投资是我国政府试图通过软实力影响他国的一种国际策略工具和策略倾向的话，显然我国对外的经济政治目标及对环境的要求是宽松的，既包括发展中国家也包括了发达国家。第二，经济合作目标国都是一些地理距离较中国更远的国家，从表中我们可以看到，目标国首都据北京的距离均值已达到了 9 000 公里，这说明便捷的现代化交通使得地理距离

的约束越来越不重要。第三，如果我国的对外投资合作是为了获取更多的自然资源控制权的话，那么对能源燃料（例如原油和天然气）的控制应该显得比其他非能源矿藏资源更重要。表中显示，2001—2003 年该指标占到了合作目标国对华出口额的 16.15%，同时该比例到 2004—2006 阶段增至 18.51%，2007—2009 阶段达到 19.52%。这说明近两年来我国对于能源燃料进口的关注确实日渐增强。最后，统计结果显示中国并不抗拒和那些腐败指数较强的国家进行合作往来，腐败指数的均值在表中表现为 43 左右。不过和流行观点相符的是，中国也不愿意和政治自由度较低的国家，即相对独裁和强权的国家进行经济合作往来，政治自由度的均值表现为 3～3.3。

**表 4-5 相关变量的统计描述**

| 变 量 | 2007—2009 | | 2004—2006 | | 2001—2003 | |
|---|---|---|---|---|---|---|
| | 均值 | 标准差 | 均值 | 标准差 | 均值 | 标准差 |
| *ECI* | 521.35 | 208.31 | 350.25 | 535.82 | 163.21 | 280.01 |
| *GDP* | 401.22 | 983.54 | 352.34 | 1 235.11 | 405 | 1 352.11 |
| *GDPPC* | 11 215.31 | 9 231.82 | 10 121.53 | 8 763.21 | 10 002.62 | 9 438.91 |
| *GEODIST* | 9 025.03 | 4 211.25 | 8 835.21 | 3 053.21 | 9 001.35 | 4 000.21 |
| *CULDIST* | 0.02 | 0.17 | 0.02 | 0.11 | 0.02 | 0.30 |
| *BITRADE* | 6 012.53 | 9 012.21 | 6 321.05 | 13 452.51 | 3 321.00 | 9 852.10 |
| *EXPGROW* | 2.56 | 3.03 | 1.98 | 2.03 | 2.82 | 1.92 |
| *INSTAB* | 2.88 | 3.82 | 2.65 | 1.87 | 2.53 | 2.03 |
| *FUEL* | 19.52 | 30.15 | 18.51 | 28.35 | 16.15 | 25.80 |
| *MINERAL* | 9.36 | 16.00 | 8.31 | 14.82 | 7.08 | 13.09 |
| *INSTQLTY* | 47.08 | 28.25 | 41.25 | 42.19 | 40.51 | 20.58 |
| *POLRIGHT* | 3.33 | 2.03 | 3.08 | 2.03 | 3.33 | 3.88 |
| 观测国样本 | 267 | | 267 | | 267 | |

说明：*ECI* 和 *BITRADE* 的单位为百万美元，*GDP* 的单位为 10 亿美元，*GDPPC* 用 2000 年不变国际美元表示。*GEODIST* 的单位为公里，*EXPGROW* 和 *INSTAB* 的单位为百分比，*FUEL* 和 *MINERAL* 是自然资源变量 *NR* 的代表，分别表示一国能源燃料和非能源矿藏的对华出口占该国对华出口总额的百分比。

回归结果分析

式 4－13 的回归结果如表 4－6 所示，系数下方的括号内为标准差，这里共列出了 6 个模型的回归结果。模型 1～3 的回归变量中包括对投资国进口能源(燃料)的关注(用变量 *FUEL* 表示)，模型 4～6 则区别关注了该国对中国的非能源(矿藏)出口(用变量 *MINERAL* 表示)。

六个模型的 *F* 统计量都在 1%水平下表现显著。$R^2$ 值均位于 0.38—0.48 之间，这说明我们的模型基本设定合理。回归结果显示，2001—2003 阶段和 2004—2006 阶段的回归结果是优于 2007—2009 阶段的。回顾之前，本节做实证研究的目的之一是说如果中国的对外投资合作主要是基于资源及经济安全视角目的，那么 *ECI* 应对变量列表中的大部分变量，特别是位次居后(包含在向量 *Z* 中)的变量表现出较强的相关性。如果对于位次居前(包含在向量 *X* 中)的变量有较显著相关，则说明影响中国对外 OFDI 及对内 FDI 的因素会同样并同向的影响着我国的对外 ECI，或者从另一个角度说明，我国的对外经济合作主要是通过对外资本输出实现的。从表 4－6 中可得出结论：① 我国的对外经济合作确实如以往学者所述，主要通过对外投资 OFDI 实现；② 近年来我国的对外经济合作较重视是否能够取得资本接收国的资源进口及该国的经济安全状况，相对于非能源(矿藏)资源，我们更重视对能源(燃料)的进口。

**表 4－6　分阶段回归结果(OLS 方法)**

| 变　量 | 能源(燃料)分组(*FUEL*) | | | 非能源(矿藏)分组(*MINERAL*) | | |
|---|---|---|---|---|---|---|
| | 2007—2009 | 2004—2006 | 2001—2003 | 2007—2009 | 2004—2006 | 2001—2003 |
| | (1) | (2) | (3) | (4) | (5) | (6) |
| 截距项 | 9.25*** (3.05) | 7.53** (2.89) | 10.21*** (2.97) | 6.01 (4.82) | 8.71** (3.94) | 5.43 (4.28) |
| (Log)*GDP* | 0.38 (0.28) | 0.28 (0.20) | 0.43** (0.18) | 0.29 (0.18) | 0.27 (0.21) | 0.40** (0.15) |
| (Log)*GDPPC* | −1.23*** (0.29) | −1.18*** (0.27) | −1.32*** (0.23) | −0.93*** (0.21) | −0.88*** (0.22) | −1.38*** (0.27) |
| (Log) *GEODIST* | −0.38 (0.51) | −0.33 (0.35) | −0.58** (0.22) | −0.27 (0.30) | −0.19 (0.22) | −0.18 (0.21) |
| *CULDIST* | 1.35 (1.81) | 0.92** (0.41) | 2.53** (0.92) | 0.88 (0.95) | 0.82** (0.43) | 2.38** (0.89) |

续 表

| 变 量 | 能源(燃料)分组(*FUEL*) | | | 非能源(矿藏)分组(*MINERAL*) | | |
|---|---|---|---|---|---|---|
| | 2007—2009 | 2004—2006 | 2001—2003 | 2007—2009 | 2004—2006 | 2001—2003 |
| | (1) | (2) | (3) | (4) | (5) | (6) |
| (Log) *BITRADE* | 0.48** (0.19) | 0.53** (0.21) | 0.33 (0.23) | 0.64*** (0.15) | 0.52*** (0.19) | 0.29** (0.12) |
| *EXPGROW* | −0.08 (0.07) | −0.02** (0.01) | −0.09 (0.09) | −0.32 (0.31) | −0.03 (0.05) | −0.02 (0.11) |
| *INSTAB* | −0.07 (0.05) | −0.02 (0.07) | −0.07 (0.06) | −0.06 (0.08) | −0.03 (0.11) | −0.02 (0.11) |
| *FUEL* | 0.04*** (0.03) | 0.03* (0.03) | 0.03 (0.01) | / | / | / |
| *MINERAL* | / | / | / | −0.05 (0.06) | −0.09 (0.05) | −0.1 (0.02) |
| *INSTQLTY* | 0.03* (0.01) | 0.03* (0.01) | 0.03 (0.02) | 0.03 (0.02) | 0.02* (0.01) | 0.02* (0.01) |
| *POLRIGHT* | 0.28 (0.21) | 0.21* (0.10) | 0.27** (0.10) | 0.48 (0.28) | 0.42** (0.2) | 0.25* (0.14) |
| $R^2$ | 0.38 | 0.47 | 0.43 | 0.40 | 0.48 | 0.43 |
| *F* 统计量 | 8.21*** | 7.65*** | 8.53*** | 8.21*** | 7.32*** | 6.8*** |
| 观测值 | 267 | 267 | 267 | 267 | 267 | 267 |

注：括号内值为标准差。***，**和*分别表示1%，5%和10%水平下显著。

在我们深入探讨所得结论之前，先对式(4-13)的回归结果作一总结：

(1) 资本接收国的*GDP*(取log值)对*ECI*有正向且显著的影响仅表现在2001—2003阶段，但系数的显著性仅为5%。

(2) 我们的原始预期是我国的对外经济合作应该会较快地帮助目标国提高人均GDP，但不可思议的结果是，在所有阶段的分析中该系数均显著为负，这说明我国的对外合作行为甚至降低了该国的人均GDP，这有可能是因为我国对发展中国家的合作主要用于基础设施建设。

(3) 距离中国越近的国家获得的中国对外合作投资越多，但只有模型(3)表现出较强的显著性，这与引力模型刚好相符，但也可能说明随着现代便捷的交通，距离已不再成为影响对外投资合作的主要因素。

(4) 对外经济合作与两国的双边贸易表现互补的正相关关系，也就是说对外投资合作与对外贸易是一种相互促进的友好关系，特别随着中国加入WTO的时间越长，这种正相关关系越为显著。

(5) 当一国的宏观经济波动较小，且宏观经济政策环境较稳定时，中国对其经济合作规模越大，但*EXPGROW*和*INSTAB*的系数并不显著；同时，如果该国的腐败程度越低，获取*ECI*的可能性也越大，但以上变量的系数均很小，即它们描述的与*ECI*之间的相关关系并不很强。换句话说，如果一国的经济非常稳定同时腐败度也较低并不能决定我国政府更偏好与其进行经济合作往来。

(6) 中国的对外经济合作政策在近10年虽均未显示出对非能源(矿藏)资源的偏好，变量*MINERAL*的系数甚至一直表现为负，且均不显著，但依然可见负值是在逐年缩小，似乎也验证了近年来开始对这部分自然资源的日趋兼顾；同时，我国政府对能源(燃料)*FUEL*的重视则在近两年表现积极，这说明我国对外经济政策从早期的主要以提升中国全球影响力为主日益转向对资源平衡的新需求。

(7) 对于政治自由度变量的考察，2001—2003阶段和2004—2006阶段表现出一定的相关性。由于我们对自由度的赋值越高表示该国的政治自由度越紧，那么似乎表明中国的对外经济合作并不偏好政治自由较开放的国家，不过到了2007—2009阶段，已无明显相关性。当然，也可以说是政治自由度是否开放并不决定性的影响我国的对外经济合作偏好。

最后，为了验证回归方程的稳健性，我们对总样本还进行了随机效应的面板回归。回归结果如表4-7所示，Wald统计量的显著性说明两种能源分组方程的回归元均有较强的解释力，同时$R^2$表明无论是对组内模型还是组间模型，方程的拟合度均保持在40%左右，是一个较优的区间。Breusch-Pagan拉格朗日乘子检验值表明随机效应面板模型是一个较适用的选择。同时，方程的回归系数在一定程度上也更进一步验证了我们之前的结论。我们依然可以看到，我国对外经济合作的投资并没有使目标国的人均收入提高，而对外经济合作同样更倾向和中国具有贸易往来的国家。此外，总样本下我国的对外经济合作倾向自然资源丰富而文化背景较为相似的国家；同时，我国政府更愿意和腐败指数较低的国家合作往来。通过对自然资源进行能源和非能源类的划分，可以观测到就政治自由度指标而言，非能源矿藏资源组表现得相对显著，也就是说，在政府对非能源矿藏类资源感兴趣的时候，政治自由度较弱的国家可能更宜成为我们经济合作及投资的选择。

本节的分析指出，在对 *ECI* 为因变量进行的和以往文献中针对 *OFDI* 为因变量所做的分析一样，解释变量会具有大致一致的冲击。这说明中国的对外投资和对外合作是紧密联系在一起的，或者说中国的对外投资相当一部分是通过对外合作实现资本流出的；同时，我国在选择对外合作及投资伙伴国时，政府的主导作用较强，会更倾向选择自然资源丰富且经济环境相对安全的目标国，而这种倾向在近年来表现得更为明显。

**表 4-7　全样本面板回归估计(随机效应模型)**

| | 能源燃料组(*FUEL*) | 非能源矿藏组(*MINERAL*) |
|---|---|---|
| | (1) | (2) |
| 截距项 | 7.23*<br>(3.91) | 5.12<br>(3.64) |
| (Log)*GDP* | 0.48***<br>(0.16) | 0.52***<br>(0.17) |
| (Log)*GDPPC* | −1.78***<br>(0.23) | −1.71***<br>(0.21) |
| (Log)*GEODIST* | −0.41*<br>(0.23) | −0.38<br>(0.34) |
| *CULDIST* | 2.65***<br>(0.81) | 2.76***<br>(0.83) |
| (Log)*BITRADE* | 0.53***<br>(0.11) | 0.42**<br>(0.18) |
| *EXPGROW* | 0.08<br>(0.05) | 0.08<br>(0.05) |
| *INSTAB* | 0.02**<br>(0.01) | 0.01<br>(0.01) |
| *FUEL* | 0.02**<br>(0.01) | / |
| *MINERAL* | / | −0.02<br>(0.02) |
| *INSTQLTY* | 0.004<br>(0.04) | 0.007<br>(0.04) |
| *POLRIGHT* | 0.12<br>(0.10) | 0.17*<br>(0.09) |

**续　表**

| | 能源燃料组(FUEL) | 非能源矿藏组(MINERAL) |
|---|---|---|
| | (1) | (2) |
| Period dummies | Yes | Yes |
| 观测值 | 801 | 801 |
| $R^2$(组内) | 0.43 | 0.42 |
| $R^2$(组间) | 0.41 | 0.38 |
| Wald $\chi^2$ 统计量 | 198.76*** | 194.35*** |
| Breusch-Pagan LM $\chi^2$ 统计量 | 42.10*** | 48.67*** |

注：1. 阶段哑变量以 2001—2003 阶段为参考组，系数均通过了 $F$ 检验，表现显著；
2. ***，**，* 分别表示 1%，5%和 10%的显著性水平。

3）结论

在我国政府的长期支持和鼓励下，很多的涉外或跨国企业目前承担着大量大规模的对外经济合作合同，我国政府通过这种合作旨在便利中国的对外投资流入合作国，从而在选取一个较安全稳定的投资环境下，可便利地获取该国的自然资源，从而更好地均衡或保护国内的产业结构，不过目前并没有太多的其他文献帮我们证明与此类似的观点。本节中，我们的假设前提是对外合作的最终目标是为了便利获取对中国有利的资源，而对外合作的主要形式是通过对外投资实现的，特别是对那些自然资源相对富庶的国家。因此，我们实证研究的基础工具为研究对外投资的主流模型：引力模型。当然，我们对实证过程进行了更严格的细分，同时还通过控制变量加入了一国体制制度变量和政治权利变量，实证结果也证明了我国的企业更愿意和一国体制及政治控制力都相对宽松点的国家进行投资及合作往来。

本节的研究结果进一步证明了引力模型同样适用于对中国对外经济合作的分析。分析结果显示基本经济要素在实证结果中的经济含义与矿藏禀赋要素并重。和我们预想不同的是，中国与投资相关的对外合作会流向腐败程度较低的国家，当然这和该国体制又是紧密相关的。同时，我们的结果并不支持中国的对外合作会倾向那些政治控制度较高的国家，这和之前外媒大肆报道的我国在非洲地区的投资含有试图干预该国政治的结论刚好相反。

我们的结论还证明了：我国政府正试图通过调整对外投资政策而均衡我国国内早前因过度强调引入外资及贸易顺差而导致的产业结构有所失衡的局面，我国的对外投资会倾向于资源引入及经济的可持续安全发展。同时，在加入WTO初期，我国的对外经济合作可能以提升中国全球影响力为主，而近年来这样的政策导向已有所放松，更多开始关注国内稀缺资源的需求。

一国的对外投资发展到一定阶段，更多的经济往来可能会由民间资本及跨国企业自发完成，为了成功地获得对外开发的机会，国内那些较有实力的企业会始终与当地政府保持稳定的往来关系，较成熟的或已经建立良好关系的企业更有可能得到当地政府的帮助从而推进其对外发展的步伐。因此，我们建议政府和企业联盟推动下的国际化发展规划，这有利于获得额外的经济及其他资源，政府支持会为跨国企业提供一些例如官方可保证的天然气及原油。在一国政府本身具有较强的宏观调控实力去便利国内企业的国际化步伐时，政企联盟往往是一种非常有效的外扩途径。因而，展开来说，对目前全球众多的发展中国家或发展中地区而言，若想改变受制于人的状态寻求更长远的发展，保护国内产业结构均衡免受外来经济入侵和掣肘，在对外经济扩张初期，跨国企业和政府联盟，或者说实力相对较弱的国家结成区域政治及经济联盟会是一个不错的发展策略选择。实际上为我们津津乐道的金砖四国 BRICS 经济体联盟(2010 年由于南非的加入遂变为金砖五国)就不失为一个拓展市场全球化的成功案例。

# 第5章 基于贸易开放的中国产业安全与福利分析

## §5.1 贸易金融发展与产业安全均衡

### 5.1.1 中国对外贸易与产业安全发展

1）国际技术贸易

一般来说，引进国外技术主要有两种方式，一种方式是通过外商直接投资间接引进先进技术，另一种方式是直接引进国外先进技术（国际技术贸易）和设备。通过 FDI 间接引进国外先进技术对我国产业安全的影响已经在第 4 章中进行了较为详细的讨论。下面就国际贸易中技术贸易部分的直接引进国外先进技术和进口设备两方面进行讨论，实际上国际贸易对我国产业安全最直接的冲击往往来自技术层面的互往中，在本书的第 6 章中还会做更深入的探讨。

（1）直接引进国外技术对我国产业安全的影响。

虽然国外技术的引进对生产率有显著促进作用，但会产生对国外技术依赖的问题。衡量一个国家的技术创新对国外技术依赖程度的指标是对外技术依存度。一般而言，一个国家的技术依存度较高，表明该国技术创新对技术引进的依赖程度较强；反之，技术依存度较低则表明该国技术创新中的自主创新成分较大（罗亚非、蔡乾龙，2008）。目前所说的对外技术依存度不包括对进口的资本品（生产设备）和中间品（材料和零部件）的技术依赖。我国目前常用的测评对外技术依存度的公式如下：对外技术依存度＝技术引进经费/研发经费总投入。下面考察我国对外技术依存度状况。

本部分数据来自 2013 年《中国科技统计年鉴》的“按资金来源分研究与试验 R&D 经费内部支出”的统计。

表 5-1　2003—2012 年对外技术依存度　（单位：亿元，%）

| 年 份 | 技术引进经费 | 研发总投入经费 | 对外技术依存度 | 年 份 | 技术引进经费 | 研发总投入经费 | 对外技术依存度 |
|---|---|---|---|---|---|---|---|
| 2003 | 30.0 | 1 539.6 | 52.15 | 2008 | 57.2 | 4 616.0 | 27.82 |
| 2004 | 25.2 | 1 966.3 | 45.37 | 2009 | 78.1 | 5 802.1 | 19.18 |
| 2005 | 22.7 | 2 450.0 | 40.98 | 2010 | 92.1 | 7 062.6 | 16.43 |
| 2006 | 48.4 | 3 003.1 | 39.26 | 2011 | 116.2 | 8 687.0 | 17.64 |
| 2007 | 50.0 | 3 710.2 | 39.94 | 2012 | 100.4 | 10 298.4 | 14.11 |

资料来源：根据《中国科技统计年鉴(2013)》相关数据整理、计算得出。

从图 5-1 中可以看出，我国的对外依存度正在逐年下降，特别是 2008 年之后下降趋势更为明显。表明我国技术创新对国外技术依赖有所减弱，产业安全程度大幅度提高。

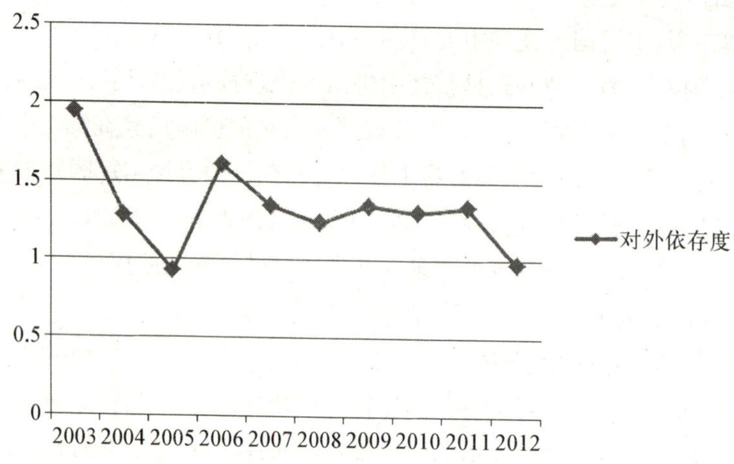


图 5-1　2003—2012 年对外技术依存度

(2) 引进国外设备对我国产业安全的影响。

尽管引进外国设备能提高我国的技术水平，但也不能忽视由此产生的产业安全问题。我国出口导向的经济增长模式，以利用初级生产要素加工、装配、制造最终产品出口为主要特征，它使我国一些重要产业的发展呈现出许多值得注意的新现象。如为了满足发达国家的技术标准和消费者的需求，我国许多最终产品的生产制造部门并不采用国产技术设备，而是直接采用从国外引进的设备和技术;同时出于提升竞争力的需要,往往还要采取动态的技术跟随和引进模式。因此,在我国某些部门的外向型经济扩张的过程中,作为上游产业的装备制造业,与其下游产业的最终生产部门之间生存处境相差悬殊:一方面,基于大量的引进国外设备(技术)的支撑,下游的最终产品生产行业在国外需求的驱动下,实现了生产能力、产品质量和出口能力的快速发展;另一方面,我国最终出口部门的迅速扩展,并没有相应地带动国内装备制造业的扩张,而是引致了对国外装备工业的巨额需求,加速了国外装备部门对国内相应部门的替代,导致后者市场需求萎缩,甚至还引发了我国装备制造业龙头企业纷纷被跨国公司合资甚至并购的现象(陈爱贞、刘志彪、吴福象,2008)。

(3) 外来技术对我国自主创新以及产业安全的影响。

无论是直接引进国外先进技术或进口国外设备,还是通过 FDI 间接引进国外技术,如果一些问题处理不好,如经常性地突然直接引进国外先进技术,突然或过渡期很短地对外开放某一产业市场或给予某种产品关税优惠甚至免税,将会使国内竞争性生产商前期的研发由于失去市场或者失去预期的市场,从而失去自主研发[①]方向甚至失去自主创新的积极性,进而影响我国的产业安全。

首先,自主创新决定着我国产业的发展。经济发展本质上是产业发展。第二次世界大战后全球经济发展的事实表明,一国能否实现理想的经济发展,与该国产业发展是否迎合国际主流需求有着十分密切的关系。一些学者将这些迎合了国际主流需求的产业称为“主流产业”。在发展主流产业的全球竞争中,一国能否率先(至少适时)发展某些主流产业,与该国是否拥有发展主流产业所需的自主创新有着十分密切的联系。如果一国拥有发展主流产业所需的自主创新,它就能够在发展主流产业中赢得先机。否则,该国要么会失去发展主流产业的先机,或者即便后来进入了主流产业,也可能在市场中得不到足够的用户(雷家骕,2006)。

第二次世界大战后,国际经济发展有一个十分清晰的线条,即哪个国家的产业发展跟上了当时的主流需求,哪个国家的经济就大发展;否则,经济发展就比较缓慢。如在 20 世纪 50 年代中后期至 60 年代中期,战败国需要恢复经济,战

---

① 虽说 R&D 只是创新活动的一个要素,但它代表了工业创新活动中最可靠、具有普遍可获得性和国际可比较性的统计指标(UNCTAD,2005)。Furman 等(2002)发现仅研发投入就能够解释 OECD 国家之间创新能力差异的 90%。因此,自主创新可以用 R&D 来表示。

胜国需要加快建设和发展，国际“主流需求”是对能源、材料、装备的需求，机电能源重化工业得到较大发展。60年代中期至70年代后期，国际主流需求是不少国家都在提高居民生活质量，新材料、新能源、家电汽车等耐用消费品行业得到较大发展。70年代后期至80年代后期，国际主流需求是不少国家都在提高经济社会运行效率、提高居民的生活质量，计算机、通信、交通等行业继续高速发展。如果我国缺少发展主流产业所需的自主创新，那它就可能在产业国际竞争中处处受制于人。如果“受制”超过一定的“阈值”，就可能影响到我国的产业安全（雷家骕，2006）。

其次，自主创新与能源安全息息相关。能源是经济发展的命脉，但能源短缺越来越成为世界性问题。在短缺的大背景下，一国能否在能源领域有较多的自主创新，往往决定着该国能否在解决能源问题上胜出。南非就是一个典型的例子。在本国石油资源匮乏的大背景下，该国在煤变油技术上推出了一系列自主创新，从而较好地解决了本国石油供应的安全问题，而其他一些石油资源匮乏的国家只能在油价飞涨和石油危机中忍受煎熬。这对国产石油供给日益紧缺的我国，无疑提供了重要的启示。

再次，自主创新决定着我国在国际分工中的地位，影响着我国产业安全。自斯密起，经济学界即有一个共识，就是认为“分工决定着效率”。在经济全球化的大背景下，国家间的“国际分工”自然影响着全球经济效率，同时影响着各国在全球效率提高中的利益分配。而国家间如何进行分工，不是取决于各国之间谈判的结果，而是取决于各国的自主创新能力。自主创新能力强的国家则处于创造价值最大、利益分配最多的环节；自主创新能力弱的国家则处于创造价值最小、利益分配最少的环节；而多数国家只能处于这两个极端中的某个环节。这就出现了“大脑国家、躯干国家、手脚国家分工说”。当然，这种分工态势更多地体现在各个产业层面。典型的是，近年来不少人对我国个人计算机行业取得的巨大发展赞赏不已，但却忽视了一个事实，即由于我国在个人计算机领域根部技术层次的自主创新能力不足，结果在整个产业链上只能处于获利最少的装配环节（雷家骕，2006）。

*2）后危机时代的贸易保护主义*

贸易保护主义是一国为了保护本国的产业免受国外竞争压力而对进口产品设定高关税、限定进口配额或实施其他减少进口额的经济政策。近年来，尤其是金融危机过后，我国遭受的各种形式的贸易保护主义措施越来越多，这对我国的产业安全构成很大的威胁。国际贸易壁垒是影响产业安全的一个外部因素，另外它还受内部生存环境和竞争环境的影响。

(1) 后危机时代贸易保护主义的特点与表现。

当前，随着金融危机的缓和，在固有的危机还没有完全消除、世界经济形势好转的基础并不牢固的情况下，各种形式的贸易保护主义再度抬头。2008 年年底以来，由于金融危机使世界经济陷入低迷并给各国带来了不同程度的破坏性影响，各国为此采取了不同寻常的应对措施，全力刺激经济。然而在应对政策上，采取贸易限制的措施呈现增多趋势，贸易保护主义盛行。这些措施始于发达国家，并引起相关贸易伙伴的报复和其他国家的争相效仿，从而导致在后危机时代贸易保护主义抬头加剧。

各国实施的贸易保护主义措施呈现力度大、内容新、隐蔽性强的特点。首先，从涉及的领域看，贸易保护主义从限制商品扩大到限制服务进口、劳工输入；其次，从实施的方式看，贸易保护主义从经济措施扩展到法律和行政命令；再次，从涉及的国家看，贸易保护国家向贸易国家集团延伸，经济贸易集团开放型趋势逆转为封闭和排他性。

具体来说，贸易保护主义衍生出以下三种形式：一是在 WTO 允许的规则下，滥用贸易救济措施，主要是“两反一保”即反倾销、反补贴和保障措施；二是传统的关税和非关税壁垒，包括提高关税、限制进口、技术性贸易壁垒；三是在经济刺激方案的借口下通过法律和行政手段实施各种“临时性措施”，如采取货币贬值的方式输出经济危机等。需要强调的是，作为限制进口的重要措施，全球范围内反倾销、反补贴和保障措施等贸易救济调查立案的数量在明显增多。另外，带有歧视性的技术性和绿色贸易壁垒因其隐蔽性强的特征越来越成为各个国家重要的贸易保护措施。

(2) 我国出口贸易现状。

① 出口贸易额。我国出口额巨大，出口贸易高速增长给进口国相关产业造成巨大的竞争压力。改革开放以来，我国对外贸易不断发展，工业制成品的出口比例不断提高，与其他国家在国际市场上直接竞争的产品具有劳动力和原材料优势，给进口国相关产业造成了竞争压力，引起贸易伙伴的关注与不安。图 5－2 反映了自 1992 年以来我国对外贸易出口总额情况。

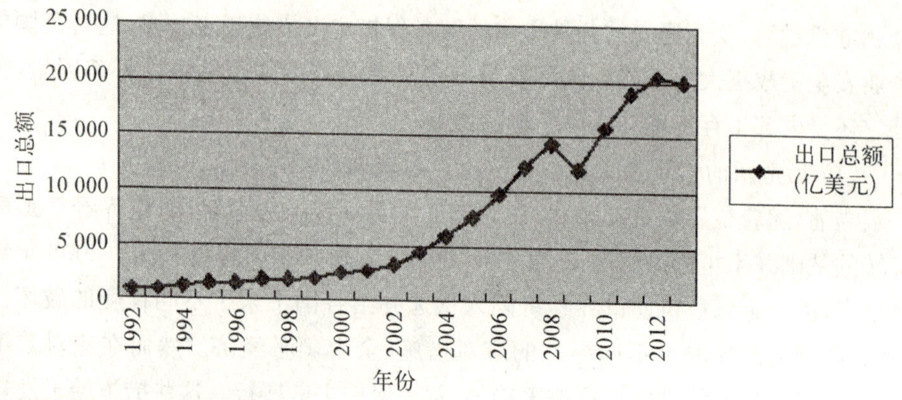


**图 5-2　1992 年以来我国对外贸易出口总额曲线图**

资料来源：1992—2012 年数据引自《中国统计年鉴(2013)》。

从总体上看，入世后我国进出口贸易额迅猛上升，其中 2008 年出口额达到 14 306.9 亿美元。据商务部统计数据显示，2012 年，全国出口总额突破 20 000 亿美元，受金融危机的影响，同比下降 16%。我国出口贸易的巨大规模意味着在世界市场上拥有较大的市场份额，这不仅使进口国担忧，还引起了同类商品更加剧烈的竞争，从而导致一些国家滥用 WTO 规则，采取变相的贸易保护主义，产生贸易摩擦。

② 出口贸易方式。图 5-3 反映了 1995 年以来我国加工贸易、一般贸易和其他贸易方式的出口额占总出口额的百分比。很明显可以看到，虽然我国的贸

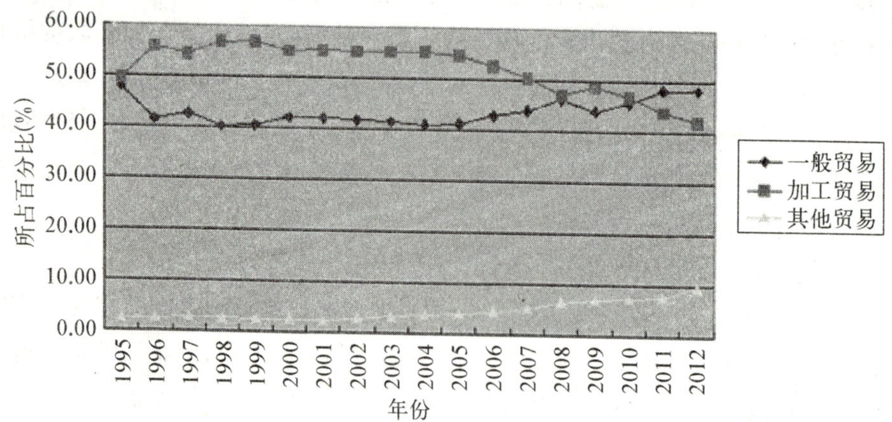


**图 5-3　1995 年以来我国各贸易方式出口额所占总出口额的百分比**

资料来源：《中国统计年鉴(2013)》。

易规模很大，但其中50%左右是加工贸易，技术含量和附加值都偏低。例如中国纺织品出口企业，其利润总额远远低于发达国家经营中国纺织品中间商的利润总额。由于简单地遵循静态比较优势的出口，出口导向型发展战略越来越使中国产业向“高资源性投入、低附加值产出”等产业转移。这会严重影响我国产业的创新能力和升级能力，继而影响我国产业生态的正常发展，使中国所承受的因国际分工固化带来的“剥削”日益加剧（纪宝成，2009）。我国出口贸易方式就反映了这个问题。

③ 出口贸易依存度。对外贸易依存度是一国的对外贸易总额占国内生产总值的比例，表现了一国的经济对外国的依赖程度，可以分为出口对外依存度和进口对外依存度。对外贸易依存度也被用来描述产业安全的程度。一般来说，一种商品的对外贸易依存度越高，表明该商品对外的依赖程度越大，与世界的关系越密切，受世界市场价格波动等国际因素的影响也就越大。

图5-4是1995—2012年中国的对外贸易依存度及进出口贸易依存度的变化趋势图。从图5-4中可以看出，我国的出口贸易依存度呈现逐年上升的趋势，但2008年受金融危机下国际贸易保护主义的影响有所下降。2008年，我国的进出口总额为25 632.55亿美元，占国内生产总值的59.84%，其中进口占26.45%，出口占33.39%。我国出口贸易依存度自1995年以来一直高于进口贸易依存度。

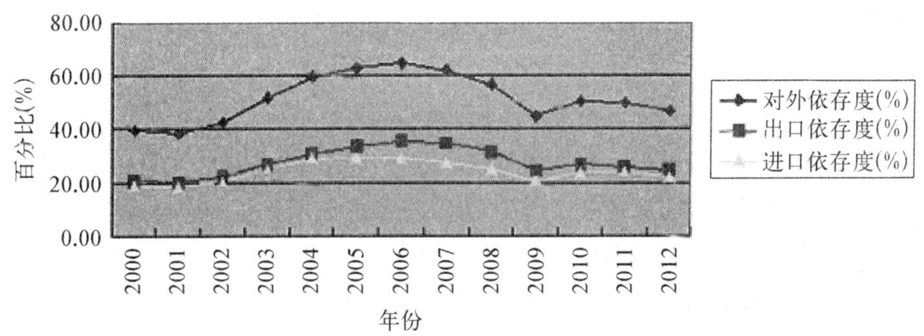


**图5-4　我国对外依存度及进出口依存度变动趋势图**

资料来源：根据《中国统计年鉴(2013)》整理、计算得到。

④ 出口贸易环境。从国际上来看，由美国次贷危机引发的全球金融危机和经济衰退重创世界贸易，全球需求的剧减导致世界贸易形势异常严峻。据

WTO 2009 年 7 月 22 日发布的预测，2009 年全球货物贸易量将下降 10%，是自 1982 年以来贸易增长的首次下滑，为第二次世界大战以来的最大降幅[①]。在经济陷入低迷的情况下，各国政府不得不关注眼前的短期利益，纷纷采取贸易保护主义措施。奥巴马政府上台以后，面对萧条的经济而提出"购买美国货"的相关条款在遭遇了来自国际上各个方面的反对意见后仍然得到了美国参议院的通过。据 WTO 秘书处的统计数据，截至 2009 年 10 月 28 日，WTO 成员共发起 171 起反倾销调查，其中 2009 年第三季度发起的反倾销调查数量较 2008 年同期相比增长 23%以上。可以说，金融危机的爆发，使得全球贸易摩擦，特别是针对我国的起诉不断，对我国产业安全构成巨大的威胁。

(3) 后危机时代主要是贸易保护主义对我国出口贸易和产业安全的影响。

中国出口遭遇越来越多的贸易壁垒。持续多年的国际贸易模式环境的改变将改变我国未来的进出口结构，同时也会对我国的产业安全产生影响。贸易保护主义对我国出口贸易和安全影响主要有以下几点。

① 我国出口贸易额增速下降。随着我国国际贸易的不断发展，我国的贸易伙伴越来越多，对外出口额也在不断增加。但随着我国遭遇反倾销、反补贴、技术性贸易壁垒和其他限制性的贸易保护主义措施的猛增，我国的对外贸易量下降，中国的货物订单和需求量明显减少。据商务部统计，2009 年全国出口总额为 12 016.6 亿美元，同比下降了 16%[②]。出口贸易额增速下降严重影响了中国产品的出口，不利于外向型企业的可持续发展，也影响出口产业的可持续发展和安全。

② 技术性贸易措施可能削弱我国出口产品的价格竞争力，但同时造就了出口产业结构改革的契机。企业为满足较高的技术标准必须进行大量的设备与人力投入，改善经营管理，加速技术进步，提高产品的技术含量和质量，这对于正处于产业结构转型期的中国无疑是有益的。当然，不可避免，技术性贸易措施同时也增加了企业成本，企业为了达到进口国的技术要求，必须增加有关产品的测试、检验、认证等环节，支付昂贵的相关费用，有时还必须从国外进口相关的检测设备，从而又进一步增加了产品的出口成本（马丁、杨哲，2006）。

---

① 引自商务部网站。
② http://zhs.mofcom.gov.cn/tongji.shtml，2009 年 12 月 21 日。

③ 加工贸易额明显锐减，低附加值时代可能被迫终结。根据《中国统计年鉴》相关统计数据，受金融危机影响，2008 年，中国加工贸易出口额占 GDP 的 47.19%，比 2007 年的 50.71%下降了近 3 个百分点。据统计，我国庞大的加工贸易直接从业人数约 3 000 万～4 000 万之间，尽管其在相当长的一段时间积极推动了我国经济的整体发展，并且还带动了相关产业如服务、运输和餐饮等行业的大量就业，但其低附加值的内涵所引致的畸形产业结构一直为学者们和有关管理层诟病，这场金融危机所引发的国际贸易保护主义措施造成了中国加工贸易的衰退，但同时可能对中国改变和改善其产业结构提供了没有选择的选择，但如何合理和相对温和的应对更需政府决策方的深思。

### 5.1.2　国际金融

1) 国际热钱[①]

关于国际热钱(Hot Money)，目前没有统一的定义，一般认为游资、投机性短期资本或逃避资本等异常流动的资金都属于国际热钱范畴，泛指在国家间从事牟利活动的短期资金，包括各国国际储备资产中一部分保值性资金，国际银行拥有的短期资金及其外汇、信贷业务资金，跨国公司手中掌握的流动资金及一些暂时闲置资金，大量涌现的各种国际投资基金及其他转向基金等无特定用途的流动资金。国际热钱具有投机性强、流动性强、敏感性强和隐蔽性强四大特征。

国际热钱对我国的影响取决于其规模。由于国际热钱具有较强的流动性和保密性，目前尚未形成一种普遍认同的国际热钱规模测算方法。这里采用应用比较广泛的一种方法——残差法，即用外汇储备增量减去贸易顺差和 FDI 流入量之差作为估算我国国际热钱的规模。通过残差法测算出 2003 年[②]至 2009 年第二季度国际热钱的大致流入规模累积为 3 995.65 亿美元。但国际热钱也有可能通过虚假申报的结汇、虚假 FDI 进入。以 2008 年为例，全国新批设立外商

---

① 新华社经济分析师：《国际热钱对我国经济的影响分析与对策建议》，新华社《经济分析报告》第 140 期。

② 2002 年我国国际收支平衡表净误差与遗漏项在连续 12 年为负数后，首次出现了正数，这意味着我国低下资本跨境流动的方向发生了扭转，受人民币升值和美元贬值预期的影响，国际热钱已经开始大规模流入国内(孟焰、刘丽芹、张军，2009)。

投资企业 27 514 家，同比下降 27.35%；实际使用外资金额 923.95 亿美元，同比增长 23.58%；2009 年，全国新批设立外商投资企业 23 435 家，同比下降 14.83%；实际使用外资金额 900.33 亿美元，同比下降 2.56%[①]。这里面应该会有一部分国际热钱潜伏其中。

**表 5－2 残差法估算的我国国际热钱规模** （单位：亿美元）

| 项目<br>年份 | 外汇储备余额 | 外汇储备增额 | 贸易顺差 | 外商直接投资 | 国际热钱 |
|---|---|---|---|---|---|
| 2002 | 2 864.07 | 742.42 | 303.53 | 527.43 | 88.54 |
| 2003 | 4 032.51 | 1 168.44 | 254.70 | 535.00 | 378.74 |
| 2004 | 6 099.32 | 2 066.81 | 320.90 | 606.00 | 1 139.91 |
| 2005 | 8 188.72 | 2 089.40 | 1 020.00 | 603.00 | 466.4 |
| 2006 | 10 663.44 | 2 474.72 | 1 774.80 | 695.00 | 4.92 |
| 2007 | 15 282.49 | 4 619.05 | 2 622.00 | 747.68 | 1 250.05 |
| 2008 | 19 460.30 | 4 177.81 | 2 954.60 | 923.95 | 299.26 |
| 2009 | 23 991.50 | 4 531.00 | 1 960.70 | 900.33 | 1 670.00 |

资料来源：李孟刚著：《中国产业安全问题研究》(2013)，社会科学文献出版社。

估算国际热钱规模的真正目的，是要评估其快速流动对我国金融安全的危害。国际游资通过多种渠道影响一国经济，从而对金融稳定产生干扰。尹宇明、倪克勤和李亚平(2009)用 1985—2007 年的数据进行实证分析，发现国际游资对我国基础货币发行表现出显著影响，使我国货币政策调控受到严重制约；国际游资与短期外债增加额存在单向因果关系，影响了我国的外债风险变动；由于我国大力采取货币冲销政策，干扰了国际游资的通货膨胀效应，导致国际游资规模与通货膨胀的相关性在统计上不显著，但国际游资对我国资产价格的影响却十分明显。在全球金融危机背景下，国际游资已经出现撤离迹象，这将会对中国经济造成紧缩性冲击。

2) 资本外逃

资本外逃(Capital Flight)也称资本转移或资本逃避，它是衡量一国经济增

① 中国投资指南网，http://www.fdi.gov/pub/FDI/default.htlm，2010 年 1 月 24 日。

长稳定状况和金融体系潜在危机程度的重要指标。其广义定义是指“生产资源由不发达国家向发达国家的流失”，即指一切贫困国向富裕国的生产资源（包括资本、自然资源、人力资源等）流失现象。狭义定义是指那种为规避风险或当局管制而出现的“非正常资本外流”，即指一国居民出于安全动机、避税动机或其他动机而将财富转移到本国政府管辖之外而出现的“非正常资本外流”，它是各国货币当局明文禁止的资本流出活动（谢清河，2004）。

学术界之所以关心并对资本外逃进行详细研究的原因在于其与一国的外债水平、货币危机和金融危机密切相关，许多外债负担严重的国家如墨西哥、巴西、阿根廷和菲律宾等在爆发货币危机或金融危机前后都发生了大规模的资本外逃。虽然我国外债水平一直保持在警戒线之内，但是资本外逃情况却不容忽视。1996年及以前我国的资本外逃基本上保持在400亿美元以下；1996以后表内表外两种资本外逃的规模开始急剧增加，1998—2003年都分别超过了同期流入的FDI和外债规模。2003年开始由于国外国际热钱大量流入，掩盖了我国资本外逃的规模，2004年资本外逃额达到567亿美元（即资本非法净流入），但表外资本外逃仍有655亿美元（黄彤华、王振全，2007）。

资本外逃实际上是国内资本的所有者在世界范围内对其所拥有的资产的重新配置，只不过其配置的手段是通过逃避管制的途径进行的，究其原因也不仅仅是为了逃避外汇管制，还有的是为了规避国内政治和经济风险，逃避税收征管，或是为了洗钱和转移资产（张亮，2008）。所以，在我国的资本外逃中，虽然“过渡性”资本外逃占主要部分，即它们流出后以外资身份流回国内并参与国内经济增长过程（贺力平、张艳花，2004），但不排除其中有相当一部分是因腐败、走私及其他违法活动而产生的“真实性”资本外逃（李晓峰，2003）。

我国资本外逃对产业安全的影响，主要是对金融安全的影响，即影响金融稳定。关于资本外逃与金融稳定的关系，一直是一个悬而未决的问题（蒋丽丽、伍志文，2006）。蒋丽丽和伍志文（2006）在借鉴国内外现有研究的基础上，编制了4个衡量中国金融稳健性的指数，并利用近20年来中国资本外逃连续年份的估计数据，用最小二乘法分析了资本外逃对中国金融稳健性的影响。他们的研究发现，资本外逃对金融稳定有不利影响，但是这种影响存在一定的时滞效应，并不是立竿见影的。根据他们的实证研究，从20世纪80年代以来，中国资本外逃显示出对金融稳定显著的负作用。

另外，资本外逃会加剧我国对外资的依赖，而外资、外债的大量增加无疑对我国的国际清偿力提出了挑战。尽管我国拥有较多的外汇储备，但资本外逃若持续的大规模的发生，必然影响到债务清偿率，导致国际社会对我国信用评价降低。同时，资本外逃也从侧面反映了国内外投资者对我国经济和社会前景信心不足，阻碍了我国政府申请追加国外贷款或影响在国际上的筹资。在资本外逃严重的时期，两大国际风险评估机构穆迪投资人服务公司和标准普尔公司，对我国的信用评级分别为BBB+和BBB。

就外汇市场而言，资本外逃一方面减少了外汇供给，另一方面又增加了对外汇的需求。对于实行盯住一揽子货币的汇率制度，资本外逃大规模发生时，央行需要动用外汇储备维持一定的汇率水平，会迅速减少国家外汇储备，影响汇率稳定。

资本外逃的影响巨大，但是抑制资本外逃并不容易。单纯的资本控制会有很多空子可钻，并不能解决这个问题。除了各个国家共同配合即要建立一套国际税制体系以外，决策者应该从根本上去寻找资本外逃的原因。例如，制定相应的法律，让人们的合法私人财产得到更好的保护显得日益迫切。如果私人业主发现在我国境内的财产有相对的不安全性，他们就会千方百计把资本转移到境外，这将最终影响我国的经济发展，因为在我国经济的转型过程中，私人投资将会起到越来越不可忽视的作用。其次，树立并维护国内外企业和居民对我国经济的信心，进一步完善市场经济体制，并从体制和政策环境等深层上采取措施，才能从根本上抑制和减少资本外逃所带来的负效应(董志勇，2004)。

3) 汇率制度

汇率制度又称汇率安排，是指一国对本国货币汇率水平的确定、汇率变动方式等问题所做的一系列安排或规定。人民币汇率的变动及相关制度安排对我国产业安全的影响也不可小觑。

2006年8月28日，全球最大的金融期货交易所——美国芝加哥商品交易所(Chicago Mercantile Exchange，CME)推出了人民币对美元、欧元及日元的期货和期权交易。人民币对美元、人民币对欧元及人民币对日元的期货和期权，在CMEGLBEX电子交易系统上交易，每个合约的标定资金量为人民币100万元，大致是12.5万美元，最小变动单位为每个合约10美元，日内交易为5美元。交易的月份为当前月开始的连续13个自然月和这之后的两个3、6、9、12周期月。这三对人民币衍生品将以无本金交割(NDF)的形式推出，即交易双方并不进行实际交割，而是在每个月的最后一个交易日，以现金结算方式平衡交易的损益。这将对人民币汇率定价权造成深远影响——未来，人民币的远期汇率将可能取决于境外市场。

首先，中国外汇交易中心将可能在不知不觉中沦为CME人民币衍生品业务在国内的受理市场——CME已和中国外汇交易中心签署合作协定，国内金融机构以及投资者将可以通过外汇交易中心交易CME的外汇和利率产品。如此，中国外汇交易中心未来有可能成为并无人民币衍生产品定价权的、CME的国内分销市场。

其次，由于韩元、人民币、印度卢比以及菲律宾比索等东亚货币的NDF交易主要集中在新加坡以及中国香港，CME推出针对韩元、人民币等的期货和期权产品之后，在亚洲这些NDF可能逐渐萎缩，交易向CME集中。因为CME具有强大的电子交易平台，能够为客户提供透明的、高流动性的市场，保证交易执行和交易风险的控制；CME也必然会对人民币衍生产品的新合约进行强力营销，包括要求做市商对这三对人民币衍生品合约提供具有连续性、透明性和有竞争力的报价；CME正不断强化其在亚太地区的客户服务，近年来，它已在东京和悉尼设有办公室，在新加坡设有通讯服务器，并在中国香港设立办公室。如果CME针对包括人民币在内的东亚货币衍生品交易发展良好，会使中国香港成为人民币离岸中心的设想落空。

最后，以目前的港新两地NDF交易而言，国内人民币的远期价格和境外NDF报价之间越来越相互影响，央行对境内及其和远期汇率的影响，在NDF报价的波动中可以寻找到清晰的对应性。同样，NDF的报价也使国内远期结售汇的报价受到制约，否则就会产生这两类工具之间的相互套利。但是CME的未来发展，有可能使境外人民币远期报价决定境内报价，而不是境内影响境外。未来，CME的人民币汇率定价，可能显著制约央行对远期汇率的决策，并进而影响到跨境资本流动，甚至有可能影响境内人民币即期汇率的决定。

汇率是一国重要的政策工具，如果人民币远期汇率甚至即期汇率决定于境外，而央行基本上不能施加有效影响，会减少央行调控宏观经济的能力，影响我国宏观经济的发展，影响产业安全。

## §5.2 国际贸易与产业安全的理论分析：基于福利角度

因此，本文将把产业安全与经济的可持续发展要素作为对外贸易政策研究的新视角，从理论上剖析贸易自由化过程到底会对发展中国家及发达国家分别产生怎样的效应。那么，怎样的角度预示着一国的产业发展得到了基本的保障呢？本节从贸易政策可能涉及的一国经济可持续健康发展的三个主要因素的综合考察作为衡量产业安全的重要指标：① 贸易往来引起的非单一产品的行业集中度或产业集聚效果，通常来说，集聚效应越明显，对当地的研发及技术贡献越大(Glaeser 等，1992；Henderson 等，1995)；② 经济增长率；③ 社会福利。

在理论研究之前，需补充交代一个概念，Martin 和 Rogers(1995)指出较完善的公共基础设施和良好的配套服务会更加便利生产和消费的联接。好的配套设施意味着较低的交易成本，相反可能会因交易困难使成本上升。显然，交通系统和通讯媒介就包含于贸易的基础设施当中，当然还包括其他的构成要素，例如法律系统和公共安全水平，这些因素都会对贸易产生同等的重要影响。所以在之后的分析中，我们将包含以上部分的成本都划归为贸易的一般基础成本。

本节将沿用 Martin 和 Ottaviano(1999)的模型并加入与 Romer(1990)类似的外生增长影响以及 Grossman 和 Helpman(1991)的地理分布框架对模型进行扩展。Martin 和 Ottaviano 的模型中只分析了一般的国际贸易的基础设施成本，1999 年 Martin 将国内贸易的基础设施成本加入模型进行延伸，但这两种模型均为静态分析，仅对国内国际的不同成本类型进行了区分。我们试图从一个动态及更广义的角度出发，再加以区别考虑发达国家与发展中国家不同的进口及出口成本进行估算。

研究主要针对两类典型的异质性国家就以下两个方面进行重点分析：首先，会考虑各国实行的一系列广泛的促进其出口和进口的贸易政策；其次，对于不同类型国家根据人均收入进行区分，沿用当前较流行的说法，研究是针对发展中国家(相对贫穷国家)和发达国家(相对富裕国家)不同的贸易策略进行分析。显然，我们不能否认这两类国家在对待国际贸易上的策略态度是截然不同的。

### 5.2.1 基础模型框架

我们将整个市场上从事贸易往来的国家分成两种基础类型：发达国家(下

文有时会表述为相对富裕国家)和发展中国家(下文有时会表述为相对贫穷的国家),这两类国家彼此进行着密切的贸易往来。在大部分条件类似的前提下,两国的初始资本财富及实行的贸易策略不同:假定发达国家的初始资本水平为 $K_0$,发展中国家的初始资本水平为 $K_0^*$,并且 $K_0 > K_0^*$。两类国家中的代表性家庭均由消费者,工人及科研工作者组成,每类国家都是由 $L$ 个家庭组成的。劳动力在各国内的行业部门可自由流动但在国与国之间无法自由流动。

给定的研究模型总是对称,即当我们针对发达国家的经济进行分析描述时,同样适用于发展中国家的情形(其中有 * 号标识的变量表示发展中国家),假定代表性家庭跨期效用函数表示如下:

$$U = \sum_t \frac{1}{\alpha^\alpha (1-\alpha)^{1-\alpha}} D(t)^\alpha Y(t)^{1-\alpha} \mathrm{e}^{-\rho t},\ 0<\alpha<1 \tag{5-1}$$

其中 $\rho > 0$ 是跨期折现率(即时间偏好因子),$Y$ 是家庭对商品数量的消费,$D$ 是家庭对商品种类的消费,$D(t)$ 由不同种类的商品组成:

$$D(t) = \left[\sum_{i=1}^{O(t)} D_\mathrm{i}(t)^{1-1/\sigma}\right]^{1/(1-1/\sigma)},\ \sigma > 1 \tag{5-2}$$

$O$ 表示两种国家(发达国家和发展中国家)生产产品的总类别数,$\sigma$ 表示的是不同种类产品间的替代弹性,我们假定 $O$ 是足够高的。$\sigma$ 也可以说是每一种类产品需求的价格需求弹性。(经济)增长是通过产品种类的增加而实现的。

如果家庭消费的平均预算为 $B$,则效用函数需满足以下约束条件:

$$\sum_{i\in o} \tau_\mathrm{D} p_i D_\mathrm{i} + \sum_{j\in o^*} \tau_\mathrm{M}\tau_\mathrm{C}\tau_\mathrm{X}^* p_j^* D_\mathrm{j} + Y = B,\tau > 1 \tag{5-3}$$

$o$ 和 $o^*$ 分别表示发达国家和发展中国家的总产量,为外生的,有 $O=o+o^*$。

我们用 $\tau_\mathrm{D}$ 和 $\tau_\mathrm{D}^*$ 表示两国的国内贸易成本,而 $\tau_\mathrm{C}$ 表示之前提到的一般的贸易基础设施成本。$\tau_\mathrm{C}$ 通常会受到国与国间贸易流的影响,进口成本表示为 $(\tau_\mathrm{M}, \tau_\mathrm{M}^*)$,出口成本表示为 $(\tau_\mathrm{X}, \tau_\mathrm{X}^*)$。根据"冰山交易成本"①(iceberg costs, Samuelson,1954)的概念,所有的 $\tau > 1$,并且只受产品多样性的影响(不在同种

① 冰山交易成本是 Samuelson(1954)提出的重要概念,他指出假若一个企业生产1单位(元)商品时,实际上只得到 $k$ 单位(元)商品到达消费者手中,那么这 $1-k$ 单位(元)便可称之为冰山交易成本。

产品中产生差异)，如图 5-5 所示。

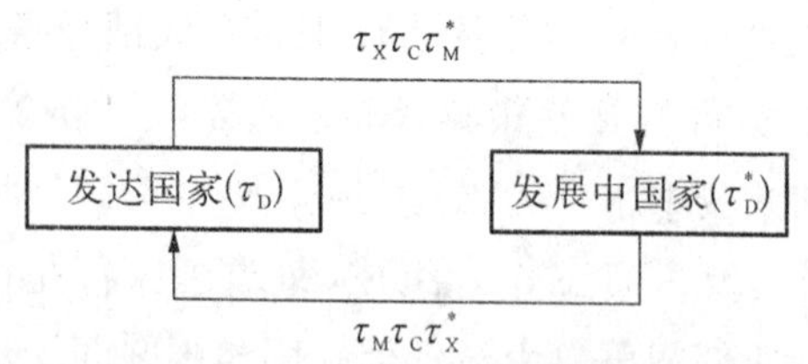


**图 5-5 两种不同类型国家的贸易成本示意图**

也就是说，对于发达国家而言，每单位的商品贸易，只有 $\tau_D^{-1}<1$ 最终用于消费，而对于出口至发展中国家的商品，只有 $(\tau_X\tau_C\tau_M^*)^{-1}<1$ 到达发展中国家消费者手中①。交易成本会影响国内贸易(对发达国家而言的 $\tau_D$ 和对发展中国家而言的 $\tau_D^*$)和国际贸易(对发达国家而言的 $\tau_M\tau_C\tau_X^*$ 和对发展中国家而言的 $\tau_X\tau_C\tau_M^*$)，因此，$\tau_j$ 用来表示在交易过程中损失的那部分产品(成本)，正如 Martin and Rogers(1995)所讨论的如何使得贸易更便利，任何降低 $\tau_j$ 的行为都意味着交易成本的降低，这都意味着贸易会更便利可行。

需要注意的是，一国的进口成本并不相同于其对应进口国的出口成本，因为该进口成本中还暗含了该国的贸易政策，显然每个国家是不同的。例如，发达国家决定在海外设立它们的生产基地($\tau_X$ 减少)，这样使得出口市场国更容易获得它们出口的产品。类似的效果也可由发展中国家减少它们的进口关税来实现($\tau_M^*$ 减少)。但是，尽管这两种行为会产生相同的效应，但显然熟悉贸易规则的人都清楚这两种行为的具体实施在贸易政策上却有着不同的政治理解。降低本国出口成本永远比说服他国降低关税容易做到。

一般来说，都会有 $\tau_D<\tau_M\tau_C\tau_X^*$ 和 $\tau_D^*<\tau_X\tau_C\tau_M^*$，这意味着根据交易成本，从国外购买产品总是比在国内要贵。我们同时还假定 $\tau_D<\tau_D^*$，相对富裕国家的国内贸易成本比相对贫穷的国家要低。

如果只增加产品的数量生产而不考虑产品多样性时只使用劳动力进行生产，并且在完全竞争的环境中生产的规模报酬不变。这样的考虑是基于当前很多发达国家利用发展中国家进行大规模的低附加值进口生产(中国沿海地区已

① 详见 Samuelson(1954)，"The Transfer Problem and Transport Costs，Ⅱ：Analysis of Effects of trade Impediments"，The Economic Journal，Vol. 64，No. 254.，pp. 264-289.

演变为世界工厂就是最好的佐证)，表面上看，缘自发达国家的产业集聚会为当地的技术进步及经济增长带来益处，但随着学者们近些年来的研究深入，结果表明单一的低附加值贸易不但很难推动当地的经济可持续发展，而且从经济安全的角度还会一定程度的破坏一国产业结构，甚至对当地环境造成污染(娄朝晖，2011)。因而本节对于只增加产品生产数量的生产不赋予产业集聚的技术进步，同时生产的规模报酬也假设保持常数。由于劳动力在国内部门间是可移动的，在不同国家不同时刻该不变报酬是和该国的工资率 $w$ 紧密相连的。假定模型中市场所需产品的数量 $Y$ 是由两国共同生产的，也就是说，该产品的市场需求足够大，以至于单一的一国生产无法满足整个市场的需求。同时，工资率为常数并且在两国间保持一样。1 单位的劳动可生产一单位的 $Y$，劳动力市场上的完全竞争意味着两国中均为：$w=1$。

有差别的产品生产是我们重点考察的变量参数，假定不同种类的产品是在垄断竞争环境下以规模报酬递增情形生产的[①]，在开始新产品的生产时，需要一单位的资本投入，这也是规模经济中固定成本的来源，假定 $\gamma$ 单位的劳动力用来生产 1 单位的有差别新产品。垄断竞争的标准法则决定了任一种类产品的价格等于边际成本除以劳动力成本，即 $p^{*}=p=\gamma\sigma/(\sigma-1)$，厂商的经营利润可表示为

$$\phi=p_i s_i(p_i)-\gamma s_i(p_i)=\frac{\gamma s}{(\sigma-1)} \tag{5-4}$$

式中，$s$ 为代表性企业的规模，根据对称性假定所有种类的产品的生产规模均为 $s$。

无论是实务投资(如机械设备)或是无形资产投资(如专利)，投资对于生产新品种产品是非常必要的。一家企业生产一新产品的价值就是其 1 单位投入资本的价值。在给定时间企业生产的总种类需取决于给定时间的资本存量：$O=o+o^{*}=K+K^{*}$。一旦投资形成，每个企业都会试图在垄断情形下生产新种类产品并选择最优的生产所在地(为简化起见，假定考虑贸易自由化条件下，或贸易自由区内，将生产基地从一国搬至另一国不需要成本)。和企业不同，家庭(工

---

① 这样的假设实际暗含着发达国家对于复杂产品的生产在技术和资本上是具有垄断可能和优势的。

人/研究者/消费者)是不能随便移动(迁移)的，因此，尽管企业可随意移动，但家庭收入却因地理位置而始终固定。换句话说，如果企业决定将生产基地搬至并非其居住国，它将不得不遣返回它的所得利润。

最后，我们假定存在一个安全资产(无风险资产)市场，可获得无风险资产回报率 $r$，如果两国资本可在两国间自由移动，则产生均衡条件 $r = r^*$。

通过对约束条件进行详尽描述之后，对发达国家消费者(家庭)的一阶条件求解，可获得发达国家产品种类的最优需求 $D_{\mathrm{i}}$ 和发展中国家产品种类的最优需求 $D_{\mathrm{j}}$ 及每类产品的最优需求数量 $Y$，表示如下：

$$D_{\mathrm{i}} = \frac{\sigma - 1}{\gamma\sigma} \cdot \frac{\delta_{\mathrm{D}}\alpha B}{\tau_{\mathrm{D}}(o\delta + o^*\delta_{\mathrm{M}}\delta_{\mathrm{C}}\delta_{\mathrm{X}}^*)} \tag{5-5}$$

$$D_{\mathrm{j}} = \frac{\sigma - 1}{\gamma\sigma} \cdot \frac{\delta_{\mathrm{M}}\delta_{\mathrm{C}}\delta_{\mathrm{X}}^*\alpha B}{\tau_{\mathrm{M}}\tau_{\mathrm{C}}\tau_{\mathrm{X}}^*(o\delta_{\mathrm{D}} + o^*\delta_{\mathrm{M}}\delta_{\mathrm{C}}\delta_{\mathrm{X}}^*)} \tag{5-6}$$

$$Y = (1-\alpha)B \tag{5-7}$$

式中：$\delta_j = \tau_j^{1-\sigma}(j = \mathrm{D, M, X, C})$ 的取值位于 0 到 1 之间，主要是用来衡量一国贸易的开放度，对于高开放度的国家会有 $\delta_j = 1$ (表示不存在国际贸易成本)。对于发展中国家消费者需求的表达式类似式(5-5)～(5-7)，在此不再列出。

消费者的跨期最优化模型还包含了增长率在内，无论是对发达国家还是发展中国家，均有：$\dot{B}/B = \dot{B}^*/B^* = r - \rho$，它们的差值为无风险报酬率和跨期折现率的差。在稳态下，$B$ 和 $B^*$ 应保持常量，所以会有 $r = \rho$。

### 5.2.2 两国贸易往来中的企业地理分布

模型的地域性设置是指在给定两国间人口不可随意移动前提下企业的所在地问题[①]。生产企业的地理分布解取决于四个均衡条件。前两个条件指，当不

---

① 一般来说，一国人口和其母国紧密相连不可分割，但同时人们会关心所在地区的企业规模，因为生产企业规模越大，数目越多，意味着他们所需承担的价格指数越低。价格指数在发达国家可表示为：$P = O^{\frac{1}{1-\sigma}}\left(\frac{\gamma\sigma}{\sigma-1}\right)[Q_{\mathrm{e}}\delta_{\mathrm{D}} + (1-Q_{\mathrm{e}})\delta_{\mathrm{M}}\delta_{\mathrm{C}}\delta_{\mathrm{X}}^*]^{\frac{1}{1-\sigma}}$，在发展中国家可表示为：

$P^* = O^{\frac{1}{1-\sigma}}\left(\frac{\gamma\sigma}{\sigma-1}\right)[(1-Q_{\mathrm{e}})\delta_{\mathrm{D}}^* + Q_{\mathrm{e}}\delta_{\mathrm{X}}\delta_{\mathrm{C}}\delta_{\mathrm{M}}^*]^{\frac{1}{1-\sigma}}$，其中 $Q_{\mathrm{e}} = o/O$ 是发达国家生产产品占整个世界市场的比重。

同种类的差异产品是由两国共同生产时，那么对于来自两国产品种类的总需求等于总供给，因此，根据式(5-5)和(5-6)可得

$$s=\frac{\alpha L(\sigma-1)}{\gamma\sigma}\cdot\left(\frac{\delta_{D}B}{O[Q_{e}\delta_{D}+(1-Q_{e})\delta_{M}\delta_{C}\delta_{X}^{*}]}+\frac{\delta_{X}\delta_{C}\delta_{M}^{*}B^{*}}{O[(1-Q_{e})\delta_{D}^{*}+Q_{e}\delta_{X}\delta_{C}\delta_{M}^{*}]}\right) \tag{5-8}$$

$$s^{*}=\frac{\alpha L(\sigma-1)}{\gamma\sigma}\cdot\left(\frac{\delta_{D}^{*}B^{*}}{O[(1-Q_{e})\delta_{D}^{*}+Q_{e}\delta_{X}\delta_{C}\delta_{M}^{*}]}+\frac{\delta_{M}\delta_{C}\delta_{X}^{*}B}{O[Q_{e}\delta_{D}+(1-Q_{e})\delta_{M}\delta_{C}\delta_{X}^{*}]}\right) \tag{5-9}$$

第三个均衡条件来自国与国间的资本可自由转移（$r=r^{*}$），它其实隐含着利润会产生相同的回报条件，即

$$\phi=\phi^{*} \tag{5-10}$$

为了与式(5-4)保持一致，所有种类产品无论是在发展中国家还是发达国家将会根据相同的产量进行生产，即$s=s^{*}$。最后，第四个均衡条件，实际上前文已有提及，在任意给定时刻，整个市场(发达国家和发展中国家)由于资本的总供给等于其投资总价值，且产品的总供给等于总需求，因此

$$o+o^{*}=K+K^{*}=O \tag{5-11}$$

求解以上的4个均衡条件，企业的最优规模解为：

$$s=s^{*}=\frac{\alpha L(\sigma-1)}{\gamma\sigma}\cdot\frac{B+B^{*}}{O} \tag{5-12}$$

具体来讲，发达国家的企业比例($Q_{e}=o/O$)表示如下：

$$Q_{e}=\frac{Q_{B}\delta_{D}^{*}}{(\delta_{D}^{*}-\delta_{X}\delta_{C}\delta_{M}^{*})}-\frac{(1-Q_{B})\delta_{M}\delta_{C}\delta_{X}^{*}}{(\delta_{D}-\delta_{M}\delta_{C}\delta_{X}^{*})} \tag{5-13}$$

式中：$Q_{B}=B/(B+B^{*})$是指总资本消耗中发达国家所占的比例。企业的地理分布还取决于国内的消费：国内消费越多意味着国内市场所占比重越大，由此意味着可能产生规模报酬递增，这也将吸引更多的企业利用这种优势(这也被称

为本土市场效应，home market effect，Martin P. 和 Rogers C. A.，1995）。

### 5.2.3 经济增长和收入不均等

1）经济增长

首先，将关注经济的增长率。根据消费者的跨期最优模型问题的求解，我们知道，在均衡状态下，$\dot{B}/B=\dot{B}^*/B^*=r-\rho$，由于资本流动是自由的，那么 $r=r^*$，同时两类国家中消费增长率也是相同的。由式（5-13）也可以看出，发达国家生产企业数所占比重 $Q_e$ 在给定时间也是常数，因此，$o$，$o^*$ 和 $O$ 的增长率也为常数，并满足 $g=\dot{O}/O=\dot{o}/o=\dot{o}^*/o^*$。

如果一国国内的技术研发 R&D 部门还存在技术溢出，需要注意的是，前提是多样性产品的规模聚集生产才会产生技术溢出，也就是说，越多的企业在同一国内生产不同种类的产品，他们在 R&D 活动中所付出的成本就越少①。依据 Grossman 和 Helpman（1991）的观点，$\eta/o$ 是根据技术创新所需劳动力计算出的发达国家的研发成本，而发展中国家的相应成本为 $\eta/o^*$。出于效率的考虑，该方程的当期解，或者是最优的技术溢出效应会发生在两国中的一国，也就是说其中一国会拥有更多的企业进行多样性产品生产（一般而言将是富裕国，即发达国家）。没有科研工作者有任何激励愿意在另一国展开类似研发活动。该方程会使得我们对模型的分析更简便。更一般的，如果允许知识在国际范围内一定程度上扩散（Hirose 和 Yamamoto，2007），R&D 研发工作更会集中在较低技术创新成本使用的国家，当然，在这种情形下，贸易政策可能会使得这种倾向发生改变。

企业的价值取决于资本的投入，如果市场保持完全竞争，则企业价值 $v$ 就表现为投入资本的生产成本，即，$v=\eta/o=\eta/OQ_e$。因此，当 $O$ 增加时，$v$ 会同比下降：$\dot{v}/v=-g$ 随着市场上生产产品种类的增加，企业的利润和价值会随之减少②，这同样也可被解释为企业未来利润的当前现值 $\left(v(t)=\int_t^{\infty}\mathrm{e}^{-[R(T)-R(t)]}\dfrac{\gamma s(T)}{\sigma-1}\mathrm{d}T\right)(T>$

① 这种知识溢出的概念类似 Jacobs（1969）所提出的。也有实证研究讨论这种在同一地理区域内的不同行业间的外部效应，如 Glaeser，et al.（1992）和 Henderson，et al.（1995）。

② 这也就是发达国家为什么热衷于垄断生产有限的产品，而不愿意将复杂产品的生产基地扩张至发展中国家同时共享相关技术的原因，垄断及有限的产量更能保证企业较高的利润，价值及增长率。

$t$)，其中 $R$ 代表累积折现因子。考虑资本市场和无风险资产市场之间的套利存在，无风险利率和资本价值之间的回报表示为

$$r = \frac{\dot{v}}{v} + \frac{\phi}{v} \tag{5-14}$$

对于两国总体资源的约束，有 $B + B^* = 2 + (r\eta)/(LQ_e)$，在整个期间的资源约束保持不变，稳态参数为 $r = \rho$。另外，再考虑全球劳动力市场的约束条件，劳动力会在不同种类产品的生产，产品的生产数量及研发 R&D 活动间进行分配，即

$$\eta \frac{g}{Q_e} + \frac{\sigma - \alpha}{\sigma} L(B + B^*) = 2L \tag{5-15}$$

在稳态下(详细计算见本节附录 A)，变量参数会保持不变的增长率。将式(5-4)的利润公式代入式(5-14)，同时根据式(5-12)给出的企业最优规模的均衡解，考虑式(5-15)及给定条件 $r = \rho$，可以获得 $K$ 及 $K^*$(两国是一样的)的稳态增长率

$$g = \frac{2L}{\eta} \cdot \frac{\alpha}{\sigma} Q_e - \left(\frac{\sigma - \alpha}{\sigma}\right)\rho = g(Q_e) \tag{5-16}$$

该增长率受模型的诸多结构参数影响($L$, $\eta$, $\alpha$, $\sigma$, $\rho$)，它同样也会受到地理变量($Q_e$)的线性影响。

2) 两国收入分配

其次，我们想要知道这样的增长率是如何影响国与国之间的收入分配的。根据最初的假定：发达国家在一开始是相对富裕的($K_0 > K_0^*$)。由于每个国家的人均收入就是其单位劳动力收入的回报加上资本收入，资本收入为平均财富价值乘以均衡利率。因此，以发达国家为例，会有：$B = 1 + r(Kv/L) = 1 + \rho(Kv/L)$。如果将式(5-14)中的 $v$ 根据(5-4)式的均衡利润及结合式(5-12)中的最优生产规模，$B$ 可以表示为 $g$ 的函数：

$$B = 1 + \frac{2\alpha\rho Q_K}{(\sigma - \alpha)\rho + \sigma g} \tag{5-17}$$

式中：$Q_K = K/(K + K^*)$ 是发达国家所拥有的资本份额，该份额保持常数不变，因为 $K$，$K^*$ 和 $O$ 在稳态下会以相同比率 $g$ 增长。同样，对发展中国家而言

$$B^* = 1 + \frac{2\alpha\rho(1-Q_K)}{(\sigma-\alpha)\rho+\sigma g} \tag{5-18}$$

根据我们之前的定义，$Q_B = B/(B+B^*)$，它代表了发达国家参与整个经济的总收入或总消费，将式(5－17)和式(5－18)代入可得

$$Q_B = \frac{1}{2} \cdot \frac{\sigma(\rho+g)+\alpha\rho(2Q_K-1)}{\sigma(\rho+g)} \tag{5-19}$$

如果按之前假设，发达国家相对富裕，那么 $Q_K > 1/2$，则 $Q_B > 1/2$。但 $Q_B$ 和经济增长率为负相关关系：大量的产品种类减弱了资本的价值，假定发达国家使用更多的资本投入，生产大量的非单一产品，那么实际上在相对程度上会缩小与发展中国家的差距。

最后，为了进一步展开下面的分析，需将地理选择参数 $Q_e$ 和增长率 $g$ 联系在一起，将式(5－19)代入式(5－13)可得

$$\begin{aligned} Q_e = & \frac{1}{2}\left\{\left[\frac{\delta_D^*}{(\delta_D^*-\delta_X\delta_C\delta_M^*)} - \frac{\delta_M\delta_C\delta_X^*}{(\delta_D-\delta_M\delta_C\delta_X^*)}\right]\right. \\ & \left. + \left[\frac{\delta_D^*}{(\delta_D^*-\delta_X\delta_C\delta_M^*)} + \frac{\delta_M\delta_C\delta_X^*}{(\delta_D-\delta_M\delta_C\delta_X^*)}\right] \cdot \frac{\alpha\rho(2Q_K-1)}{\sigma(\rho+g)}\right\} \\ = & Q_e[Q_B(g)] \end{aligned} \tag{5-20}$$

### 5.2.4 贸易自由化的具体效应

正如本节开篇所提，本节的目的是为了分析贸易自由化进程对不同发展程度国家带来的不同影响，最终是否能在保证各国产业健康安全发展上减少两国的贸易成本。我们将贸易成本分为国内和国际两类。对于后者，包括一般的基础贸易设施成本，进口成本和出口成本。国内贸易成本和一般国际贸易成本由基本和必需的贸易往来设施构成。而进口和出口贸易成本则还会受到各国的贸易政策的影响。我们的分析正是基于贸易政策的角度考虑自由化进程中对各国产业安全涉及的产业集聚，经济增长和国民福利的影响。

在之前的分析中，通过假定两个不同类型的国家(相对富裕国和相对贫穷国)，获得了两个方程，式(5－16)和式(5－20)，这两个方程将经济增长率和企业集聚分布联系到了一起。方程 $g = g(Q_e)$ 是线性的增函数：当一国的产业集聚

越高时,技术溢出越多,因而会使得技术研发成本较低,从而导致较高的增长率。方程 $Q_e = Q_e(g)$ 则是一个凸的递减函数。需要注意的是方程还包含了收入非均等性:$Q_e = Q_e[Q_B(g)]$,当 $g$ 增加时,企业的垄断利润减少,产业集聚现象随之减弱,但收入非均等状况会缓解,即两国的收入差距会减少。反过来,随着收入差距的减少,产业集聚和相对富裕国家的市场规模会随着“本土市场效应”而降低,该方程如图 5-6 所示。

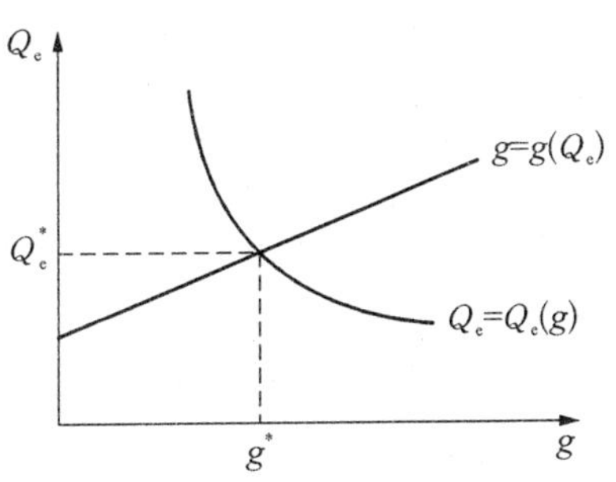


**图 5-6　增长率和产业集聚分布关系图**

任一类型贸易成本的变化都不会影响线性方程 $g = g(Q_e)$,线性取决于模型的参数结构,他们仅会影响曲线 $Q_e = Q_e(g)$,改变曲线的位置和倾斜度。

下面,我们会看到由于贸易自由化带来的不同类型贸易成本的减少将会产生怎样的效应。

1) 国内贸易成本政策

当一国采取减少国内贸易成本的形式时,一般是指政府采用鼓励增加内需的策略(国内消费者相对承担较低的交通运输等成本)减少成本。如发达国,这种相对富裕的国家会拥有相对较大的市场,更多企业将会试图移至发达国从而取得规模报酬递增的优势,这样 $Q_e$ 会随之递增(当然前提是贸易自由化使得重新选择生产地不需要花费成本或成本极低)。产业集聚改善了经济增长率(见图 5-7);更多的企业选择在发达国投入生产,这样他们相对来说技术研发部门支出的成本会减少:$[\partial Q_e/\partial\delta_D] > 0$,$[\partial g/\partial\delta_D] > 0$。

相同的原理如果运用于相对贫穷国家,也是通过减少国内贸易成本的形式:更多的企业也会因为有效的国内需求刺激政策将生产移至发展中国家。但是此时的增长率效用却和发达国表现不同:由于企业移至了发展中国家,发达国家产品的多样性减少了,根据之前的假设,只有一国有着技术研发上的优势,即发达国家,那么此时产业集聚的减弱使得发达国家研发部门的成本增加了,这样对整体经济产生的技术溢出减弱,从而导致经济的增长率减少(见图 5-8):$[\partial Q_e/\partial\delta_D^*] < 0$,$[\partial g/\partial\delta_D^*] < 0$。

然而,有利于发达国家的是,资本的流失价值减少,或者说保存了技术优势,垄断利润得以保证，当然其中还暗含着式(5－19)所表达的两国的收入非均等性增加，收入差距拉大。

2）进口成本政策

如果一国降低进口成本，该国将相对容易接触到国外市场(不难理解，当关税降低时，进口将相对容易)。如果发达国家采取这样的措施，发达国家的消费者对于产自发展中国家的商品有效需求将增加，所以就会更多的发达国家的企业试图搬至发展中国家从事这些商品的生产。对这些企业而言，这样的迁移有两点好处：一方面，当原来在本国进行生产时的贸易成本（$\tau_X\tau_C\tau_M^*$）由迁移后的国内成本（$\tau_D^*$）替代时，这些工厂由于成本降低(注：$\tau_D^* < \tau_X\tau_C\tau_M^*$）可以更好地满足所在发展中国家的消费者的需求，另一方面，企业移至发展中国家还可以从由于发达国家进口成本的减少所增加的对发展中国家生产产品有效需求上获益。当然，企业的这种重新选择地理位置的行为会对 R&D 研发活动产生负效应：当这些企业脱离了发达国家较优及成熟的外部技术环境时，研发成本将会增加，同时，也会因此导致对经济增长率的负影响(类似的结论也可由图 5－8 解释)：$[\partial Q_e/\partial\delta_M] < 0$，$[\partial g/\partial\delta_M] < 0$。可是，这样的结论却依然可能保存技术实力，获取垄断利润。特别是发达国家会选择性的降低那些低技术附加值产品的进口关税，同时让这部分产品的生产集中于发展中国家，实际上这也正是目前的现实和中国这样的发展中国家面临的困境。

类似的，当发展中国家采取类似的策略试图减少进口成本时，生产企业将移至发达国家，获益于发达国市场较易进入所引致的发展中国家消费者对其有效需求的增加以及对发达国家消费者而言的贸易成本的减少(由原先的 $\tau_M\tau_C\tau_X^*$ 变为 $\tau_D$，而 $\tau_D < \tau_M\tau_C\tau_X^*$)。但此时，经济增长变为正向效应：随着在发达国家生产企业的增多，技术研发成本会进一步降低而经济增长率则会相应增加。类似的结论仍可由图 5－7 解释：$[\partial Q_e/\partial\delta_M^*] > 0$，$[\partial g/\partial\delta_M^*] > 0$。由式(5－19)可以观测到，两国间的收入差距会进一步减小。

总结来说，如果一国将决定降低关税壁垒(也就是说减少进口成本)，将会导致其流失本土企业，这从表面上看似乎是一件不容乐观的现实，所以很多国家并不愿意单方面地采取降低关税的贸易策略。但显然如今的国际贸易现实告诉我们，发达国家在运用此策略上似乎技高一筹，发达国家并不在乎降低那些初级产品，技术含量低的产品的进口关税，也乐于让更多这样的企业移至发展中国家从事生产,实际上理论上的分析结果告诉我们这部分企业很难提高发展中国家的技术水平,而同时却能保障发达国家在经济上的垄断优势。同样,对于发展中国家而言,现实是他们会试图减少技术含量较高产品的进口关税,一方面由于确实本国的技术有限,另一方面似乎更相信这样的进口带来的技术溢出会推动本国经济技术的发展,但很多实证结果却发现事与愿违(张全红,2008)。我们的分析也从理论上证明了这样的行为似乎对发达国家的经济更为有利,如果当这两种策略同时作用时,较高技术含量的企业会更多地迁移至发达国家,而发展中国家沦为世界工厂的现实也无可争议的会对本土产业安全造成更大的破坏。显然,这样的贸易政策对发展中国家是值得再商榷的。传统观念中一味认为进口高技术产品是好事,降低普通商品的关税会打压目前的出口的优势的想法需重新审度,像中国这样一个步入转型期的发展中大国,牺牲短期利益的代价是不可避免的。

3) 出口成本政策

该政策是试图降低出口产品的成本从而以更低廉的成本优势渗透入他国的市场。例如,政府通过各种各样的鼓励手段促进出口,开发更广阔的海外市场。如果发达国家实行这样的策略,那么全球更多的企业将会从发展中国家搬至发达国家,因为现在将产品从发达国家出口至发展中国家不会再那么昂贵,同时在相对富裕的国家获得生产的规模报酬递增更容易。随着发达国家企业的增多,研发成本随之降低,这得益于技术溢出效应和随之递增的经济增长率(见图5-7):$[\partial Q_e/\partial\delta_s]>0$,$[\partial g/\partial\delta_s]>0$。

如果相对贫穷国家也采取减少出口成本的政策,他们也会吸引更多的制造企业搬至本国。较低的交易成本意味着发达国家消费者对于生产自发展中国家产品的有效需求增加,如果有更多的生产企业移至发展中国家的话,他们即可以享有有效需求增加带来的好处,同时,还减少了将产品销往发展中国家的贸易成本(从原先的 $\tau_X\tau_C\tau_M^*$ 变为 $\tau_D^*$),但此时的增长率效应为负(见图5-8),如前述一样,发展中国家的研发及技术环境引致研发成本相对较高:$[\partial Q_e/\partial\delta_s^*]<0$,$[\partial g/\partial\delta_s^*]<0$。

在这种情形下,贸易政策的目的即为了吸引更多的企业并增加更多的经济往来活动,一国改善其出口成本来吸引更多的企业来本土建厂,而这些企业恰好是另一国所流失的。这一贸易政策的理论分析结果与国际上流行做法相符,并且更多的国家都偏好出口政策多于进口政策,因此在此不多做展开评述。

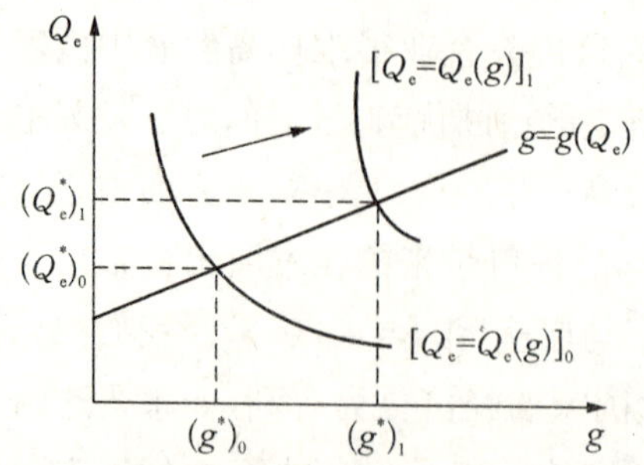


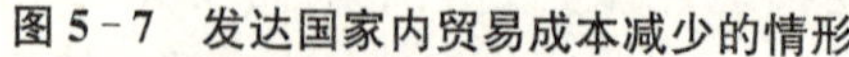
图 5－7　发达国家内贸易成本减少的情形

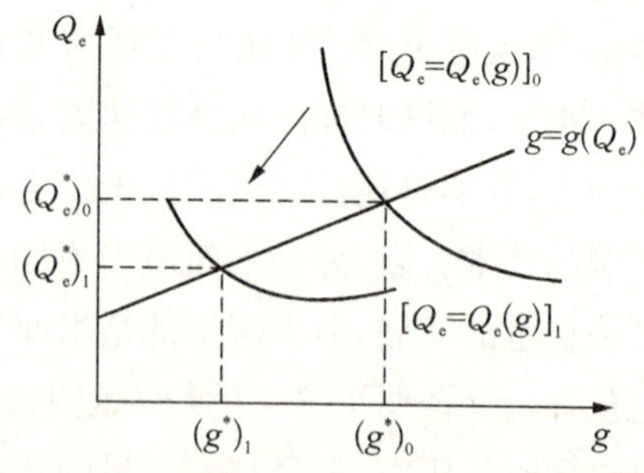


图 5－8　发展中国家贸易成本减少的情形

4) 国际贸易一般的基础设施成本

试图通过政策行为减少国际贸易的一般必要成本是很困难的。对式(5－16)和式(5－20)微分后联合两个方程，可得

$$dQ_e=\left[1+\left(\frac{\delta_D^*}{(\delta_D^*-\delta_X\delta_C\delta_M^*)}+\frac{\delta_M\delta_C\delta_X^*}{(\delta_D-\delta_M\delta_C\delta_X^*)}\right)\frac{\rho(2Q_K-1)\dfrac{L}{\eta}\alpha^2}{[\sigma(\rho+g)]^2}\right]^{-1}$$

$$\left[\left(\frac{\delta_D^*\delta_X\delta_M^*}{(\delta_D^*-\delta_X\delta_C\delta_M^*)^2}+\frac{\delta_M\delta_X^*\delta_D}{(\delta_D-\delta_M\delta_C\delta_X^*)^2}\right)Q_B-\frac{\delta_M\delta_X^*\delta_D}{(\delta_D-\delta_M\delta_C\delta_X^*)^2}\right]d\delta_C \gtrless 0$$

可见结果是不确定的，如果发达国家是相对富裕的($Q_K>1/2$)，那么第一个中括号中的值显然是正值，但是在第二个中括号中，必须对两个相反的效应进行识别：

(1) 对第一项如果需保持正值的话，它的大小主要取决于 $Q_B$，而 $Q_B$ 又是和发达国家的本土市场效应紧密相连的。$\delta_C$ 的递增($\tau_C$ 的降低，即一般贸易成本降低)意味着将产品出口至发展中国家越来越便利，所以会吸引更多的企业在发达国家从事生产，毕竟发达国家的市场更大，有更有利的规模报酬递增效应可被利用。显然，如果 $Q_B$ 越大，产业集聚很可能促进更大的发达国家的本土市场效应。

(2) 但是由于对一般贸易成本的减少也意味着产品从发展中国家运送到发达国家成本的降低，也就是说同时发达国家的进口成本和发展中国家的出口成本在降低，如果相对公式中的其他项，这种交易成本的降低幅度越大，那么越多的企业也会决定移至发展中国家从事生产活动。这种相对上面所述的恰好相反的效应则表现在公式中第二个括号中的第二项，所以会产生一种竞争效应。当然我们必须还得注意随着企业数增加垄断利润的减少，如果 $Q_e$ 降低，新兴企业的经济增长率也会降低(无法和已经存在的垄断企业抗衡)。

### 5.2.5 同质性国家及实行对等贸易协议国家的政策效应

在之前的讨论中，我们在一般框架可能下分析了贸易自由化的效应，考虑了不同富裕或发展程度的国家实行不同贸易政策的不同效应。为了更好地展开分析，接下来简化我们的假设条件，由于之前分析中国际贸易一般的基础设施成本表现出来的效应并不确定，因而下面的分析中我们忽略了国际贸易一般成本，并假定对同类型的国家或同质性国家其国内贸易成本不存在差异。

据此，我们假定现在两个国家拥有相同的财富 ($Q_B = 1/2$)①，也就是说两国有着相同的资本供给 ($K_0 = K_0^*$)，即 $Q_K = 1/2$，同时两国具有相同的国内贸易成本 ($\delta_D = \delta_D^*$)，当消除了本土市场效应引起的不确定性，在条件 $Q_K = 1/2$ 和 $\delta_D = \delta_D^*$ 的前提下，如果两国具有相同的市场规模 ($Q_B = 1/2$)，企业的地理分布和经济增长率将仅仅取决于不同的国际贸易成本，式(5-20)将变为：

$$Q_e = \frac{1}{2}\left[\frac{\delta_D}{(\delta_D - \delta_X\delta_C\delta_M^*)} - \frac{\delta_M\delta_C\delta_X^*}{(\delta_D - \delta_M\delta_C\delta_X^*)}\right]$$

同时，条件方程式(5-16)依然保持 $g = g(Q_e)$。

由于技术研发活动只会有效发生在拥有更多生产企业的国家，按照之前的假设，在发达国家，由于具备更优的起始资本供给和本土市场效应，使得我们确信更多的企业会分布在拥有更大市场的发达国家，同时满足更多的消费需求。现在，由于两国的经济状况类似，不存在相对富裕和贫穷之说，根据新假设企业的地理分布仅仅依赖于不同的贸易成本，那么企业会选择更便利(或低成本)的市场准入国家从事生产。因而，对于经济状况类似国家的贸易往来，可适当放宽进口政策。

接下来分析当两国同时因自由贸易区的组建或国际协议签订同时执行某类贸易政策时会发生怎样的综合效应。

1) 进口成本政策

我们假定两国通过签订协议同时执行等价的降低进口成本的贸易政策

---

① 该假设暗含着收入的均等性，跨期仍保持常数且是独立于增长率的。

（$d\delta_M = d\delta_M^*$），例如同时减少或降低关税壁垒：

$$\frac{dQ_e}{d\delta_M} = \frac{1}{2}\delta_D\delta_C\left[\frac{\delta_X}{(\delta_D - \delta_X\delta_C\delta_M^*)^2} - \frac{\delta_X^*}{(\delta_D - \delta_M\delta_C\delta_X^*)}\right]_<^> 0$$

正如上式的结论，我们即便保留条件 $\delta_M\delta_C\delta_X^* < \delta_X\delta_C\delta_M^*$ 不变，基于产业集聚和经济增长率考虑的综合效应依然是不确定的，他还是要取决于两国的出口成本。如果发达国具有更低的出口成本 $\delta_X \geqslant \delta_X^*$，该贸易政策的效应就表现为正，生产企业正好可利用较低的关税成本选择具有较低出口成本的国家从事生产活动，那么这些企业相对更容易进入他国的需求市场，从而也使得产业集聚度增加。这样随着发达国生产企业的增多也会激励整个经济增长率的提升。但是，如果 $\delta_X < \delta_X^*$，该综合效应又变得不确定，它还要取决于不同贸易成本的核算。

2）出口成本政策

现在分析一下如果两国因贸易自由化达成出口成本同时降低相同幅度的约定（$d\delta_X = d\delta_X^*$），综合效应的表达式为

$$\frac{dQ_e}{d\delta_X} = \frac{1}{2}\delta_D\delta_C\left[\frac{\delta_M^*}{(\delta_D - \delta_X\delta_C\delta_M^*)^2} - \frac{\delta_M}{(\delta_D - \delta_M\delta_C\delta_X^*)^2}\right]_<^> 0$$

保持条件 $\delta_M\delta_C\delta_X^* < \delta_X\delta_C\delta_M^*$ 不变，如果发展中国家具有更低的进口成本（$\delta_M^* \geqslant \delta_M$），这个条件实际上暗含着：企业仍会受到激励选择从事生产的国家（在此为发达国家）反而是相对从海外较难直接进入其市场需求的国家[①]，此时，产业集聚的效应表现为正，依然得益于研发部门及经济增长率的提高。然而，如果 $\delta_M^* < \delta_M$，正负效应又变得不确定，依然要具体取决于两国具体的贸易成本。

以上分析似乎告诉我们这样一个事实，在其他条件相同情形下，同时 $\delta_X \geqslant \delta_X^*$（发达国家出口成本更低），或者 $\delta_M^* \geqslant \delta_M$（发展中国家进口成本更低），贸易自由化过程中和发达国家签订对等条件的协议并不利于发展中国家的经济发展。

### 5.2.6 福利

前面的讨论中，重点分析贸易自由化在特定条件下产生的不同效应，在给定

① 我们一般是通过关税和贸易壁垒识别进口成本。

不同约束下，企业会分布至相对发达国家或相对落后国家，贸易自由化可能提升经济增长率，也可能刚好相反。如果不加以限定的话，很难说贸易自由化是否是对两种国家都是有益的或者说哪些贸易政策确实是最优的。接下来，从福利的角度再作进一步剖析。

对发达国家家庭的直接效用函数定义如下：

$$V=\frac{1}{\rho}\ln\left\{\begin{array}{l}\alpha^{\alpha}(1-\alpha)^{1-\alpha}\left(\frac{\sigma-1}{\gamma\sigma}\right)^{\alpha}\left(1+\frac{2\alpha\rho Q_{\mathrm{K}}}{(\sigma-\alpha)\rho+\sigma g}\right)\\ \times O_{0}^{\frac{\alpha}{\sigma-1}}\left(Q_{\mathrm{e}}(\delta_{\mathrm{D}}-\delta_{\mathrm{M}}\delta_{\mathrm{C}}\delta_{\mathrm{X}}^{*})+\delta_{\mathrm{M}}\delta_{\mathrm{C}}\delta_{\mathrm{X}}^{*}\right)^{\frac{\alpha}{\sigma-1}}\mathrm{e}^{\frac{\alpha g}{\rho(\sigma-1)}}\end{array}\right\} \quad (5-21)$$

同样，发展中国家的效用函数为

$$V^{*}=\frac{1}{\rho}\ln\left\{\begin{array}{l}\alpha^{\alpha}(1-\alpha)^{1-\alpha}\left(\frac{\sigma-1}{\gamma\sigma}\right)^{\alpha}\left(1+\frac{2\alpha\rho(1-Q_{\mathrm{K}})}{(\sigma-\alpha)\rho+\sigma g}\right)\\ \times O_{0}^{*\frac{\alpha}{\sigma-1}}\left(\delta_{\mathrm{D}}^{*}-Q_{\mathrm{e}}(\delta_{\mathrm{D}}^{*}-\delta_{\mathrm{X}}\delta_{\mathrm{C}}\delta_{\mathrm{M}}^{*})\right)^{\frac{\alpha}{\sigma-1}}\mathrm{e}^{\frac{\alpha g}{\rho(\sigma-1)}}\end{array}\right\} \quad (5-22)$$

对发达国家的效用函数就 $Q_e$ 求偏微分，同时考虑 $\partial g/\partial Q_e=(2L/\eta)\cdot(\alpha/\sigma)$，可获得对产业集聚变量 $Q_e$ 的偏增量会产生以下影响：

$$\frac{\partial V}{\partial Q_{\mathrm{e}}}=-\frac{4\alpha^{2}LQ_{\mathrm{K}}}{\eta[(\sigma-\alpha)\rho+\sigma g+2\eta\alpha\rho Q_{\mathrm{K}}][(\sigma-\alpha)\rho+\sigma g]}+\frac{2\alpha^{2}L}{\sigma\eta\rho^{2}(\sigma-1)}+\frac{\alpha}{\rho(\sigma-1)}\cdot\frac{(\delta_{\mathrm{D}}-\delta_{\mathrm{M}}\delta_{\mathrm{C}}\delta_{\mathrm{X}}^{*})}{(Q_{\mathrm{e}}\delta_{\mathrm{D}}+(1-Q_{\mathrm{e}})\delta_{\mathrm{M}}\delta_{\mathrm{C}}\delta_{\mathrm{X}}^{*})}\gtrless 0$$

结果显示福利的效应也表现为不确定性，参考 Martin 和 Ottaviano(1999)的研究，这种不确定性主要体现为以下3种情况：

(1) 首先，从等式的第一个加项可以看出，增长率 $g$ 的增加会对发达国家的总资本财富产生一个负作用，产业集聚的加强虽然降低了技术研发的成本，但使得企业垄断利润减少，发达国家的人均收入因此有所降低；

(2) 第二个加项反映了对经济增长率的正效应，$g$ 的增加使得产品的更具多样性，因而给人们的满足感越高，所以会产生相对较高效用①；

(3) 最后一个加项反映：随着 $Q_e$ 的增加，发达国家消费者的交通成本降低，

---

① 结合考虑 $\partial g/\partial Q_e=(2L/\eta)\cdot(\alpha/\sigma)$。

从而使得福利增加。

对于发展中国家，类似的表达式如下：

$$\frac{\partial V^*}{\partial Q_e}=-\frac{4\alpha^2 L(1-Q_K)}{\eta[(\sigma-\alpha)\rho+\sigma g+2\eta\alpha\rho(1-Q_K)][(\sigma-\alpha)\rho+\sigma g]}+\frac{2\alpha^2 L}{\sigma\eta\rho^2(\sigma-1)}-\frac{\alpha}{\rho(\sigma-1)}\cdot\frac{(\delta_D^*-\delta_X\delta_C\delta_M^*)}{(Q_e\delta_X\delta_C\delta_M^*+(1-Q_e)\delta_D^*)}\gtrless 0$$

该表达式和发达国家最主要的不同是等式的第 3 项本身的符号为负，这是由于随着发达国家产业集聚的增加，使得发展中国家消费者平均要承担的交通运输成本增加，因而降低了他们的福利水平。

两个方程的间接效用函数及其延伸都过于复杂而很难进行系统分析，所以在此仅进行一个简单的模拟分析。我们想要知道的是当贸易成本的改变使得企业的地理分布发生变化时对两国的福利是如何产生影响的。根据式(5－21)和式(5－22)通过估计贸易政策改变的直接作用关注两国的效用的符号变化，重点是随着 $Q_e$ 和 $g$ 的改变所产生的间接效用。

表 5－3 表明了当国内及国际贸易成本降低时，对发达国家及发展中国家的不同影响①。

**表 5－3　贸易政策的产业集聚、经济增长和社会福利效用**

| $\delta_D$ | $\delta_D^*$ | $\delta_X\delta_C\delta_X^*$ | $\delta_X^*\delta_C\delta_M$ | $\Delta Q_e$ | $\Delta g$ | $\Delta V$ | $\Delta V^*$ |
|---|---|---|---|---|---|---|---|
| 0.95 | 0.8 | 0.7 | 0.6 | | | | |
| 0.96 | | | | + | + | + | + |
| | 0.81 | | | − | − | − | + |
| | | 0.71 | | + | + | + | + |
| | | | 0.61 | − | − | − | + |

结果显示，当发达国家的进口成本降低，即 $\delta_D$ 由 0.95 变至 0.96 时(意味着 $\tau_D$ 的下降)，以及出口成本降低，即 $\delta_X\delta_C\delta_X^*$ 由 0.7 变至 0.71 时，会引致相对富裕

① 表格中的参数取自 Rafael Gonzalez-Val, Luis Lanaspa, Fernando Pueyo(2009)描述相关问题时对经济弱势地区和经济强势地区的赋值：$O_0=10$，$\sigma=4$，$\alpha=0.6$，$\gamma=1$，$\eta=12$，$L=3$，$\rho=0.06$，$Q_K=0.6$。

国家更强的产业集中度，整个社会的经济增长率将提高，发达国家和发展中国家的福利将会同时得到改善。而当发展中国家的进口成本和出口成本降低，即 $\delta_D^*$ 由 0.8 变至 0.81，$\delta_X^* \delta_C \delta_M$ 由 0.6 变至 0.61 时，发达国家的产业集中度降低，使得生产逐步移至发展中国家，而且整个社会的经济增长率会下降，但发展中国家的福利会得到改善。

对于发展中国家而言，福利增加的关键参数是资本的分布，这直接影响着企业的地理分布均衡，从而影响经济增长率和国内及国际间的交通运输成本。从(5-20)式我们可以看到，当 $Q_K$ 越接近 1/2 时，任何贸易政策引起的发达国家的企业分布比例所带来的影响越不显著。因此也说明，当 $Q_K$ 越接近 1/2 时，发展中国家的福利越有可能得到改善。因而，对发展中国家有利的选择可能是适时加大相关行业的资本投入。

这样的结论强调了统一合作的贸易政策可能给贸易双边国都带来好处，但同时也反映了贸易双方也可能为了获取更大的世界需求市场而展开贸易大战。

### 5.2.7　结论及对中国贸易发展的启示

本节分析了国家间的贸易自由化效应在资本财富和贸易政策方面的不同与联系。其目的是为了考察可能会受一国贸易政策影响的涉及该国经济产业安全发展的重要因素——产业集聚，经济增长率和社会福利是如何受该国对外对内贸易政策的影响的。

一国生产率的增长是内生的，它主要基于技术改革与创新。由于技术溢出大部分来源于本土科技与本土的研发活动，因此，一国的工业集中度越强，也会带来越高的经济增长率。根据 Martin 和 Ottaviano(1999)的理论框架，他们考虑了不同国家实行不同贸易政策的非对称性，我们的模型区别考察了国内和国际贸易成本，特别对于后者，我们还进行了一般基础国际贸易成本，进口成本和出口成本之分。

同时，本章还考虑了禀赋(收入)和贸易政策这两种因素相互作用是如何决定两国经济活动，经济增长，福利以及科技创新的空间分布的。

本章的结论与 Martin(1999)研究关于国内贸易成本部分的分析非常类似，但就国际贸易成本部分的分析表现出了不一致的方面。Martin(1999)的研究中，较低的国际交通运输成本会显著引致经济增长，而在我们的研究框架中，贸易自由化过程可能导致工业集中度加强，经济增长率和福利的提升，但它们之间的这种正向关系却是不确定的，它还要取决于各国具体采取的贸易合作措施及哪种特定的贸易成本被减少。如果相对富裕的国家减少了国内及出口成本，或者相对贫穷的国家减少了进口成本，那么富裕国家的工业集中度加强，同时两国的经济增长率及福利均会得到提高和改善。然而，当相对贫穷的国家减少它们的国内成本或者实行出口改善政策，或者富裕国家减少它们的进口成本，这种贸易策略会导致工业集中度的降低及经济增长率的下降。尽管较低的经济增长率可能会带来较低的福利，但我们的研究发现这也不是一个必然的结论，因为此时发展中国家会拉近与发达国家的差距，这种现象会更有利于世界经济的均衡与公平。

本节也试图对各类贸易政策进行了更进一步的分析，例如对一般国际贸易成本的减少，两国根据相关协议同时实行降低进口关税政策或同时实行出口补贴政策。同时，文中还考察了相类似经济状况的同质性国家，任意使得一国的市场潜力加大的贸易政策都可以引起一国产业集聚，经济增长率和福利的改善。

由于我国目前是世界上最大的发展中国家，对外贸易发展虽然强劲，但对国内产业结构的协调健康发展却始终贡献有限，结合我们针对性的理论模型结果，将相关有益的启示总结如下：

(1) 目前中国对低附加值出口贸易进行出口补贴与扶持，同时倾向对高技术产品进口适当给予关税减让的政策值得再商榷，这两种政策的并行有可能引致更脆弱的国内产业结构，影响国内经济的健康持续发展；

(2) 当两国的经济状况类似，具有规模报酬递增及技术溢出效应的产业集聚行为仅依赖于不同的贸易成本，那么企业会选择更便利(或低成本)的市场准入国家从事生产。因而，当我国与发展中国家进行贸易往来或建立自由贸易区及签订相关贸易协议时，可适当放宽进口政策；

(3) 一般来说，当相对贫穷国家与相对富裕国家同时实行条件对等的进口或出口成本减让政策时，经济相对弱势的国家总会处于不利地位，因而贸易自由化过程中我们应谨慎签订和发达国家条件对等的贸易协议；

(4) 当发展中国家对贸易相关工业的资本投入与发达国家越接近时，任何贸易政策引起的发达国家的企业分布比例所带来的影响越不显著，同时发展中国家的福利越有可能得到改善，因此，我国在对贸易政策试图做出调整时，应适时加大相关行业的本土资本投入。

总而言之，我们不能简单地说贸易自由化进程是如何单一地影响涉及产业健康发展的重要因素，即产业集聚，经济增长和一国福利的，它的最终效应必须就具体实施的贸易政策降低了哪一类贸易成本进行具体分析。

附录 A 稳态均衡

根据式(5-13)，(5-16)和(5-19)，稳态下 $Q_e$ 的值是式(5-13)二阶方程的解：

$$
\begin{aligned}
&2Q_e^2L(\delta_D^* - \delta_X\delta_C\delta_M^*)(\delta_D - \delta_M\delta_C\delta_X^*) - Q_e[L\delta_D^*(\delta_D - \delta_M\delta_C\delta_X^*)\\
&- L\delta_M\delta_C\delta_X^*(\delta_D^* - \delta_X\delta_C\delta_M^*) - \rho\eta(\delta_D^* - \delta_X\delta_C\delta_M^*)(\delta_D - \delta_M\delta_C\delta_X^*)]\\
&- \rho\eta[Q_K\delta_D^*(\delta_D - \delta_M\delta_C\delta_X^*) - (1 - Q_K)\delta_M\delta_C\delta_X^*(\delta_D^* - \delta_X\delta_C\delta_M^*)] = 0
\end{aligned}
$$

有效解为

$$
Q_e = \frac{\begin{array}{c}[L\delta_D^*(\delta_D - \delta_M\delta_C\delta_X^*) - L\delta_M\delta_C\delta_X^*(\delta_D^* - \delta_X\delta_C\delta_M^*) - \\ \rho\eta(\delta_D^* - \delta_X\delta_C\delta_M^*)(\delta_D - \delta_M\delta_C\delta_X^*)] + \sqrt{\Delta}\end{array}}{4L(\delta_D^* - \delta_X\delta_C\delta_M^*)(\delta_D - \delta_M\delta_C\delta_X^*)}
$$

式中

$$
\begin{aligned}
\Delta = &[L\delta_D^*(\delta_D - \delta_M\delta_C\delta_X^*) - L\delta_M\delta_C\delta_X^*(\delta_D^* - \delta_X\delta_C\delta_M^*) - \rho\eta(\delta_D^* - \delta_X\delta_C\delta_M^*)\\
&(\delta_D - \delta_M\delta_C\delta_X^*)]^2 + 8L(\delta_D^* - \delta_X\delta_C\delta_M^*)(\delta_D - \delta_M\delta_C\delta_X^*)\cdot\\
&\rho\eta[Q_K\delta_D^*(\delta_D - \delta_M\delta_C\delta_X^*) - (1 - Q_K)\delta_M\delta_C\delta_X^*(\delta_D^* - \delta_X\delta_C\delta_M^*)]
\end{aligned}
$$

方程的另一根大于列出的单位根，从 $Q_e$ 的这一均衡值中，可分别根据式(5-16)和式(5-19)解出 $g$ 和 $Q_B$。

## §5.3　国际贸易与产业安全的实证分析：基于福利角度

尽管大部分经济学家都反对贸易过度扩张，但许多国家的政府依然广泛的运用各种贸易政策试图推动国内工业的对外发展。近些年来，有相当比重的涉及贸易政策的经济学文献分析了贸易扩张的各种动机，虽然推动了国际经济学很多方面的发展，但依然遗留了很多重要问题未被解决。中国作为对外贸易扩张速度最快的国家之一，无疑成为我们研究的重要对象。抛去改革开放的头 30

年，近年来，我们明显已出现这样的疑问：为什么充分的贸易开放却使得国内相关工业水平有所下滑？许多贸易出口强劲的行业，如纺织、农产品、服装、鞋帽和钢铁行业为什么会在扩张中仍处于不甚景气的状态？贸易支持政策为什么总是停留在出口的对外扩张而不去限制进口部门的竞争？实际上许多主流的主张贸易自由学说的文献并没有对这一问题做出过合理的理论解释。Grossman 和 Helpman(1994)的贸易模型（下文简称 GH 模型）开启了这方面理论分析的先河，GH 模型中分析了一系列决定对外贸易的要素，并证明了政府贸易政策和国内经济发展间的联动关系，但遗憾的是，他们并没有预见地解释过度的贸易鼓励可能导致行业利润以及就业率的下滑。

本节中，从行为金融学中的损失厌恶模型出发，考虑贸易政策决策中的损失厌恶效应，试图据此从理论上解释我们提及的贸易扩张理论中的悖论。损失厌恶(Loss Aversion)的概念由 Kahneman 和 Tversky(1979)提出，他和经典的风险厌恶模型最大的不同是，个体效用函数在不同的财富水平上可能会有不同的风险态度，效用函数在局部范围是非对称的，尤其是当企业经营正经历衰退时，这些企业会试图通过各种手段（包括风险手段）避免损失状态进一步扩大。Kahneman 和 Tversky(1979)实证结果中损失厌恶系数约等于 2，这意味着，相等单位财富增加带给经营状况处于衰退状态的企业的效用获得感将会 2 倍于经营状况处于上升期的企业。结合贸易政策，同样的扶持性政策如果用于衰退行业，即通常理解的受贸易限制保护政策青睐的行业，取得的政策成效性会强于受出口鼓励的行业。

所以大多数发达国家的现实是对经历衰退期的行业更加关注，主张贸易保护(Baldwin，1989)，用目前学者们更温和的说法是，即主张绿色贸易政策，它没有其前身绿色贸易壁垒那样极端，涵盖的内容更广更深，更注重一国产业结构的均衡发展及环境保护的综合提升(Otta Mastad，1998)，结论是贸易政策应更多向增长缓慢和受损的企业倾斜，这其实是符合损失厌恶模型为基础的企业经济人假设的，而大部分发展中国家，以中国为例，传统的政府贸易政策都集中在积极鼓励出口上，甚至对出口规模和效益达到一定水平的出口企业给予更多的优惠和扶持，这种传统贸易政策根据损失厌恶模型可能导致政府的政策有效性减弱。

如果一国政府或者该国企业真实的经济行为符合损失厌恶模型的前提，那么绿色贸易政策及贸易保护政策则需对不同的经济状况做出不同的政策反应。传统的贸易理论中一味的贸易自由化主张显然和这一假设有所违背。GH 模型认为出口部门中的产出效率通常大于进口部门，并且限制贸易对国内进口竞争行业的带动是间接的，因而 GH 模型导致的贸易政策是进口关税低于出口补贴，基于此，自由贸易的鼓吹就应推崇，而这就是“规模效应”理论。不过相反，在损失厌恶模型下，相同的冲击却会导致进口部门的损失大于出口部门收入的增加，如果损失厌恶的系数足够高，损失厌恶效应(Loss Aversion Effect)会导致贸易保护政策对一国经济发展更有效。贸易保护政策的体现一般是指降低行业资源环境逆差的重要战略：主要采取降低或取消出口退税以及加征出口关税等措施，同时辅以调整加工贸易政策。

我们将在一个具有充分高的损失厌恶系数的模型中考虑内生的贸易政策：① 对于一个经济干预能力较强的政府，如果该国因外向型经济发展导致一定损失时，绿色政策就更应该出台；② 相对无节制的出口贸易扩张，政府更应该立足产业均衡发展的角度思考问题，这些都会加固限制贸易的保护倾向选择。

### 5.3.1　贸易政策、产业下滑与损失厌恶

1) 产业下滑与贸易政策

许多学者都提出不均衡的贸易政策会导致国内产业的下行发展(Hufbauer, et al., 1986；Ray，1991)，例如一国政府通过影响国际贸易协定保护国内工业发展，或者赋予涉外企业比国内企业更优先的待遇。Baldwin 和 Robert-Nicoud(2007)指出那些相对发展较缓慢的行业会在发达国家得到更多的政府支持及保护，他们把这种现象称之为“失败者悖论”(loser's paradox)，我们也可以理解为发达国家对于贸易政策的体现更多是限制自由贸易的方面。而以中国为代表的大部分发展中国家，尽管也存在关税保护，但更多的则表现为出口鼓励政策。但正如之前所述，出口鼓励政策对于经济的实际推动到一定的经济发展阶段其实是有限的。当然，在发达国家，也并不是所有的下滑行业都会得到政府保护，通常只有那些受国有控制较强的行业能得到更多的照顾(Gawande 和 Bandyopadhyay，2000)。如 Grossman 和 Helpman(1996)也证明了行业中的新加入者很少会得到政府政策的扶持，当然，换句话说，日渐下滑的行业也很难有很多的新加入者。相关领域的文献还有 Baldwin 和 Robert-Nicoud(2007)，他

们假定准入自由并且不存在沉没成本(sunk costs)，证明工业扩张发展中，政府的扶持政策对行业的新加入者也并非是积极有效的，这也从另一侧面说明了发展中国家为何对弱势行业或企业的支持在工业发展初期表现并不积极。但随着工业化进程的推进，为了保障一国产业更均衡发展，限制自由贸易的保护政策在一国弱势行业中表现出的积极作用会日益突出，政府会越来越关心正在走下坡路的行业或是企业，通常也会因此导致政策制定对不同行业部门所体现的非对称性，这也正是本文的研究兴趣所在。

2) 反贸易倾向和贸易保护政策

Eaton 和 Grossman(1985)指出小规模经济体中，由于可能面临更多的贸易不确定性或者是某些要素的不可自由移动及保险市场的不完善，贸易政策通常会表现出反贸易倾向。需要说明的是，反贸易倾向和贸易保护是两个并不相同的概念。Limao 和 Panagariya(2004)通过一般均衡模型表明反贸易倾向可能源自国内市场的生产替代弹性大于国际市场。同样在一般均衡模型的框架下，Limao 和 Panagariya(2007)再次证明如果政府的目标反映了一种不公平的政策倾向，或者是减弱了对某些贸易要素的政策支持，就称贸易政策存在反贸易的倾向。而贸易保护政策并非天生是国际贸易往来的反对者，它在不同的经济发展阶段或对于不同的贸易参与体会阐释出不同的经济内涵，贸易保护政策主张更合理的世界分工，更均衡的产业发展及环境改善，就目前全球贸易结构稍显失衡的大背景而言，它只是更多地体现在了反贸易倾向上。本节就中国的贸易保护政策进行讨论，在有对外经济往来业务的个体偏好中考虑损失厌恶与贸易政策的倾向，而并非一般的通过政府的不公平政策待遇来解释反贸易倾向。

3) 损失厌恶

在传统的期望效用理论中，效用函数取决于最终资产而不是相对的获得或损失。Kahneman 和 Tversky(1979)提出个体的效用实际是由财富的相对改变决定的，并且和风险厌恶不同的是，个体损失相同数量的财富带来的负效用并非总是大于个体获得相同数量财富带来的正效用的。这就是损失厌恶模型，这种特征决定了效用函数曲线在不同的相对财富状况时性状不同，甚至有时会表现出凸性。一些实证研究也表明了当损失厌恶系数约为 2 时正好介于冒风险与不冒风险的临界点(Kahneman, et al. 1990；Tversky 和 Kahneman，1992)。随后，他们又发现了减弱敏感性(diminishing sensitivity)的证据,无论是获得还是损失的边际价值都会随着财富规模的减少而变小。注意这点在凹性的效用函数中是不成立的,效用凹函数实际上暗含着相对损失的增长敏感性(increasing sensitivity),即当损失越大时,人们对损失的变动越发敏感,而损失厌恶模型却在根本上否定了这一点。

基于以上的发现,Kahneman 和 Tversky(1992)提出了一个价格函数用来定义相关的涉及损失或获得的学术观点,例如前文提及的在贸易领域的"反贸易倾向"说,或者也有学者称之"维持现状"说①。该价值函数的斜率会在特定水平下发生突变,这实际上暗含着已知的非对称性会在任意的一个较小的损失或获得发生时产生一个凹凸间转换的拐点,这一点自然和标准的效用凹函数有所不同②,简单来说,一个经济正处于下滑期的企业一般会位于拐点的左侧,即此时它的效用函数是凸的,此时政府给予这类企业一个鼓励性的扶持政策均会比处于拐点右侧经济正处于上升期的企业所获得的政策效用更大。显而易见,这为很多学者运用损失厌恶模型解释各种经济学中的悖论或困惑提供了极具解释力的理论依据③。

### 5.3.2　模型

首先考虑竞争环境下一个小规模对外经济体,这里可以简单将其描述成参与国际市场的一个国家,它显然是世界市场价格的被动接受者,假定经济体中个体的效用偏好相同,但要素禀赋不同,他们会通过式(5-23)实现效用最大化:

---

① 该价值方程的形式可表现为 $v(x)=\begin{cases} x^{\alpha} & x\geqslant 0 \\ -\lambda(-x)^{\beta} & x<0 \end{cases}$。式中 $x$ 表示财富的改变,$\lambda$ 则表示损失厌恶系数,他们通过实证数据,估计出 $\alpha$ 和 $\beta$ 为 0.88(在减弱敏感性假设下,$\alpha$ 和 $\beta$ 的值相等),$\lambda$ 此时为 2.25。

② Kahneman 和 Tversky(1992)指出损失和获得之间的这种可观测的非对称性太过极端而很难被现有的收入效用理论或者减弱的风险厌恶理论所解释。重要的是,损失厌恶模型可以解决 Rabin(2000)及 Rabin 和 Thaler(2001)对期望效用函数提出的批判,他们指出对于任意的凹性效用函数,任意小的对适中赌注表现出的风险厌恶都会导致人们对较大赌注表现出更大的风险厌恶感。例如,Rabin(2000)举了这样一个例子,如果一个人拒绝参与各有 50%的机会损失 100 元或赢得 110 元的赌博,那么将导致其肯定会拒绝参与各有 50%的机会损失 1 000 元或赢得任意金额的赌博,这显然在现实中并不成立。

③ Tovar(2009)曾对这些研究做个简要的文献总结。

$$u=\begin{cases}x_0+\sum_{i=1}^{n}u_i(x_i)-\lambda[-(\widetilde{E}-\phi(\widetilde{E}))/\phi(\widetilde{E})]^{\beta} & \widetilde{E}<\phi(\widetilde{E})\\ x_0+\sum_{i=1}^{n}u_i(x_i) & \widetilde{E}=\phi(\widetilde{E})\\ x_0+\sum_{i=1}^{n}u_i(x_i)+[(\widetilde{E}-\phi(\widetilde{E}))/\phi(\widetilde{E})]^{\alpha} & \widetilde{E}>\phi(\widetilde{E})\end{cases} \quad (5-23)$$

式中：$x_0$ 表示对基准要素(numeraire good)的消费，$x_i$ 则表示企业 $i$ 对特定要素 $i$ 的消费 $(i=1,2,\cdots,n)$，$\widetilde{E}$ 表示由要素禀赋转化的收入规模；$\phi(\widetilde{E})$ 是 $\widetilde{E}$ 的期望值，该值通常会在上一期被决定，$\lambda>1$ 是损失厌恶系数，子效用函数 $u_i(\cdot)$ 是连续可微，单调递增且严格的凹函数。

模型中个体的衍生效用(derive utility)或者价值不仅取决于消费水平并且还会受到他们的期望收入的影响。下面引入并且关注不可预期因素的效用，通常来说，会假定对下一期收入的期望值就等于本期的收入，但这并不是绝对的，表示为①$\phi(\widetilde{E})=\widetilde{E}^{(-1)}$。一个拥有收入(财富)$E$ 的个体企业将消费 $x_i=d_i(p_i)=[u'_i(p_i)]^{-1}$ 的特定要素 $i$，和 $x_0=E-\sum_i p_i d_i(p_i)$ 的基准要素。间接效用函数表示如下：

$$v(p,E)=\begin{cases}E-\lambda[-(\widetilde{E}-\widetilde{E}^{(-1)})/\widetilde{E}^{(-1)}]\beta+s(p) & \widetilde{E}<\widetilde{E}^{(-1)}\\ E+[(\widetilde{E}-\widetilde{E}^{(-1)})/\widetilde{E}^{(-1)}]\alpha+s(p) & \widetilde{E}>\widetilde{E}^{(-1)}\end{cases} \quad (5-24)$$

式中：$p$ 为国内价格向量，消费者剩余由非基准要素给出：$s(p)=\sum_i u_i(d_i(p_i))-\sum_i p_i d_i(p_i)$。

对于基准要素 0 的理解可以简单看做由单一生产要素劳动力的生产获得，且投入产出系数等于 1，假定劳动力的供给足够大，能够满足该要素商品总是能够保证产出，那么均衡状态下工资率即为 1。每一类非基准要素商品的生产都由劳动力和该企业的特定生产要素构成，同时生产规模报酬不变(即保持常数)。

① 在这里需要说明的是贸易保护政策通常赋予经济下滑的行业，所以说这里期望收入的含义也可能是期望收入加上某一个变量 $c_i$，$c_i$ 可能为正也可能为负，如果某一行业预期到下一期的收入会降低，则 $c_i$ 即可能为负。

如果企业特定生产要素的供给是固定的，由于工资也是固定的，则特定生产要素的租金就可表示为国内生产价格的函数。如果定义生产回报为 $\Pi_i(p_i)$，则产出可表示为 $y_i = \Pi'_i(p_i)$。

政府可以进行征收关税或者提供补贴，考虑税收和补贴之后的企业净收入为①：$r(p) = \sum_i (p_i - p_i^*)[d_i(p_i) - y_i(p_i)]$，式中 $p_i^*$ 是商品 $i$ 世界市场的价格，当然，这里我们需假定政府的收入再分配对所有的个体企业都是一致的。

企业个体的衍生收入一般来自企业的工资收入，生产回报及政府的转移收入，也会来自对特定生产要素拥有的所有权产生的收入(本书中即指政府的相关优惠政策)。我们假定他们最多只拥有一项特定生产要素的所有权。企业 $i$ 使用的特定要素决定企业是否受到政府的贸易政策干预。现在我们将所有受到政府贸易政策干预的样本企业划归于 $L$ 类企业，也就是说这类企业的特定要素能够被政府的相关政治活动影响，假定政府对这类企业因政策优惠(惩罚)带来的贡献(损失)是 $C_i(p)$，它包含了每一项政府可能选取的贸易政策表现的战略贡献水平。则实际来说，个体企业 $i$ 的联合福利应为 $V_i = W_i - C_i$，其中 $W_i$ 表示他们的毛贡献福利，即

$$W_i = \begin{cases} l_i + \Pi_i(p_i) - \lambda[-(\widetilde{E}_i - \widetilde{E}_i^{-1})/\widetilde{E}_i^{-1}]^\beta + \theta_i N[r(p) + s(p)] & \widetilde{E}_i < \widetilde{E}_i^{(-1)} \\ l_i + \Pi_i(p_i) + [(\widetilde{E}_i - \widetilde{E}_i^{-1})/\widetilde{E}_i^{-1}]^\alpha + \theta_i N[r(p) + s(p)] & \widetilde{E}_i > \widetilde{E}_i^{(-1)} \end{cases} \tag{5-25}$$

式中：$l_i$ 表示企业 $i$ 中投入的劳动力要素(或者是劳动收入)，$\theta_i$ 表示该企业享有政府贸易政策的这一特定生产要素占所有特定生产要素的比例。为简化起见，我们假定 $L$ 类企业均收到了政府贸易政策的影响，且该要素即该企业唯一或是最重要的特别生产要素，那么，实际上我们可以知道，$\theta_i$ 要么趋于 0(当 $i \notin L$ 时)，$\theta_i$ 要么趋于 1(当 $i \in L$ 时)。这里暗含了每个企业受政府的贸易政策是公平且准入自由的。这个假设是包含了损失厌恶项和政府贸易政策于一体之后的

① 该式是对 Patricia Tovar(2009)分行业所提出模型的修正，我们的分析中考虑了中国的贸易顺差现状，同时由于在随后的实证研究中我国的分行业进出口数据较难获取，因而该式也只进行了企业个体的区分，这样的处理更简便，但劣势是缺乏行业代表性。

个体企业出售所有要素禀赋而带来的衍生收入，这就使得我们在分析问题的时候能剥离一些非关键的因素，同时又能获得一些显著性的有意义的结论。

简单来说：当 $i \notin L$ 时，$\lim_{\theta_i \to 0} E_i \equiv \lim_{\theta_i \to 0}[l_i + \Pi_i(p_i) + \theta_i N r(p)] = l_i + \Pi_i(p_i) \equiv \widetilde{E}_i$，并且：

$$W_i = \begin{cases} l_i + \Pi_i(p_i) - \lambda[(\Pi_i(p_i^{(-1)}) - \Pi_i(p_i))/E_i^{(-1)}]^{\beta} & \Pi_i(p_i) < \Pi_i(p_i^{(-1)}) \\ l_i + \Pi_i(p_i) + [(\Pi_i(p_i) - \Pi_i(p_i^{(-1)}))/E_i^{(-1)}]^{\alpha} & \Pi_i(p_i) > \Pi_i(p_i^{(-1)}) \end{cases} \tag{5-26}$$

式中：$\Pi_i(p_i^{(-1)})$ 表示上一阶段的政府政策利益(成本)。

政府会最大化其贡献的比重和社会福利

$$G = \sum_{i \in L} C_i(p) + aW(p),\ a \geqslant 0 \tag{5-27}$$

式中：$a$ 表示因为政府的政策努力而为企业的整个经营带来的贡献系数。

关于 $W(p)$，则可进一步分解为

$$W(p) = l + \sum_{i=1}^{n} \Pi_i(p_i) - \sum_{i \in \Gamma} \lambda\,[(\Pi_i p_i^{(-1)} - \Pi_i(p_i))/E_i^{(-1)}]^{\beta} + \sum_{i \notin \Gamma}[(\Pi_i(p_i) - \Pi_i(p_i^{(-1)}))/E_i^{(-1)}]^{\alpha} + N[r(p) + s(p)] \tag{5-28}$$

$\Gamma$ 表示一系列 $\Pi_i < \Pi_i^{(-1)}$ 的部门。$N$ 表示所有 $L$ 类企业的个数。这是一个两阶段非合作博弈，期间，企业会在第一阶段同时考虑各项出台政策，并且在第二阶段就政府政策的实施做出相应反应。正如 GH(1994)所分析的①。

同 Patricia Tovar(2009)所建模型一致，为了从实证角度更清晰的分析中国的现状，我们延伸了他们从行业角度出发的政策均衡解，附加了一些分析中国问题所需的特殊元素。由于我国曾在相当长的一段时间为了追求贸易顺差和世界市场份额，确实采取过不考虑成本的出口补贴政策，这类政策显然会扰乱我们对

---

① 他们在研究工作中定义了 $(\{C_i^0\}_{i \in L},\ p^0)$ 就是一个子博弈阶段的完全纳什均衡解，当满足且仅满足以下条件时：a) $C_i^0$ 对所有的 $i \in L$ 可行；b) $p^0$ 在价格条件 $P$ 中最大化了 $\sum_{i \in L} C_i^0(p) + aW(p)$；c) $p^0$ 在价格条件 $P$ 中对于任意的 $j \in L$ 最大化了 $W_j(p) - C_j^0(p) + \sum_{i \in L} C_i^0(p) + aW(p)$；d) 对于任意的 $j \in L$ 都存在 $p^j \in P$ 最大化了 $\sum_{i \in L} C_i^0(p) + aW(p)$，此时 $C_j^0(p_j) = 0$。本节即在 GH 该理论框架的基础上稍作了延展及调整。GH 理论强调或突出了政策的贡献效用。

相关理论验证的有效性，因而本节从一开始的出发点即关注合理的贸易保护政策，这也和近年来我国开始强调内部产业结构更均衡和更绿色的国际贸易发展的主张不谋而合，自然，理论验证的可信度也越强。对于贸易保护政策量化处理，我们主要将政府的出口退税补贴予以剔除，强调进口关税的作用，同时由于我国的进出口特征依然较为典型的表现为出口产品技术附加较低，进口产品通常会含有更多的国内难以达到的技术成分，因而我们还额外将政府对进出口企业进行的技术性补贴也考虑进方程中，最终，对均衡政策的一般方程表示如下：

$$\frac{\tilde{t}_i}{1+\tilde{t}_i}=\begin{cases}\dfrac{1}{a}\left\{I_i+(I_i+a)\beta\lambda\,\dfrac{(\mid\Delta\Pi_i\mid)^{\beta-1}}{(E_i^{(-1)})^{\beta}}\right\}\dfrac{\tilde{z}_i}{\tilde{R}_i} & \Delta\Pi_i<0\\[2ex]\dfrac{1}{a}\left\{I_i+(I_i+a)\alpha\,\dfrac{(\mid\Delta\Pi_i\mid)^{\alpha-1}}{(E_i^{(-1)})^{\alpha}}\right\}\dfrac{\tilde{z}_i}{\tilde{R}_i} & \Delta\Pi_i>0\end{cases}\qquad(5-29)$$

式中：$\tilde{t}_i=(\tilde{p}_i-\tilde{p}_i^*)$是考虑政府补贴之后的均衡价格（偏离均值的程度，用标准化值表示），如果$i\in L$，则$I_i=1$，否则$I_i=0$；$\Delta\Pi_i=\Pi_i(\tilde{p}_i)-\Pi_i(\tilde{p}_i^{(-1)})$；$\tilde{R}_i$是企业技术研发投入相对本年度净利润的均衡比率（进口为正值）①；$\tilde{e}_i$则为进出口价格弹性（取正值）②。需要说明的是，对于式中任意变量$x$，加有上标的$\tilde{x}$表示它的均衡价值。该模型是一个动态模型，它可以预期政府贸易保护政策对国内产业的鼓励或保护行为，贸易保护政策对社会福利的看重程度取决于$a$的大小，绝对的情形是，如果政府是纯粹的社会福利最大化者，那么，理论上$a\rightarrow\infty$。最后注意，在敏感性相对收入改变减弱的条件下（无论是对经济增长还是衰退）（如当$\alpha$和$\beta$都小于1时），财富收入（损失）变化越大是和越低的贸易保护政策联系在一起的。

---

① 对于进口企业而言，如果不是被政府惩罚性的征收进口关税的话，企业的原始收入报酬应为$y_i(\tilde{p}_i)$

② 由于企业的进出口需求弹性很难衡量，且我们的关注重点主要是贸易保护政策涉及的进口关税及政府扶持政策在企业技术进步上的体现，因而对于进出口需求弹性我们直接引用了吴胜男(2013)得出的中国进出口贸易需求弹性分类测度值，符号上均处理为正值。

### 5.3.3 贸易保护政策与企业经营状况

本部分中我们将讨论损失厌恶模型是怎样使得贸易保护政策倾向于某一特定企业的。GH 模型中，无论一个企业怎样表现出相对上一期的经济增长或经济衰退都很难决定它是否会成为被保护的对象，如果一定说有，则一般相对一国整体经济影响较大和较深远的部门可能会受到更多的保护青睐。在我们的模型中，给定两个企业在各个要素均表现对称的前提下(包括规模)，唯一的不同是其中一个企业正经历经济增长，通常为生产过剩的参与出口行业，而另一企业正经历经济衰退，通常为生产不足的需要进口行业。我们的预判是：损失厌恶模型下的贸易保护政策主张就是对参与国际竞争的国内同类企业进行保护，即此时会导致经历衰退的行业企业获得政府的贸易政策支持。也就是说，政府贸易政策的出台如果针对参与进口竞争的衰退企业或行业，它会更有利于整个社会福利的改善及国内产业结构的均衡发展，即贸易政策的有效性更强。

对于以上预判，当然需要进一步验证，所以理论上将要考察的以上问题做一归纳：

**假设理论 1 (政策保护与损失厌恶)：**考虑两个企业 $i$ 和 $j$，它们在所有要素上均保持对称的前提下正分别经历着相同幅度的经济增长和经济衰退，即：① $\Delta\Pi_i < 0$；② $\Delta\Pi_i > 0$；并且 $|\Delta\Pi_i| = \Delta\Pi_j$，在损失厌恶下，当损失厌恶系数足够大时，“衰退”企业会获得相对较高的绿色贸易政策保护。

因此，当 GH 模型无法解释为什么贸易保护政策会倾向那些利润下滑的部门时，我们的模型则能做出恰当的解释：在足够充分的损失厌恶下，其他条件相等时，高保护政策自然向利润下滑部门倾斜。需要特别说明的是：这一结论在一个传统的标准的效用凹函数下并不成立。标准的效用凹函数仅对收入水平有区别，这意味着在规模对称的情形下会导致对两个部门相同程度的保护，而不会管一个部门是否正经历增长而另一部门正经历衰退这样的事实(规模对称性意味着在相同的经济冲击下收入的边际效用相等)。我们可以用一个简单的图例来说明，需要说明的是，现实中的情况会比我们的图例复杂得多。如图 5-9 所示，左图表示损失厌恶模型下的企业价值函数，右图为传统的凹效用企业价值函数。图中的横轴均表示企业收入规模，纵轴则为企业价值。左图中位于 $m$ 点(假设为企业 A)和 $n$ 点(假设为企业 B)的企业规模对称(很容易在图中找到这些斜率相同，边际效用相同的两点），显然，初始收入规模为 $m$ 点的A企业正在经历经济衰退[①]，$n$ 点的B企业正在经历经济增长。此时，如果政府实施补贴性的财政政策，使得两个企业的收入规模分别由 $m$ 点增至 $m'$ 点以及由 $n$ 点增至 $n'$ 点，我们会发现A企业的效用改善程度 $\Delta m$ 是大于B企业的 $\Delta n$ 的，这一点是在传统的凹效用函数下无法区别的。此外，风险厌恶模型所强调的减弱敏感性又意味着当企业遭受到较大的冲击(动荡)反而会导致较弱的政策保护。也就是说，如果某个部门正经历经济衰退，此时如果遭到较大的负面冲击，使得其经营情况持续恶化，那么整个期间它所受到的政府保护可能就会减弱了，这和风险厌恶理论是截然不同的，观测图5-9，左图中的点 $o$ 和右图中的点 $p$ 表示企业目前遭遇重创，经济持续衰退，如果价值函数为传统凹函数的话，如右图所示，政府此时更应该给予衰退企业补贴，例如由 $p$ 点至 $p'$ 点的财政支持，企业的效用会改善 $\Delta p$，但损失厌恶模型下，同样的状况则导致了不同的结论，如左图所示，当企业收入规模由 $o$ 点改善至 $o'$ 点时，企业效用仅改善了 $\Delta o$。显然，$\Delta o < \Delta p$。损失厌恶理论说明了为什么有些衰退行业工业部门会最终消失。同样该理论还能帮助我们说明为什么有时政府的保护政策并不持续。当然，损失厌恶模型还意味着价值函数存在一个拐点，这个拐点自然不像如图5-9所示的那样恰巧出现在原点，价值函数凹凸的程度形状和拐点的位置都和企业的损失厌恶程度有关，实际上是很难用一个简单的图形将其描述清楚的。

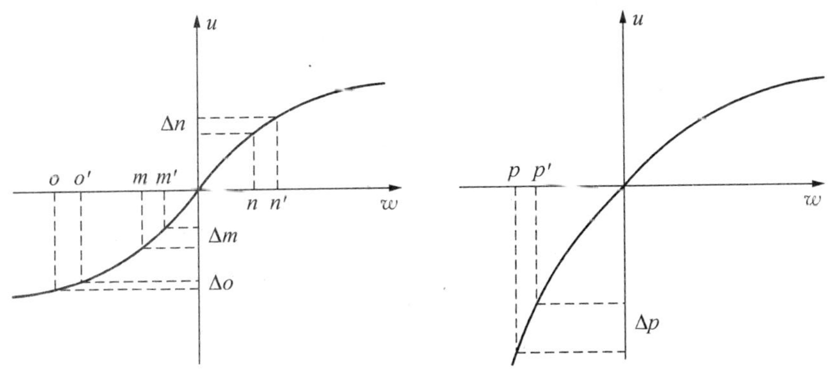


**图5-9　企业价值函数简图**

① 由于其足够大的损失厌恶系数导致了效用函数出现了拐点，在拐点的左侧函数表现为凸。

### 5.3.4 基于损失厌恶模型的反贸易倾向政策

类似 Levy(1999)的研究所列，我们也从小规模经济体出发，给出一些中性的假设，用于研究在中性世界中反贸易倾向问题。

考虑两个非基准商品，它们在消费和生产上是完全对称的。同时国内市场的销售价格与国际市场相同，该条件意味着初始状态下并不发生国际贸易往来。此时假定某一特定禀赋要素发生了波动使得商品 1 的产出增加了 1%，而商品 2 的产出减少了 1%，在这样的损失前提下(此时没有任何外在干预)，我们会发现商品 2 进口的幅度与商品 1 出口的幅度相同。如果没有进一步的假设，模型可能预示着亲贸易或反贸易的两种倾向。这是因为一方面进口部门较低的产出导致较低的保护倾向(根据 GH 理论的“规模效应”)，但另一方面，在损失厌恶下，低产出部门又会受到政府的一定保护。最终哪种倾向的产生则取决于哪种效应占据主导。在特定条件下，只有下述条件成立时，模型会预示着反贸易倾向的出现，即

$$\lambda > \frac{1}{\beta \dfrac{(\Delta \Pi_2)^{\beta-1}}{(E^{(-1)})^{\beta}}} \left\{ \frac{y_1 - y_2}{(1+a)y_2} + \alpha \frac{(\Delta \Pi_1)^{\alpha-1}}{(E^{(-1)})^{\alpha}} \frac{y_1}{y_2} \right\} \tag{5-30}$$

如果令式(5-30)中的 $\alpha = \beta$，并且 $\Delta \Pi \equiv \Delta \Pi_1 = |\Delta \Pi_2|$，可得：

$$\lambda > \frac{\Delta \Pi / (\Delta \Pi / E^{(-1)})^{\beta}}{\beta(1+a)} \frac{y_1 - y_2}{y_2} + \frac{y_1}{y_2} \tag{5-31}$$

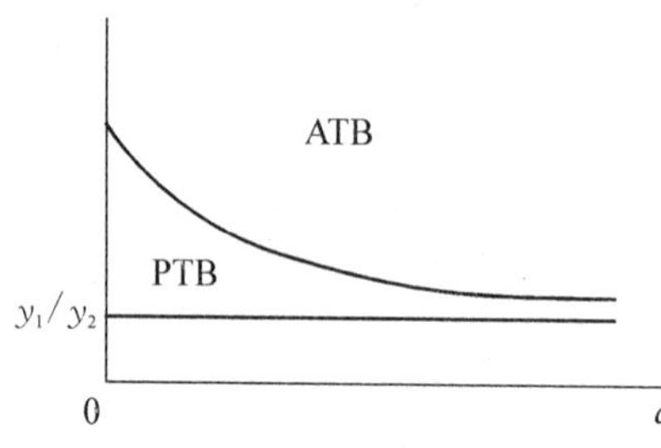

**图 5-10 反(亲)贸易倾向及参数图**

即，对于一个充分大的损失厌恶系数，模型可能产生反贸易倾向。对于式(5-31)如果强调 $\lambda > 1$ 是一个必要条件，那么损失厌恶在现实世界中就存在。如图 5-10 所示，对于任意给定的 $y_1$ 和 $y_2$，$\lambda$ 和 $a$ 值怎样的取值变化意味着反贸易倾向。图中的 ATB 区域(Anti-trade bias)表示的是反贸易倾向区，PTB 区域(Pro-trade bias)表示的是亲贸易倾向区。可以看到，当政府对企业的支持贡献系数较小时，即 $a$ 较小时，企业需要足够大的损失厌恶系数才会反对自由贸易，而 $a$ 较大时，企业表现为反贸易倾向的损失厌恶系数相对没

有那么高，但是，反贸易倾向的产生至少需要 $\lambda > 1$。

在之前的讨论中我们解释了在损失厌恶理论和纯粹的凹效用函数前提下的贸易保护政策倾向预期的不同。反贸易倾向会体现出一种不平等的保护政策，它会导致对企业 2 征收进口关税，而对企业 1 附加出口税，当然，实施这种政策的前提是温和的贸易政策或其他出口鼓励政策使得出口部门积极的变化并未带来整体的社会福利效用改善，反而加剧了行业不平等。另外，效用凹性并不会在同等条件下如损失厌恶理论一样产生反贸易倾向。例如，如果我们考虑假设理论 1 中的情境，两个部门在一定的经济冲击下导致了相同的经济规模(边际效用相同)，不同的是企业 1 正经历增长后而企业 2 正经历衰退，那么损失厌恶模型会导致政府若想得到相同的福利效果(贸易保护政策的主要目标)，企业 2 应受到更多的政府的保护，而在风险厌恶理论下，两部门受到的政府待遇则是相同的。

更一般化，如果不附加任何对称性的假设前提，产生反贸易倾向的前提条件就更为复杂，即

$$\lambda > \frac{1}{\beta \dfrac{(|\Delta \Pi_2|)^{\beta-1}}{(E_2^{(-1)})^{\beta}} \dfrac{y_2}{-p_2 R_2'}} \left\{ \frac{\dfrac{y_2}{p_2 R_2'} - \dfrac{y_1}{p_1 R_1'}}{(1+a)} + \alpha \frac{(\Delta \Pi_1)^{\alpha-1}}{(E_1^{(-1)})^{\alpha}} \frac{y_1}{-p_1 R_1'} \right\} \tag{5-32}$$

该结论可被一般化，并被总结在假设理论 2 中。

**假设理论 2(反贸易倾向的条件)**：当且仅当损失厌恶系数足够大时，即当式(5-32)成立时，任意的经济冲击如果导致一国的非基准商品生产下滑，从而使得相应进口部门经济下滑(在没发生政策保护前)会引致 $t_2 > t_1$(贸易政策呈现反贸易倾向)，由于在模型中强调了技术因素，这种对部门或企业的政策倾斜会表现为对技术研发有更多需求的部门更高的保护，而对低技术附加部门不再提倡高额的补贴，如果这种基于损失厌恶模型的政策是有效的，可能的结果是：保护期内，对衰退企业保护的敏感性效果会优于经济增长企业，或者说，当技术需求企业受到政府保护时，会使企业的福利改善更优，这一理论较为直接的后果是一种反贸易倾向的表现。

假设理论 2 的研究假设还暗示，对于充分高的损失厌恶系数，当遭受某一经济冲击，使得进出口的原有均衡被打破时，反贸易倾向或者说对于技术需求较高的涉外经济行业或部门政府应给予更多的贸易保护政策关照。政策形成将会使得这些部门的获益高于低技术附加部门，涉及进口高技术产品竞争的企业将试图去寻求保护而低技术附加出口部门则不会这样做。所以，对于一个固定成本来说，投资于高技术部门所获得的收益大于该固定成本，而低技术部门则不然，这样对于国内不同行业类别的鼓励效果将会不同，对于我国这样一个出口部门技术含量普遍偏低的现状来说，这样的倾斜政策很可能会鼓励受进口产品竞争的高技术行业，当然，一个直接的结论是使得贸易保护政策表现出反贸易倾向。理论的角度可以做如下简单描述，当我们将所有的非基准商品标准化为一个代表性商品时，我们引入某个经济冲击使得 $n \in [0,1/2)$ 的部门生产所需的特定生产要素禀赋增加，同时使得 $n \in (1/2, 1]$ 的部门这些生产要素递减，那么我们则认为这前半部分的部门为低技术附加部门，后半部分为技术需求较高部门。假定在政策形成的过程中固定成本也是对称的，那么相对出口鼓励，会有更多的进口竞争限制政策形成，当然前提还是离不开企业个体需有足够高的损失厌恶系数。

### 5.3.5 中国对外贸易实证检验证据

在这一部分我们将提供一些实证检验的证据来证明损失厌恶模型在中国贸易现状及贸易保护政策当中的运用。首先，我们将从均衡政策的一般方程开始，随后将展开一些损失厌恶和政策形成的证据分析。

1）计量模型的构建和预测

我们运用非线性回归过程直接估计模型的结构参数和标准差。我们将在下文中讨论计量经济模型的更多细节。模型中对于贸易保护政策的预期由式(5-29)给出，在此基础上试图估计：

$$\frac{\tilde{t}_i}{1+\tilde{t}_i}\frac{\tilde{e}_i}{\tilde{R}_i} = \frac{1}{\gamma_0}I_i + \frac{1}{\gamma_0}\gamma_1\gamma_2\left(I_i \times D_i \times \frac{(|\Delta\Pi_i|)^{\gamma_1-1}}{(E_i^{(-1)})^{\gamma_1}}\right)$$

$$+\gamma_1\gamma_2\left(D_i \times \frac{(|\Delta\Pi_i|)^{\gamma_1-1}}{(E_i^{(-1)})^{\gamma_1}}\right) + \frac{1}{\gamma_0}\gamma_1\begin{pmatrix} I_i \times (1-D_i) \\ \times \dfrac{(\Delta\Pi_i)^{\gamma_1-1}}{(E_i^{(-1)})^{\gamma_1}} \end{pmatrix}$$

$$+\gamma_1\left((1-D_i)\times\frac{(\Delta\Pi_i)^{\gamma_1-1}}{(E_i^{(-1)})^{\gamma_1}}\right)+\varepsilon_i \tag{5-33}$$

将 $\frac{\tilde{e}_i}{\tilde{R}_i}$ 置于方程的左边是基于以下两点原因：① 这些变量都是潜在外生的，标准化后其乘积项具有一定的经济意义；② 将 $\frac{\tilde{e}_i}{\tilde{R}_i}$ 放在方程右边将意味着它会和右边所有项产生交互影响，这可能使得复杂化我们研究某部门经济增长或损失基于贸易政策保护的作用，同时还潜在的存在多重共线性的问题。式中 $D_i$ 为哑变量，当它为1时，表示样本企业正经历经济衰退（即 $\Delta\Pi_i<0$），否则取值为0。哑变量的运用可以使我们分别估计出理论分析中所示的经济增长和衰退的系数。我们将需估计的参数用 $\gamma_j$ 表示，其中 $j=0,1,2$，回归残差项由 $\varepsilon_i$ 表示。由于 Kahneman 和 Tversky 估计出 $\alpha$ 和 $\beta$ 都为0.88，在此我们也事先假定 $\alpha=\beta$，从而简化式(5-33)（稍后会放松这一假设），从式(5-29)和(5-33)中，可以得到以下共识及预期：

① $\gamma_0=a>0$；② $\gamma_1=\beta\in(0,1)$；③ $\gamma_2=\lambda>1$。

2) *数据*

根据中国统计年鉴(2012)进出口分类统计，将我国的进出口货物分为22个大类，为了在研究中使用不同行业中的微观企业数据，将进口与出口排名前五的产品大类与证券行业上市公司的分类标准[①]进行近似匹配，以2012年为观测年度，主要信息均来自样本企业2011年及2012年度年报。我们共获取了相关微观研究样本企业599个，其中剔除了年报中信息披露不全，及所有st及*st的上市企业[②]。模型中所涉及的贸易保护政策我们用该企业单位收入获得的政府

① 上市公司行业分类指引(2012年修行版)。

② 以证券行业分类为准，包括电气机械和器材制造业(行业代码C38)企业108个，计算机、通信和其他电子设备制造业(行业代码C39)企业163个，纺织业(行业代码C17)企业31个，纺织服装、服饰业(行业代码C18)企业17个，金属制品业(行业代码C33)企业37个，汽车制造业(行业代码C36)企业50个，铁路、船舶、航空航天和其他运输设备制造业(行业代码C37)企业18个，家具制造业(行业代码C21)企业6个，文教、工美、体育和娱乐用品制造业(行业代码C24)企业9个，煤炭开采和洗选业(行业代码B06)企业7个，石油和天然气开采业(行业代码B07)企业3个，黑色金属矿采选业(行业代码B08)企业1个，有色金属矿采选业(行业代码B09)企业8个，开采辅助活动业(行业代码B11)企业4个，非金属矿物制品业(行业代码C30)企业34个，化学原料和化学制品制造业(行业代码C26)企业102个，石油加工、炼焦和核燃料加工业(行业代码C25)企业1个。

技术或研发性补贴及出口退税之外的贸易政策补贴（成本）来表示，技术因子则用研发投入占营业收入的比重来表示，对于该行业的国际贸易态势表现为增长还是衰退，即 $|\Delta\Pi_i|$ 我们使用该企业观测年度较上一年度的净利润的增加值（VA）的绝对值表示。而对于 $D_i$ 的取值则取决企业 $i$ 是否正经历经济衰退（以净利润较上一年度减少为标准）。需要说明的是除哑变量外均为标准化后取值。

3）模型估计

（1）研究方法。

通过观测方程（5－33）可以看到右侧的变量和参数都是非线性的。此外，方程右边的变量可能和残差项之间存在相关性，这是由于政治组织变量和不同企业损失和增长幅度之间存在的潜在内生性（例如政治保护程度的不同可能会引起不同企业当年实际利润的相应变化），或者由于对 $I$ 可能的错误分类引起的测量误差决定的。所以，对于式（5－33）的估计运用广义矩估计 GMM 方法和非线性两阶段最小二乘法（NL2SLS），它们的工具变量不仅可考虑进外生变量的特性，而且也方便处理它们的二次项和交叉相。

所选取的工具变量主要包括影响行业特征的一些变量：行业分类哑变量，基本每股收益（EPS），资本劳动比例（KLR），公司员工数（SIZE）及应付职工薪酬（SALARY）。这些工具变量与政府的政治决策变量有关，也和行业的损失及增长变量有关，例如，高产业集中度或者资本和技术工人的密集通常会带来该行业较高的利润，并且可以通过产业增加值 VA 的大小来表现。同时，对于损失和增长变量而言，它们有可能受到行业内劳动报酬改变的影响。表 5－4 为相关变量的统计描述。

**表 5－4　相关变量统计结果**

| 变　量 | 均　值 | 标准误 | 最小值 | 最大值 |
|---|---|---|---|---|
| $\tilde{t}/(1+\tilde{t})$ | −0.135 | 0.231 | −0.384 | 0.945 |
| $\tilde{R}$ | 0 | 1 | −0.261 | 22.008 |
| $I$ | 0.596 | 0.020 | 0.000 | 1.000 |
| $D$ | 0.589 | 0.020 | 0.000 | 1.000 |

续　表

| 变　量 | 均　值 | 标准误 | 最小值 | 最大值 |
|---|---|---|---|---|
| $\Delta\Pi$ | 0 | 0.024 | −3.505 | 9.020 |
| $\mid\Delta\Pi\mid$ | 0.137 | 0.024 | 0 | 9.020 |
| $[e_i/R_i]$ | −0.12 | 0.041 | −23.544 | 0.077 |
| $E^{(-1)}$ | 275 921 502 | 44 356 371.45 | −518 120 000 | 20 221 866 458 |
| 样本数 | 599 | | | |

(2) 估计结果。

GMM 的估计结果如表 5-5 所示。所有的 3 个参数：$\beta$,$\lambda$ 和 $a$ 都达到了 1%水平下的显著(无论是独立的或是联合的)。此外，预期的①到③的条件在甚至没有附加任何限制估计的情形下也得到了满足。$\beta$的估计值为 0.47，表现为正，并且小于 1，说明和我们之前提到的减弱敏感性理论一致，另外，拒绝了 $\beta=1$ 的原假设(从 GMM 及随后的 NL2SLS 的估计结果中均可见)并表现为 1%的显著性水平。图 5-11 中散点的集中度也非常清晰的表明了较低的收入改变更趋向于和较高的贸易保护政策联系在一起。$\lambda$ 的估计值为 2.14，显然大于 1，因而提供了损失厌恶的现实证据：经济损失获得的保护效应是大于经济增长的。同时，还检验了符合损失厌恶理论的备择假设 $\lambda>1$ 以及相对应的原假设 $\lambda=1$ (使用单尾检验)，从表 5-5 及随后获得的其他回归结果中均显示至少在 10%显著水平下拒绝了没有损失厌恶的原假设。最后，参数 $a$ 的估计值为正，它比 GB(2000)所获得的估计结果要小(他们所使用的分解方法大致与本节相同)，GB 估计出的 $a$ 值为 3 175，该值显然过大，意味着绝大部分的贸易政策来自于政治上的影响力(Gawande 和 Krishna，2003)。我们的估计结果 GMM 方法为 213，NL2SLS 方法为 94.3，这显然也是一个较高的值，但已显著性低于 GB 的结果。我们注意到这个 $a$ 值的结果已经非常接近于 Goldberg 和 Maggi (1999)所做的结论，但他们运用的是不同的数据分解方法，因而我们希望如果运用他们的数据处理方法期望获得一个更低的 $a$ 值水平，当然，这还有待于实证的检验。

表 5-5 GMM 估计结果

| 参 数 | 估 计 值 | 标 准 差 |
|---|---|---|
| $\beta$ | 0.512*** | 0.071 |
| $\lambda$ | 2.135*** | 0.701 |
| $a$ | 213.306*** | 63.778 |
| $R^2$ | 0.142 | |
| $J$ 值 | 0.079 | |
| 观测样本数 | 599 | |

注：***表示显著水平为1%。

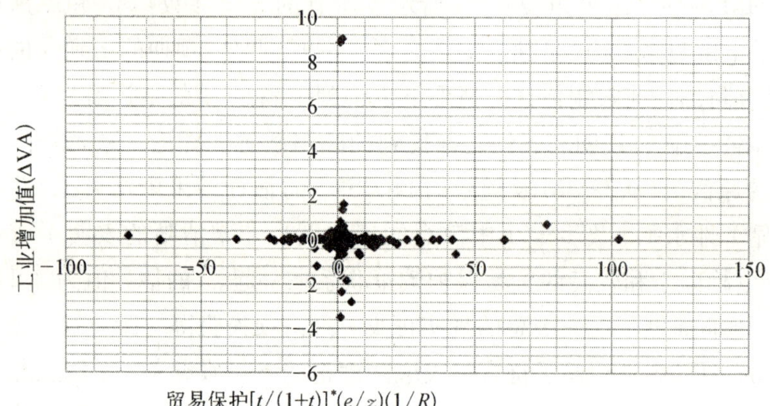


图 5-11 绿色贸易保护与工业增加值改变

注：为了使整个散点图更直观，删除了距离原点最远的几个观测数据。

此外，还检验了以下假设：

① $H_0$：$\frac{1}{\gamma_0}\gamma_1\gamma_2=\frac{1}{\alpha}\times\beta\times\lambda=0$；② $H_0'$：$\gamma_1\gamma_2=\beta\times\lambda=0$；③ $H''_0$：$\frac{1}{\gamma_0}\gamma_1=\frac{1}{\alpha}\times\beta=0$。

该假设包含了非线性的约束，因此运用 Wald 检验，结果表明所有的 3 个假设在至少 5%的显著性水平被拒绝。通过实证，还发现 GMM 方法的结果对于异方差性表现的更稳健，我们在 NL2SLS 方法中运用 White 检验发现并不能拒绝同方差的原假设。

我们也估计了在没有限定 $\alpha=\beta$ 时的情形，结果显示 $\alpha$ 和 $\beta$ 的值都小于1(其他参数的估计值并没有太大改变)，另外，也不能拒绝 $\alpha=\beta$ 的原假设，实际上这一点也支持了之前的假定。减弱敏感性①理论的证据无论是对经济增长还是经济衰退都构成了相对传统的效用凹函数表现出的最大区别。

(3) 稳健性。

通过改变行业经济增长和衰退的变量来检验模型结果的敏感性。运用年报中披露的营业收入增加值所代表的VA替代原始的VA②，原先获得的结论依然成立。所有的3个参数在依然保持至少10%水平的显著性，$\beta$ 值为0.79，$\lambda$ 为2.01，$a$ 值为127。

同时还对模型进行了约束条件过度识别的检验，试图验证所选取的工具变量是否有效，结论显示不能拒绝联合原假设：排除的工具变量和残差序列不相关，即这样的排除对模型估计是正确的。这个结果对于我们所选取的一系列工具变量的有效性提供了支持证据③。

至于最后的稳健性检验，首先列出了对于方程(5-33)的NL2SLS估计结果(见表5-6)，结果依然显示 $\beta$ 值小于1，而 $\lambda$ 值依然绝对的大于1，但此时的 $\lambda$ 值比传统估计方法得出的结果要高。当然也再次证明了我国企业损失厌恶特征的存在。

**表5-6　NL2SLS估计结果**

| 参　数 | 估计值 | 标准差 |
|---|---|---|
| $\beta$ | 0.690*** | 0.071 |
| $\lambda$ | 9.020*** | 2.537 |
| $a$ | 94.312* | 54.473 |
| $R^2$ | 0.160 | |
| 调整后的 $R^2$ | 0.154 | |
| 观测样本数 | 599 | |

注：*表示10%水平显著，**表示5%水平显著，***表示1%水平显著。

① 主要还是强调只有较小损失及获得会表现出敏感性，符合损失厌恶模型的初衷。

② 因为营业收入的波动性和不稳定性更强。

③ 正如前文所提到的，这样的检验是基于我们怀疑有些工具变量的选取具有外生性，例如资本劳动比例或者是企业员工规模等(尽管之前已有学者将这些用于工具变量进行研究)。

接下来运用线性回归方法对方程进行估计(参数线性，并非回归元线性)，即运用两阶段最小二乘法(2SLS)，结论如表5-7所示，经济增长和衰退项在定义时事先假定为$\beta=0.88$，这一点是基于Kahneman和Tversky(1992)所做的研究，和预期一样，所有的系数都在1%—5%水平表现统计显著。这样的划分实际上还包括了和增长及衰退相关的其他4项内容：① 损失和$I$的交互影响；② 损失和$(1-I)$的交互影响；③ 增长和$I$的交互影响；④ 增长和$(1-I)$的交互影响。我们将得到的损失厌恶系数$\lambda$看做企业经济增长或衰退的比例，根据模型，该比例无论是对有政府贸易保护政策影响的企业或无政府贸易保护政策影响的企业均等于$\lambda$，即该项对$I$和$1-I$的交互影响是一样的。我们发现对于无政府贸易保护政策干预行为的企业该比例值为3.01，有政府贸易保护政策干预的企业该值为2.10，实际上这样的结果对损失厌恶模型是一个较为有利的证据。更近一步，我们拒绝了模型预期的两个比例是相等的原假设。Wald检验决定了无论是增长还是衰退的系数都应该始终不同，因而当我们拒绝了无论对于有政策影响企业或者无政策影响企业的这种相同的原假设时，损失厌恶模型的必要条件就更进一步得到了保证。

**表5-7　2SLS估计结果**

| 变　量 | 系　数 | 标准差 |
|---|---|---|
| $Loss^*(1-I)$ | 23.414*** | 5.167 |
| $Gain^*(1-I)$ | 8.220** | 3.560 |
| $Loss^*I$ | 8.880*** | 1.339 |
| $Gain^*I$ | 4.230** | 2.097 |
| $I$ | 0.000 3 | 0.007 |
| $R^2$ | 0.149 | |
| 调整后的$R^2$ | 0.134 | |
| $P$值($F$统计量) | 0.000 | |
| 观测样本数 | 599 | |

注：1. *表示10%水平显著，**表示5%水平显著，***表示1%水平显著；
2. 变量列表中的$Loss$和$Gain$分别表示前文所述的损失和增长
① $Loss=D_i\times[\Pi_i^{(-1)}-\Pi_i]^{\beta-1}/(E_i^{(-1)})^{\beta}$；
② $Gain=(1-D_i)\times[\Pi_i-\Pi_i^{(-1)}]^{\beta-1}/(E_i^{(-1)})^{\beta}$。

(4) 模型选择。

表5-8列出了相应的针对本文的模型和GH模型的一些统计上的评判标准信息(在此没有列出式(5-33)右侧的4个关于回归元的结果)。较低的取值预示着模型更适用,因而从Akaike和Schwarz信息值都可以判断出损失厌恶模型更优。

**表5-8 评判标准检验结果**

| 评判标准 | 损失厌恶模型 | GH模型(1994) |
|---|---|---|
| Akaike[a] | −1.162 | −1.149 |
| Schwarz[b] | −1.133 | −1.120 |
| Log Likelihood | 352.104 | 348.211 |
| | $k=4; n=599$ | |

注:a. $AIC=-2L/n+2k/n$; b. $SIC=-2L/n+k\cdot\log n/n$。

4) 损失厌恶和贸易保护政策形成的证据

在本部分将检验贸易保护政策形成过程中损失厌恶的表现。由于我们没有足够的信息数据去测量生产者剩余,所以不能进行一个更细致的结构方程上的估计,例如,一个最现实的困境就是,如果政府对某类产品提高了进口关税,实际上我们是很难衡量因为此举措带给国内生产同类产品生产企业的最直接的效益。因而,将估计方程表示如下:

$$I_i=\delta_0+\delta_1\left(d_i\times\frac{(|\Delta\Pi_i|)^{\beta-1}}{(E_i^{(-1)})^{\beta}}\right)+\delta_2\left((1-d_i)\times\frac{(\Delta\Pi_i)^{\beta-1}}{(E_i^{(-1)})^{\beta}}\right)+\delta_3 e_i+\delta_4 R_i+\varphi X_i+\mu_i \tag{5-34}$$

因变量为政府贸易保护政策哑变量,对于一个预期模型而言,如果损失厌恶系数充分高,那么对于一个正在经历经济衰退的部门更有可能相对经济增长的部门获得政府贸易政策优待,即$\delta_1>\delta_2$。考虑到1年对于政策形成行为可能不够,因而我们使用2009—2012跨年度经济增长或衰退作为衡量标准①,如果在

① 选取2009年以后的数据一是因为它距离本文中政策使用观测年度(2012)最近,二是因为想要除去2008年金融危机的影响。

此期间 VA 的平均增长率为负，则 $d_i$ 为 1，否则为 0。也可以根据给定的损失额来估计政策形成的净利益，式(5-34)中包含了进出口价格需求弹性 ($e_i$) 和技术研发投入 ($R_i$)。$X_i$ 是一系列影响政策形成的向量，在一定程度上可以看做是政策实施的固定成本，还包含了一些其他控制变量①。$\mu_i$ 表示残差项。

由于因变量是二元选择变量，并且方程右边的一些变量是潜在内生的(如增长/衰退，进出口价格需求弹性和技术研发投入)所以运用两阶段条件似然估计法(2SCML)估计 Probit 模型(Rivers 和 Vuong(1988))②，其中 $\beta$ 值直接用 0.88 代替(根据之前所做的结论即和利用 Kahneman 和 Tversky(1992)所得的结论)。正如所预期的，结果显示经济衰退的系数大于经济增长的系数，两者相对的比例为 1.98，意味着损失厌恶系数再次得到证实接近 2。另外运用本节中对保护式(5-33)所进行的非线性估计得到 $\beta$ 值，GMM 为 0.512，NL2SLS 为 0.69 代入后重新估计，得到的结果也非常类似。因此，我们发现了损失厌恶在贸易保护政策形成中的中国证据，也就是说，如果一个行业企业正经历着经济衰退，它越可能成为政府贸易保护政策偏向的行业企业，这为我们的理论结论提供了额外的实证支持，也就是说为什么衰退中的企业会获得更多的贸易政策保护。

**表 5-9 Probit(2SCML)模型估计结果**

| 变 量 | 系 数 | 标 准 差 |
|---|---|---|
| 常数项 | −0.843*** | 0.125 |
| *Loss* | 0.327** | 0.123 |
| *Gain* | 0.165** | 0.061 |
| *e* | 1.232 | 1.571 |
| *R* | −3.145* | 1.506 |

① 主要包括：(1) 变量 *Duty*：用来衡量贸易保护政策实施成本的变量，取样本企业的主营产品或所属行业近似匹配 2012 年中国海关进出口关税税率税则公布的进口普税税率减去退税税率后取值；(2) 主要行业哑变量：以证券行业代码为变量名，行业分类含 *C*38，*C*39，*C*17*C*18(合并为一类)，*C*33，*C*36，*C*30，*C*26；(3) 基本每股收益(*EPS*)；(4) 资本劳动比例(*KLR*)；(5) 公司员工数(*SIZE*)；(6) 应付职工薪酬(*SALARY*)。

② 2SCML 方法主要分为两步：第一步对所有的工具变量分别用所有的潜在内生变量做 OLS 回归，第二步将得到的残差项序列作为新增的自变量代入 probit 模型进行分析。该方法简便易行，最大的好处是可以通过观测残差项序列的显著性来判断外生性的假设是否正确。

续 表

| 变 量 | 系 数 | 标 准 差 |
| --- | --- | --- |
| *Duty* | 0.342 | 0.211 |
| *C38* | −0.211 | 0.173 |
| *C39* | −0.543 | 0.332 |
| *C17C18* | −0.362** | −0.182 |
| *C33* | 0.123 | 0.116 |
| *C36* | 0.618*** | 0.102 |
| *C30* | −0.234 | −0.168 |
| *C26* | 0.152 * | 0.081 |
| *EPS* | −0.040 | 0.065 |
| *KLR* | −6.219 | 3.547 |
| *SIZE* | 2 492.68 | 2 231.321 |
| *SALARY* | 169.942*** | 24.113 |
| Log likelihood | −138.69 | |
| $R^2$ | 0.202 | |
| 观测值 | 599 | |

注：1. *** 表示1%水平显著，** 表示5%水平显著，* 表示10%水平显著；

2. $Loss = d_i \times (|\Delta \Pi_i|)^{\beta-1} / (E_i^{(-1)})^{\beta}$；

3. $Gain = (1-d_i) \times (\Delta \Pi_i)^{\beta-1} / (E_i^{(-1)})^{\beta}$。

### 5.3.6 结论

本节选取了主要参与国际经营的行业企业为研究样本，研究了我国贸易保护政策决策中损失厌恶的效用，并且用该理论解释了贸易保护政策所体现的特有特征。在贸易政策中一个值得我们关心的重要问题是为什么大量的非均等的保护优惠会倾向于走下坡路的行业企业。本节从理论及实证研究角度均揭示了如果行业中的个体显现出极强的损失厌恶（证明确实如此），且该企业的利润正处于下滑期，则会获得较高的保护力度。再者，如果考虑外生的政策形成机制，我们发现正经历经济下滑的行业企业会更有可能成为贸易保护政策的关注的群体，并且在损失产生初期，或者说损失变动较小时，贸易保护政策的实施效果最佳，也因此会在此时有更多的政府干预行为产性。实际上这也是非常符合后金融危机的时代特征的。

此外，与国外学者 Rodirik(1995)早前对西方发达国家的研究较一致，一个典型但略让人感到疑惑的事实是贸易保护政策确实更倾向于重要的参与进口竞争的部门，因此贸易保护更多的表现是限制自由贸易。在对称性假设的前提下，Grossman 和 Helpman(1994)代表的主流贸易理论指出了政府的鼓励出口行为会绝对的优于限制进口行为。但在本节的研究中，我们通过理论和实证分析证明了截然相反的结论，当然前提是，如果观测样本(企业)的损失厌恶系数充分大，企业规模对称，那么政府贸易保护政策应该表现出反贸易倾向。实际上本节研究也说明如果没有强加入这种对称性，分析的结果也会产生类似的结论。在文中的关于贸易保护政策的外生性研究中，依然再次证明了金融危机后样本企业表现出的充分高的损失厌恶系数，进口竞争部门相对出口竞争部门更易形成贸易保护政策，这再次加强了反贸易倾向的结论。

通过非线性回归方法直接估计了模型的各项参数，同时检验了模型的预见性，我们从实证角度获得了对模型的支持证据，并且发现所估计的参数与 Kahneman 和 Tversky(1992)所做实证研究得到的结果是类似的。行业经济衰退对于贸易保护政策的冲击始终大于行业的经济增长，我们获得的损失厌恶系数的估计值约为 2。此外，我们还验证了无论对于收入还是损失的改变都存在逐渐减弱敏感性的特点，通过验证减弱敏感性和估计相应的参数，本节对相关行为经济学的理论作出了一定的解释，毕竟如前文所述，减弱敏感性是和经典的风险厌恶模型有着重要的区别。另外，实证检验表明我们的模型优于 GH 模型。

此外，对于绿色贸易政策形成形式通过两阶段条件极大似然法进行了 Probit 方程估计，结果也显示了政策形成中的损失厌恶证据，和我们的理论预期也一致。该结果强调了损失厌恶在涉及政治经济问题决策过程中的重要性，暗示了经济发展中的失利者更有可能成为政治政策的影响对象，损失厌恶理论说明衰退行业会表现的更容易响应政府的相关决策和受到各种相关政策的影响，这些不只表现在贸易保护政策上，自然也包括其他一些政治工具的利用，政府津贴的享有和产品价格的控制等。当然不得不说，如果政府的目的是想要获取长期的可持续发展或者最大化国民福利的话。

# 第6章 外来技术与自主研发对产业可持续发展研究

## §6.1 对外开放中的技术引进与产业均衡发展

当今世界，国际竞争日益激烈，知识与技术的发展状况，不仅已成为衡量一国综合国力和国际竞争力强弱的主要指标，而且是推动世界经济增长的重要动力。是衡量一国产业均衡健康安全的最重要和可见性指标。对外经济的发展、科学技术的进步既是经济增长过程中的两个重要方面，又是推动一国经济增长极其重要的力量。而对外开放中技术的跨国传递更是极大地促进了一国的技术进步与经济增长，同时也对一国的产业均衡发展起着至关重要的作用。本章对经济开放、技术进步与经济增长关系的研究作一综述，以揭示该领域的研究状况。

1）相关增长理论概述

(1) 技术进步是新增长模型的核心因素。在西方经济增长理论史上，以Solow为代表的新古典增长理论开创性地将经济增长中不能被资本、劳动等要素投入所解释的部分归结为技术进步的作用，即著名的“索洛剩余”。该理论认为，技术进步是外生的因素，只有存在外生的技术进步时，经济才会增长。产生于20世纪80年代中期的新增长理论则在此基础上进一步将技术进步内生化，给人们提供了一个分析技术进步如何影响经济增长的理论框架。新增长理论认为，技术进步不是外生的，它是经济当事人从事研究与开发的结果，内生的技术进步是经济实现持续增长的决定因素。新增长理论建立了各类内生技术进步的变量，如研发投入(R&D)、人力资本、干中学以及劳动分工等，其中基于R&D

投入的内生增长模型已经成为刻画技术进步的一条重要线索。新增长理论不仅强调了技术进步在经济增长中的决定作用，而且考察了技术进步得以实现的各种机制。

(2) 知识溢出在技术进步与经济增长中的作用。Kenneth J. Arrow(1962)提出的“干中学”模型是最早用内生技术进步来解释经济增长模型的。他不仅假定技术进步是资本积累的副产品，即投资产生溢出效应，从而进行投资的厂商可以通过积累生产经验来提高其生产率。而且假定全经济范围内存在技术的扩散与溢出，因而其他厂商可以通过“学习”来提高其生产率。从而得出技术进步是由经济系统决定的内生变量。

Paul M. Romer(1986)继承了 Arrow 的研究思路，他建立的知识溢出模型认为，内生的技术进步是经济增长的唯一源泉，知识或技术是追逐利润的厂商进行投资决策的产物，是经济系统决定的内生变量。同时知识具有溢出效应，知识溢出足以抵消固定生产要素存在引起的知识资本边际产品递减的趋势，从而使知识投资的社会收益率保持不变或递增趋势。任何厂商生产的知识都能提高全社会的生产率，知识的扩散对于解释经济增长是不可缺少的。他在 1990 年又构造了一个用知识积累和人力资本积累说明经济增长的模型，他认为非竞争性和部分排他性构成了技术的特征，并采用 D－S 生产函数说明在垄断竞争条件下，技术进步和人力资本共同决定了经济增长。与 Romer 模型强调知识的外部性对宏观经济的影响不同，Robert E. Lucas 的人力资本溢出模型(1988)则认为，全经济范围内的外部性是由人力资本的溢出造成的，经济增长的源泉是人力资本积累。知识积累、技术创新及专业化人力资本不仅能使自身的收益递增，而且还可以使其他投入要素的收益递增，从而使经济增长动态化、长期化。人力资本的溢出效应可以解释为向他人学习或相互学习，一个拥有较高人力资本的人对周围的人会产生更多的有利影响，提高周围人的生产率，但他并不因此得到收益。在 Lucas 模型中，人力资本生产部门是一个关键部门，通过假定存在全经济范围内的人力资本溢出，使经济在实现增长的同时伴随着资本深化过程。人力资本的内部效应和外部效应决定了经济增长。

Young(1993)构建了一个用创新和边干边学共同解释经济增长的模型，在这个模型中，创新表现为消费品品种的增加，边干边学体现了创新的溢出效应，Young 假定这种溢出效应是有限的。经济存在一条平衡增长路径，在两种极端情形下，经济增长率的大小取决于创新和边干边学二者中何者构成经济的“短边约束”。如果创新成本较高，这时较低的创新率成为经济增长的约束因素，经济增长率取决于创新率，边干边学对经济增长率没有影响。相反，如果创新成本较低，经济增长率取决于学习速度，创新率对经济增长没有影响。

2) 基于对外经济开放的技术进步与产业均衡发展

开放经济条件下的新增长模型认为，对外开放和知识的国际流动对一国经济增长存在重要影响，发展中国家的技术模仿像发达国家的技术创新一样，对本国和世界的经济增长具有重要意义，一国的开放政策将通过影响创新和模仿的速率而影响本国和世界的经济增长率。Lucas 认为，在开放经济条件下，各国间人力资本禀赋的差异通过对外开放可能得到强化，并形成专业化生产，从而有助于人力资本禀赋更丰裕国家的经济增长。

对于政治、经济联系日益紧密的世界各国来说，一国的技术进步不仅取决于国内的研发投入，而且其他国家的研发行为也通过各类传播渠道直接或间接地影响着本国的技术进步。对于广大发展中国家，技术进步无论是通过主动地引进、学习、模仿等来实现，还是通过技术外溢效应来获得，都离不开国际贸易和投资这两个世界技术扩散的主要渠道。通过对外贸易投资，一国可以直接分享到贸易投资伙伴国研发投入的成果，从而提高本国技术水平，促进经济增长，当然，这些观点在本书中已多次提到。

G. M. Grossman 与 E. Helpman 在 1991 年合著的《全球经济中的创新与增长》一书中，详细分析了开放经济中贸易投资、增长和技术进步之间的关系。他们发现，经济开放促进了国内资源在物质生产部门和知识产品生产部门之间的要素优化配置，从而促进了经济增长。G. M. Grossman 与 E. Helpman 认为，由于发展中国家通过对外经济开放更好地利用了发达国家的已有知识存量，因此发展中国家的贸易利益要高于发达国家。他们将新增长理论融入到一般均衡模型中，运用 Lucas 的两部门内生增长模型，分析了中间产品贸易和最终产品贸易对长期经济增长的影响。在此框架下，技术通过中间产品的投入产生传递和扩散：如果研究与开发支出产生新的中间产品与现有的中间产品不同(“水平差异投入”模型)，或比现有的中间产品更好(“质量阶梯”模型)，当这些中间产品出口时，进口国的生产力就会通过其贸易伙伴的研发效应和技术传递得到提高。进口新的或更好的中间产品对进口国技术进步的影响包括很多方式。首先，更多种类的中间产品能够增加最终产品的生产效率。进口国不必对新的中间产品支付额外的费用，生产效率的提高得益于外部收益和外溢效应。其次，专业化生产的中间产品的进口会刺激进口国对这些产品的学习和模仿，甚至开发出具有竞争性的相似产品，从而促进进口国的技术进步。在经济发展中更强调技术因素，或者说因技术因素引致的经济增长更为学者们所认可，因为它会表现出经济的持续增长性，从而有利于一国产业的均衡发展。当然这些都是学者们最理想化的理论设想。

Coe与Helpman(1995，1997)发表了一系列文章估算进口对国际技术传递和全要素生产率(TFP)增长的影响。他们用双边进口比重作为权数，分析TFP水平与贸易伙伴国家R&D存量的加权值之间的关系，并发现两者之间存在显著的正相关关系。Coe与Helpman (1995)使用进口份额作为权重来构造国外R&D存量，采用了21个OECD国家以及以色列的面板数据集，首次从实证角度考察贸易伙伴的R&D如何通过进口贸易传导机制来影响本国的技术进步。他们的实证检验结果表明，贸易伙伴国R&D投入有助于本国内全要素生产率的提高，并且其影响程度随着本国贸易开放度的提高而加强。Coe、Helpman和Hoffmaister(1997)采用77个欠发达国家1971—1990年间的数据，考察了国际技术外溢对发展中国家技术进步的作用。结果表明，在南北贸易的知识溢出中，发展中国家的全要素生产率与其工业国贸易伙伴的R&D和来自工业国家的机械设备进口贸易显著正相关，因此得出发展中国家通过进口贸易分享了发达国家的R&D成果这一结论。

Barro & Sala-I-Martin(1995)考虑了一个只有两种类型(先进国家和落后国家)国家的世界，这两类国家具有不同的投入，且没有资本流动，创新首先发生在先进国家，而落后国家通过开放去模仿这些新技术，落后国家模仿的效果依赖于模仿国的模仿成本和它自己的初始知识存量。他们发现，越开放的国家有更大的能力去获取来自世界上其他发达国家的新思想和新技术，从而认为开放国家有更强的吸收先进国家技术进步的能力。

Eaton和Kortum(1996)的研究支持了国际技术外溢的存在，他们发现在一些OECD国家中有超过50%的增长来自于美国、德国和日本的创新，即使是对美国这样的技术领先国家而言，其生产率增长的大约50%也来自其他国家的技术扩散作用。Eaton和Kortum(1999)，Keller(2001)对OECD国家技术进步的研究表明,OECD国家的技术进步主要并不是依赖国内的研发投入,相反,国际技术扩散对OECD国家技术进步起着关键作用。Hakura和Jaumotte(1999)通过分析87个国家的数据,发现在发展中国家,贸易确实是国际技术转移的一个渠道,且部门间贸易在技术转移中扮演的角色要强于部门内贸易。

通过以上的文献分析,我们不难看出,学者们对对外经济开放中技术传递和溢出更为关心,有着“技术含量”的贸易和投资更有利于东道国的经济发展,它相对于传统的低附加值贸易更有利于一国经济的持续发展,但是,随着我国经济的进一步发展,我们在关注外来技术的同时,还需关注该技术的推广与学习及发生的成本是否对国内现有的产业结构和产业安全发展相匹配。要真正享受和充分利用国际技术外溢的成果,一国必须拥有高素质人才和R&D存量,同时考察适合本国发展的最优产业结构和均衡的产业安全发展战略。

对外开放、技术进步与经济增长及产业均衡发展之间存在着较为复杂的关系。在经济全球化日益加速的今天,对外经济开放不仅直接贡献于一国GDP的增长,而且通过技术外溢提高一国技术水平,进而促进经济发展,也会影响产业结构及资源配置。由对外开放引起的国际技术传递,深刻地影响着世界各国的技术进步与经济结构。我国自改革开放以来,对外经济蓬勃发展,技术进步对经济增长的贡献度也逐步提高,但随着经济的迅猛发展,我们也应对外溢技术有所甄别,更多的考察其对一国健康的产业结构有利的方面。目前更多地展开开放、技术与合理安全的均衡增长三者之间的关系研究,对于如何通过对外开放更好地促进我国的技术进步,最终衍生出合理安全健康的经济结构,具有十分重要的现实意义。

作为世界上最大的发展中国家之一,我国应该把握国际经济全球化的时机,积极扩大本国的对外经济开放途径,不但要在“量”上实现增长,而且还要在“质”上实现飞跃。一方面,通过技术进步促进对外经济发展。例如应注重进口外国含有高新技术的产品,充分享受由国际贸易带来的技术外溢,以提高我国出口产品质量,优化合理均衡的出口商品结构,扩大对外贸易规模,最终推动我国国民经济持续、稳定增长。另一方面,通过对外经济开放提高技术水平,促进经济均衡发展。通过研究外来的新技术和新产品,不仅可以很好地吸收世界先进技术,对其进行模仿和改进,创造属于本国的新技术,以节省本国的研发支出,缩短与发达国家之间的技术差距,而且也应关注国外的产业安全结构布局,用有限的成本学习布局更合理的相关技术，实现产业结构安全升级。

## §6.2 比较优势、自主研发与产业均衡发展：基于福利视角①

在经济全球化的今天，中国究竟是走依靠比较优势来推动经济快速增长的道路？还是走依靠自主创新来促进经济健康增长的道路？很显然，要对这样一个问题做出科学的解答，不导入经济福利分析可能是无解的。为此，本章试图引入收入分配的概念，通过福利分析来使人们弄清楚中国究竟应当选择什么样的路径来发展经济、参与国际分工和贸易才是对于国家产业安全和人民都是有益的。

### 6.2.1 比较优势竞争和自主创新竞争的区别与联系

在对外开放的条件下，一个国家参与国际竞争大致可以选择两种不同的方式：一种方式就是依据比较优势理论，从一国现有的要素禀赋结构出发，寻找由本国供应量最为充足的生产要素生产的产品参与国际分工与贸易，以低成本生产优势来提高国际竞争力；另一种方式就是通过自主的技术创新来提高本国的国际竞争力。

在这里我们首先需要弄清楚的问题是：这两种不同的国际竞争方式究竟有什么区别？它们相互之间又有什么联系？只有搞清楚了这样两个问题，才能对中国究竟应当以什么样的竞争策略参与国际分工和贸易这样一个重要的问题做出准确的回答和选择。

比较优势与自主创新的区别大致可以概述如下：比较优势竞争和自主创新竞争的第一个区别在于：前者是在不改变现有的禀赋结构的基础上，发挥本国充足要素的成本优势来提高国际竞争力和实现绝技增长的；而后者则是通过技术创新在改变本国禀赋结构的技术上来提高国际竞争力的。据此，我们可以简单地将两者归结为成本竞争与技术竞争之间的区别。

两者间的第二个区别在于：从现有要素禀赋出发的比较优势竞争属于直接

---

① 本节中的主要观点参考了《比较优势、自主创新、经济增长和收入分配——何为中国未来经济发展之路?》，华民，复旦学报(社会科学版)，2007年第5期。

生产模式，简单地讲，就是一个国家有什么要素是具有国际竞争力的，那么它就应当在国际分工中做本国最具有国际竞争力的生产要素密集投入的产品。一般而言，一个劳动力要素特别丰裕的国家参与国际劳动要素密集产品的生产是有竞争力的，从而是可以获得比较优势的。相反，一个资本或者知识要素丰裕的国家参与国际资本密集或者知识要素密集产品的生产是有竞争力的。与此相反，自主创新竞争则具有迂回生产的性质，这是因为，一个原有技术竞争力相对较差的国家，为了参与国际自主技术创新竞争，就必须首先对创新进行投入，只有在技术创新获得成功的基础上才能改变既定的国际分工模式，最终参与到国际技术竞争的分工模式中去。因此，比较优势竞争是把具有国际竞争力的要素直接投入到生产过程中去的一种国际竞争方法，而自主创新竞争则是一种先把资本投入到技术创新，然而再把技术作为要素投入到生产过程中去的国际竞争方法。

由此，可以得到两种不同竞争方式的第三个区别：由于比较优势竞争是一种直接的生产过程，因而其生产函数具有线性特征；由于自主创新竞争是一种迂回的生产过程，因而其生产函数具有非线性特征，不仅如此，作为迂回生产之第一个阶段的技术创新过程本身也是非线性的，因为技术创新所面对的风险与生产过程所面对的风险不同。在一般生产过程中所产生的风险通常是十进位制的，而在技术创新过程中所产生的风险则大都具有二进位制的特征，即技术创新的结果要么是成功、要么就是失败。

这样，我们又可以得到比较优势竞争和自主创新竞争两者之间更进一步的区别：与比较优势竞争相比，自主创新竞争不仅需要投入更多的资金成本，而且还需要投入更多的时间成本(因为迂回而产生的时间等待)；与比较优势竞争相比，自主创新竞争不仅需要投入更高的成本(包括资金和时间)，而且还会面临的更大的风险，特别是当我们把由于时间等待而造成的不确定性引进我们所做的比较分析中，那么我们还可以发现，自主创新竞争不仅会面临创新成功与否的不确定性风险，而且还会遇到迂回生产过程中因为时间因素而造成的不确定性风险。

基于以上四个方面的分析，可以进一步指出比较优势竞争与自主创新竞争两者间最后一个、也是最为重要的一个区别：与比较优势竞争相比，因为自主创新竞争需要更多的资金投入、需要更长的时间才能进入直接的生产过程、并且还面临着更大的不确定性以及由此而造成的经济与技术方面的风险，所以一个国家要走自主创新的竞争之路，便需要有一个更加复杂的、同时也是更加高级的社会结构与组织系统来予以支持。或者换句话说，自主创新竞争模式其实是一种将人力资本、技术、制度和管理融为一体、并且需要通过不断的变革将这些因素更加有机地组合在一起的动态演进过程。正因为如此，就产生了今天世界上大多数发展中低收入国家难以走上自主创新竞争道路的现象，其原因就在于发展中低收入国家大都缺乏由比较优势竞争转向自主创新竞争所必需的上述各种基本的经济与社会要素。

至于比较优势竞争和自主创新竞争间的联系，主要发生在动态过程中。假如从动态的角度来看问题，那么在国际竞争中任何比较优势最终都会趋于消失的，因为从长期来看，一国的禀赋结构（也就是供给结构或者生产函数）会发生变化，而且外部世界的需求结构（也就是消费函数）也会发生变化。

在这里，不妨以一个最初是以劳动要素密集的产品参与国际分工和贸易的国家为例来说明这样的演变过程。主要是这更契合中国的情况。最初该国拥有丰富的劳动力资源，于是根据比较优势竞争法则，选择生产劳动要素密集的产品参与国际分工和贸易，从而实现了经济增长。但是，伴随着经济增长而来的是人口的减少与工资率的提高。再假定国际贸易的所得与福利分配是对称的，那么当该国通过参与国际分工和贸易而实现经济增长的同时，与之发生贸易关系的世界其他国家也发生了经济增长和国民收入的增加，而这又会导致世界其他国家需求结构的变化，即相对减少对现有消费品的购买、增加对新型消费品的采购。当我们把这两个方面的变化组合在一起时，那么就会发现，该国的贸易条件就将趋于恶化，即生产成本由于国内工资率的上升而提高了、出口价格则因为外部需求的相对减少而下降了，结果其原有的比较优势就会因为其贸易条件的恶化而荡然无存。其实这就是一种国际贸易导致产业结构恶化的结果。

当这种情况发生时，一国要保持贸易和经济增长，就必须依靠自主的技术创新来创造新的比较优势，或者就是通过创新活动的常规化直接转向自主创新竞争。因此，关于比较优势竞争和自主创新竞争的联系实际上是一种静态和动态的关系，即自主创新是对比较优势的动态调整，也是一种对产业结构合理化的自我调整。从国际经验来看，这种动态的调整过程事实上可以采取两种不同的方法：第一种是渐进式的，其方法就是“干中学”；第二种是激进式的，其方法就是熊彼特所说的“毁灭性”创造。这两种调整方法的差异基于成本有关，也与收益有关。毫无疑问,“干中学”调整的投入成本和调整成本都要比“毁灭性”创造低得多,但是,“毁灭性”创造一旦成功其收益将会比前者高得多,当然,正因为其收益高,所以这种调整产生的风险也就要比前者大得多。

### 6.2.2 比较优势竞争与自主创新竞争的增长与福利效应

成功的比较优势竞争和自主创新竞争都可以导致一国的经济增长和国民福利的增进。但是,我们有必要指出的是,这两者不同的竞争模式在导致经济增长和国民福利增进的同时,它们对就业、从而对收入分配所产生的影响却是截然不同的。

1) 比较优势竞争的增长与福利效应

当一个国家能够借助比较优势而参与国际分工和贸易时,就会产生以下几种经济效应:

第一,通过出口本国具有国际竞争力的商品、进口本国不具有国际竞争力的商品而获得比较利益。产生这种比较利益的源泉就是:一方面,本国出口商品的生产成本要低于外国,但是却可以按照外国较高的价格在国际市场上出售;另一方面,本国进口商品的国内市场成本要高于外国,但是却可以按照国际较低的价格购买。由此而发生的贵卖(出口)贱买(进口)活动(也就是国际贸易),也就是进出口商品相对价格的变动效应(其结果也就是人们通常所说到贸易条件的改善),使得本国可以在不增加要素投入、也不改变本国要素禀赋结构,只需对本国现有商品的生产结构加以调整的条件下即可实现收入的增加,可以看出,国际贸易正在潜移默化地改变着一国的产业结构。

第二,比较优势竞争的规则是一国应当用本国存量最为丰裕、从而成本最低、也是最具国际竞争力的要素去生产该种要素密集的产品,这样做的结果不仅可以获得上面所说的比较利益,即在不增加投入的情况下增加本国的国民收入,而且更为重要的一点是,它可以增加本国那种相对丰裕的生产要素的收入,这是因为:一方面,通过国际分工而增加需要本国那种丰裕要素投入的产品的生产可以实现该要素的充分就业,并且使得它逐步成为相对稀缺的生产要素而导致其价格的上升,如当这种丰裕要素是劳动时,那么工资就会上升,劳动者的收入就会趋于增加;另一方面,由于存在着由该要素生产的产品在国际社会“贵卖”的套利机会,那么这种要素的价格及其所有者的收入也将比没有国际分工和贸易的时候要更高。

第三，从长期来看，当一国有能力把借助于比较优势竞争而获得的比较利益用于资本积累，那么即使没有技术进步，经济也会发生增长，因此结果就会像亚当·斯密早在200多年前就已经说过的那样，分工、积累和贸易是经济增长的基本源泉。

2）自主创新竞争的增长与福利效应

与比较优势竞争一样，自主创新竞争也可以带来一个国家在开放经济条件下的收入增加和经济增长的效应。

一个国家通过自主的技术创新，首先可以导致生产率的提高，在其他条件都保持不变的情况下，生产率的提高也就意味着成本的下降，而成本下降则会导致本国出口商品国际竞争力的提高，在本国所面对的贸易条件不变时，出口成本的下降与国际竞争力的提高就会导致本国贸易所得的增加。

自主创新竞争所导致的经济增长与比较优势竞争导致的经济增长在机理上则很不相同。除了人们可以用增加的收入进行资本积累来实现经济增长之外，考虑到自主创新竞争是一种迂回的生产过程，所以一国在选择自主创新模式时，必定会造就一个规模可观的、广义的“中间品部门”，这个规模可观的中间品部门可以包括教育、研发、狭义的中间品生产等领域，这些部门与领域的诞生和发展就是人们通常所说的内生增长。

自主创新竞争与比较优势创新的一个最大区别则在于收入分配效应的差别。我们已经知道，比较优势竞争是通过出口商品的提高（贵卖）来增加本国的收入的，而价格的提高是有利于本国生产出口商品时密集使用的生产要素的价格上涨的，其结果将是这种被密集使用的要素所有者的收入的增加，假如这种被密集使用的要素是劳动，那么工资就将增长，除非存在失业或潜在的过剩劳动。但是，自主创新竞争是通过技术进步来提高生产效率的，随着新技术被导入生产过程，除非这种新技术是“中性”的，那么就一定会导致生产过程中劳动要素日益被知识要素或者资本要素所替代的现象。毫无疑问，伴随着这种现象而来的将是劳动要素的相对过剩和知识与资本要素的相对稀缺，于是，在经济增长、贸易所得增加的同时却有可能发生劳动日益贫困的现象。事实上，这种现象不仅已经在技术进步很快的日本，甚至是美国发生了，而且几乎已经成为一种全球现象，即在全球范围内都已经程度不同地发生了拥有人力资本的熟练劳动力和知识要素所有者的收入越来越高，而一般劳动者的收入则相对乃至绝对下降的趋势。这样的趋势一旦发生，那么在短期内它会引发社会矛盾，而在长期内则有可能导致经济衰退，因为当数量最多的一般劳动者的收入出现下降之势时，经济增长最终就将因为消费不足而陷于停滞。

3）几点结论

第一，比较优势竞争是通过增加丰裕要素的就业和提高其价格来增加该丰裕要素的收入的，除非贸易条件因为使用该丰裕要素生产的产品过剩而出现逆转，比较优势竞争无论是对于经济增长还是收入公平分配都是有利的。

第二，自主创新竞争是通过技术创新和提高生产率来增加贸易所得的，并且是通过导入一个广义的中间品生产部门来实现经济增长的，除非技术创新对于要素使用所产生的影响是中性的(既不特别偏向于过多地使用资本和知识要素，也不特别偏向于过多地使用劳动要素)，否则，自主创新竞争就极有可能在导致贸易收入增加和经济增长的同时，恶化整个社会的收入分配，并由此而引起长期的经济增长停滞。因此，不仅是外延的经济增长有一个增长是否可持续的问题，即使是依靠技术进步的内生增长也有一个增长是否可持续的问题。

第三，据此，我们可以得到的一个基本结论是，在一个国家参与国际竞争的过程中，究竟是选择比较优势竞争模式好还是选择自主创新模式好并没有一个唯一的解，关键是要看贸易条件的变化和自主创新所导致的收入分配效应。所以目前关于中国在经济全球化的条件下究竟是参与比较优势竞争好还是自主创新竞争好的争论是有偏颇的，它很可能把中国的对外开放与经济增长引向歧路。

### 6.2.3 中国的选择

在讨论中国的选择问题以前，首先有必要澄清一些事实，因为正是在一些基本事实上的错误解读，使得目前的争论失去了科学性，并有可能蜕变成为一场不同既得利益者之间的利益之争，而且还极有可能导致中国未来选择的错误。

许多主张中国应当立即选择自主创新竞争模式来参与国际竞争的人，经常会以拉美和东亚缺乏自主创新而导致增长危机为例，来证明中国选择自主创新竞争模式的合理性和必要性。但是，实际情况并不是这样。

导致拉美经济增长危机的真正原因并不是因为它们选择了比较优势竞争模式，而恰好是过早地摒弃了比较优势竞争模式，错误地选择了旨在退出国际分工与贸易的进口替代发展战略，并在国内储蓄不足的情况下，试图通过国际举债走向带有自给自足的自主创新的发展道路，结果因为自主创新能力过低，产品缺乏竞争力而使得企业无法盈利，微观上的失利最终导致宏观上因政府所借入的大量外债无法如期归还而引发的债务危机，在多次这样的债务危机的冲击下，拉美国家中除了因为加入北美自由贸易区、继续推行比较优势竞争模式的墨西哥幸免于难之外，其他国家大都发生了严重的经济衰退。在这里，我们特别需要指出的是，在大多数拉美国家中，做出如此错误选择的恰好不是市场和企业，而是一个极端官僚主义的政府。

至于发生在1997年的东亚危机，国际社会早已把它定义为金融危机。导致这场金融危机发生的原因主要是因为东亚国家过早地开放了金融市场，从而为国际游资的冲击提供了机会。假如一定要像克鲁格曼一样，把东亚的金融危机归结为创新不足，那么我们就无法解释为什么这场危机也波及到在亚洲国家中自主创新能力比较强的韩国①。所以，从事实看，东亚的危机实际上是由于不够审慎的金融开放所造成的。因为金融过早地走向自由化，结果由于货币和金融因素的干扰而使得贸易条件迅速恶化。其主要的机理就是资本过度流入导致货币供应量增加，过剩的货币供给找不到有利可图的投资机会，便开始大量进入衍生金融和房地产部门，从而导致工资成本的增加和土地等商务费用的上升，结果企业参与国际竞争的比较优势尽失，投资的收益预期即刻逆转，于是大量资本开始外逃，本币迅速贬值，终于触发了导致金融崩溃和经济衰退的东亚金融危机。

从以上的事实中我们可以得到怎样的启示呢？简单地讲，就是我们必须善待和珍惜“比较优势”，千万不要在一国的贸易条件尚未恶化、国家创新体系尚未建立的情况下，轻易地摒弃“比较优势竞争模式”。

当然，我们决不否认自主创新能力在提高一国的国际竞争力和促进经济增长中的巨大作用，但是，就像世界银行在《2010年世界发展指标》中所发现的那样，研究与开发经费投入的增加并不一定构成社会发展与经济增长的保证，当一个国家缺乏具有技能的人力资源和完善的国家创新体系的时候，很可能会造成

① 从统计数据来看，在东亚金融危机发生前的1996年，尽管印尼和泰国的研发支出占GDP的比重确实很低，前者为0.85%，后者为0.24%，但是韩国的研发支出占GDP的比重却达到了与德国这样一个典型的发达国家一样的水平，为2.53%，而且无论是韩国还是印尼，它们在研发方面的投入量都要远远超过拉美国家。

研究与开发经费的低效率使用。

不仅如此，当一国的比较优势还足够大的时候就迫不及待地开展自主创新，反而有可能造成过度创新的消极后果。这里的逻辑可以简单叙述如下：有效的创新总会导致生产率的提高，伴随着生产率提高而来的将是生产成本的降低和商品价格的下降，一旦出现这样的情况，那么随之而来的必定是要素价格、也就是要素收入的下降，特别是被创新所替代的劳动要素收入的下降，这时，即使不发生整个国民经济的贫困增长，至少也会发生劳动相对贫困的增长。当然，可以有一个例外，那就是自主创新的产品主要是用于出口的，并且该出口产品的贸易条件保持不变。然而问题恰好就在于：既然出口产品的贸易条件保持不变，那么比较优势竞争就是可行的，为什么还要通过迂回的自主创新生产方式，去追求一种具有极大风险的创新收益，并且还会导致劳动受损的竞争战略或增长模式呢？

现在，回到所要讨论的主题，今天的中国，究竟应当采取何种国际竞争模式才在有利于中国的经济增长的同时保证产业安全以及国民福利呢？面面俱到确实是一个困难的问题。要对这个问题做出科学的回答，首先就需要给出可供中国进行选择的约束条件(即进行选择时所必须面对的初始条件)。对此大致可以描述如下：

第一，从要素禀赋看，中国是一个劳动要素非常密集的国家，根据国家统计局2007—2010年的相关数据，近年来中国拥有的劳动人口约高达7亿左右，其中城镇约为1亿，农村约为6亿，当然仅从数字表面看，似乎中国农村完全不需要6亿的劳动力，但实际上略知中国户籍制度的读者都知道，被统计进农村劳动力的大部分劳动人口极有可能以打工者的身份中活跃在城市中，当然这一切都不可否认中国依然可能是当今世界上拥有劳动人口最多的国家之一。

第二，中国的人力资本高度短缺，根据国家统计局网站中"国际数据"项下的"主要国家(地区)年度数据"一栏，可获知2010年高等教育劳动力占总劳动力比重，中国为12%[①]、阿根廷(2011)为34.7%、韩国(2007)为35%、日本(2008)为41.40%、英国(2011)为36.7%、美国(2007)61.1%。在以上所列举的这些国家

---

① 由于我国的年度统计年鉴中没有该指标的单独核算，我们是根据其他相关数据估算出这一比例：2012年度我国每10万人口中受过高等教育的人口为8 930人，而我国约有16.6%的14周岁以下人口及8.9%的65周岁以上人口。估算公式：8 930/(100 000 * (1−16.6%−8.9%))=12%。

中(包含了发达与不发达国家中的一些典型国家)很显然高等教育劳动力相对比例最低的国家就是中国。

第三，中国技术创新的效率是很低的，2013 年中国 R&D 人员全时当量为 368.1 万人年，在绝对量上居世界前列。然而拥有如此多研发人员的中国，在技术创新中的效果并不显著，不仅在创新的总量上要少于美、德、日、韩，而且在结构上也存在颇大的问题。比如在美国和日本等国，技术创新主要是由私人完成的，而在中国的技术创新则主要是由政府和非居民的组织完成的。正是这种结构上的巨大差异使得中国成为一个自主创新效率很低的国家，这是因为，私人部门不仅面对较硬的预算约束，而且其创新取向总是面向市场竞争的，但是，政府以及由政府财政支持的公共机构的创新不仅存在众所周知的预算软约束问题，而且在创新过程中经常表现出忽略市场的倾向，因而就难免创新低效率现象的发生。

第四，中国不仅是一个技术创新效率较低的国家，而且也是一个创新体系很不健全的国家，中国有着为数不少的科学家，但是中国缺少工程师，结果中国很多的发明创造很难通过工程师之手完成从科学家的发明创造到企业商业性开发的转变过程。中国迄今为止还没有建立起一种能够把“产、学、研”组合在一起的国家创新体系和组织构架，中国的自主创新明显地处在一种科学研究与商业开发相互独立的“二元结构”之中。

第五，就创新是一种社会综合性的活动而言，中国的自主创新活动还缺乏必要的金融支持，因为中国至今没有一种能够真正承担创新风险的融资体系，即通常所说的“风险融资体系”。从国际经验来看，“风险融资”的关键性要素就是“私募”，因为风险资金的来源只有“私募”才具有较硬的约束，才能真正辨别和承担风险责任。由于中国对具有“私募”性质的投融资活动采取极为严格的管制，所以也就使得中国的技术创新活动很难获得强有力的金融支持。于是，在中国就会经常发生有发明而无开发跟进的尴尬现象。

根据以上几点分析，我们就很容易对于中国应当在国际竞争中选择什么样的竞争策略加以回答了。中国首先不能迅速放弃基于比较优势的国际分工和竞争策略，与此同时，通过改革和调整来创建一个能够在将来有效发挥作用的国家创新体系，以寻求获得一个更加稳定健康的可持续发展的产业结构。假如不是这样，那么就有可能发生以下问题：

第一,由于过早地推行自主创新竞争策略而导致国内普通劳动者失业的增加,以及普通劳动者和知识劳动者之间收入分配差距的扩大,这与我们目前提出的建设和谐社会的目标是背道而驰的。

第二,过早地推行自主创新竞争策略,刻意地追求高技术的产业结构,不仅会使城市中无人力资本的劳动者失去工作机会,而且还将使很少有机会接受良好教育的中国农民永远失去走向工业和城市的机会,从而导致先进的城市与落后的乡村同时并存的二元结构的固化。然而,一个二元结构的社会是不可能走向和谐和繁荣的,至少在今天的世界上是没有先例的。

第三,在中国当前自主创新体系极不健全的情况下,就匆忙地推行自主创新竞争策略,很可能导致创新活动本身的低效率,从而产生极高的机会成本(与比较优势竞争相比)。

基于以上理由,我们认为把比较优势竞争置于优先的地位,并且不失时机地对国家创新体系加以改革,应当是中国当前比较明智的选择。至于什么时候需要对现行的竞争模式加以调整,那么就如我们在上文中已经指出的那样:视中国的贸易条件与创新体系的发展状况而定。

曾有外国商人指出,中国人连偷技术的热情都没有。这是为什么呢?简单地讲,就是因为中国的企业所面对的是几乎可以无限供给的廉价劳动,在这种情况下,以追求利润最大化为商业目标的企业怎么会放着便宜的劳动要素不用,而去购买价格昂贵、并且使用成本也很高、在大多数场合还找不到匹配要素的"先进技术"呢?假如再从动态的角度来看问题,只有让中国当前几乎可以无限供给的廉价劳动不再过剩,它们才会最终变得不廉价。从这里,我们还可以进一步发现,任何政府试图以强制手段"命令"企业搞自主创新的做法是不可能奏效的,因为企业需要利润,因为在企业背后是追求投资收益最大化的投资者,只要企业选择比较优势竞争所能获得的收益大于选择自主创新竞争所能获得的收益,那么任何行政命令都是无效的,除非政府不想要市场经济。所以,政府是不能命令企业做什么或不做什么的,政府可以参与自主创新,但是政府在自主创新过程中所要承担的职能与企业所要承担的职能是截然不同的,并且它们在决定是否需要进行创新时所依据的准则也是截然不同的,所以,千万不要将政府利用财政支出进行的创新活动与企业使用投资者的资金进行的创新活动混淆在一起,以免发生不必要的决策错误。

## §6.3 技术引进、自主研发对产业可持续发展的实证分析

先进的技术是一国经济发展和增长中至关重要的因素。自主研发(R&D)活动及技术进步的重要性本节已无须赘述，先进的技术是当代经济发展和增长的决定因素，与发达国家相比，巨大的技术差距尽管是发展中国家经济发展的劣势但同样也是他们实现赶超的契机。R&D 活动和技术引进是改革开放以来推进我国技术进步最为关键的两个因素。据经合组织(Organization for Economic Cooperation and Development，OECD)2007 年的科技与工业报告，我国自主研发 2006 年的全年增长率超出 2000—2005 年整个区间的 18%，中国的科技发展正处于高速发展阶段。商务部统计，2006 年我国共核准技术引进合同 10,538 项，其中单项合同最高额达 220 亿美元。政府部门也积极通过各项优惠措施鼓励企业技术开发以缩短与先进国家的差距从而提高在国际国内市场上的竞争力。同时内资企业及国有企业在与国外同行的竞争中如何通过技术进步求得持久发展也成为当下相关政策制定者最为关心的内容之一。本节从微观角度出发，以沪深两市中抽样选取的大中型工业企业为研究样本，选取企业劳动生产率，全要素生产率和企业利润作为衡量企业发展状况的 3 个指标，其中 TFP 被视为在行业内可持续发展的一个重要指标，试图通过实证研究找出 R&D 活动和技术引进这两种主要技术进步方式对不同经济结构的企业发展产生的不同影响及根源。

本节的研究数据集含有丰富的集企业经营绩效与技术要素在内的相关信息，这会使研究结果更有意义，在考虑技术进步与企业发展关系的同时，我们强调了不同经济结构企业的效用差异；正如 Markusen and Venable (1999) 在研究跨国企业时所强调的，科学技术在涉外企业中所扮演的角色已越来越重要。多数发展中国家的改革创新都始于模仿和技术引进，但之前由于数据搜集的局限，基于此的微观实证研究在国内还为数不多。本节使用基于倾向得分的平均处理效应估计作为实证研究的工具，试图最优的考察外生经济政策干预在企业发展过程中的作用，假定企业的技术引进和自主研发这两项活动均会导致企业技术进步从而提升企业创新绩效，并保证整个产业的健康可持续发展。我们的工作就是试图找出这种长期稳定的正向关系是如何运作的以及它们彼此的联系和区

别。我们将平均处理效应估计这种通常应用于医学统计领域的实证方法引入国内经济研究中，并区别考虑了自主研发活动和技术引进对企业技术进步及整体绩效的不同作用及相互关系。

技术引进与自主研发并非截然割裂的两种行为，而是彼此联系、相互作用的。一方面，引进的技术是企业技术积累的重要组成部分，是企业进行研发活动的重要基础；另一方面，自主研发活动能够提高企业的学习能力，从而提升企业对先进技术的消化和吸收能力。但在实践中，由于各种因素的影响，技术引进和技术创新之间并不会自动产生良性互动的关系。学术界对发展中国家技术引进与本土技术创新的关系一直有两种观点：Pillai 等学者的研究表明，大量的技术进口会降低发展中国家自主创新的需求或动机，致使发展中国家容易形成对进口技术的依赖，其典型表现是技术引进对 R&D 投入的"挤出"效应。而 Blumenthal 等人的研究发现，企业的自主研发活动在引进技术的本地化过程中的作用至关重要。Freeman 则明确指出，即使只是仿效模仿先进技术，若要有效地掌握运用仍需要一定的独立自主研发开发能力，甚至高成本采用研究开发成果也仍是必要的。

国外学者分别在行业和企业层面上对技术引进与自主研发之间的比较与联系做过相应研究。比较典型的是 Katrak 对印度的实证研究，以及 Braga 和 Willmore 对巴西所做的实证分析。这些研究结果基本上表明技术引进与 R&D 对企业经营正向的促进作用，结果也显示两者之间有稳定的互补关系。此外，Vishwasrao 和 Bosshardt 认为，企业的所有制类型对技术转移的效果有影响作用。但以上的实证研究均未对两种技术进步方式在不同时期及不同行业中表现出的优劣做更深入的分析。

Hu 和 Jefferson 等利用中国制造业企业 1995—1999 年的数据，分析了自主研发和技术转移(包括技术引进和国内技术购买)对生产率的影响，发现在技术水平低的企业中，自主研发活动明显对生产率的促进作用较优。蔡中民(2007)以 2000 年至 2005 年在台湾证券交易所上市的电子业公司为研究对象，利用主成分方法，萃取专利数与专利被引用数为企业创新绩效指标、R&D 支出与研发密度为 R&D，并利用分位点回归模型，探讨 R&D、技术引进与专利绩效关系，研究发现滞后二期技术引进是企业发展更重要的影响因素，且受到行业特征的不同制约。总之，对中国的研究，学者们目前还基本集中在宏观分析、案例分析和政策性讨论的层面上，以及两者是否互补关系的探讨上，缺乏关于中国企业技术创新系统中技术引进与自主研发关联比较的深入研究。

1）研究设计与建模

根据已有文献，企业发展除企业利润外，劳动生产率和全要素生产率也是学者们通常使用的绩效指标。企业的劳动生产率衡量的是劳动力在生产过程中效率水平的高低，它是企业生产技术水平、经营管理水平、职工技术熟练程度和劳动积极性的综合体现。全要素生产率 TFP 衡量的是一个企业因技术进步而提高了的效率。它通常用来衡量一个企业的技术进步水平和绩效。特别是它可以作为一个企业长期可持续发展的重要指标来看待。我们将参与研究的样本企业主要分 3 组进行考察：① 没有技术引进但从事自主研发活动的企业；② 进行技术引进但没有自主研发活动的企业；③ 既进行技术引进又参与自主研发活动的企业。

如果企业的技术引进与自主研发活动能够产生显著的收益效应，我们可以假设当企业参与上述行为时，由于正向的知识溢出效应，会引致较强的创新能力，从而表现出企业获取较高的企业利润，以下的讨论和结论正是基于这样的观点上展开的。

本节试图应用估计平均处理效果的方法(average treatment effects)来进行实证研究。估计平均处理效果是许多科学研究的目标之一，比如在医学研究中比较两种治疗效果的差异，在经济研究中考察两种不同经济干预政策的不同效果，等等。已有很多文献讨论了平均处理效果的估计，Cochran W G and Rubin D B 在无混杂条件和参数背景下考虑了平均处理效果的估计；在无混杂条件下，Hahn J 给出了半参数效率界，并且提出了两个半参数的有效估计；其实 Cheng P E 基于该方法提出了上述 Hahn 文中的一个估计，并且这个估计的渐进方差和 Hahn 文献中估计的渐近方差是相同的；Hirano K，Imbens G W and Ridder G 基于逆概率加权方法提出了一个半参数有效估计，等等。

为了分别考察技术引进与 R&D 活动的不同效应，我们认为一个企业技术引进与参与 R&D 活动是两种不同的或者说异质性(heterogeneous)的策略(treatments)。假设有 $M$ 种不同状态的策略，并且任一策略 $m$ 可由变量 $S \in \{0, 1, L, M\}$ 来表示。一个企业运用策略 $m$ 相对策略 $l$ 的平均处理效果可以表示如下：

$$E(\alpha^{m,l}) = E(Y^m \mid S = m) - (Y^l \mid S = m) \tag{6-1}$$

这里 $Y^m$ 和 $Y^l$ 表示不同状态下的产出效应。$S = m$ 表示实际中观测到企业是使用策略 $m$ 的情形，通过给定技术引进和参与 R&D 活动之间可能的组合方式，我们能够区分主要的处理效果的状态，并将其总结如下：

情况 1：给定企业在有技术引进但无 R&D 活动的情形下，相比如果企业不引进技术，企业的产出绩效将会如何？

情况 2：给定企业在有 R&D 活动但无技术引进的情形下，相比如果企业不进行 R&D 活动，企业的产出绩效将会如何？

情况 3：给定企业既引进技术又进行 R&D 活动的情形下，相比如果企业不是以上情形，企业的产出绩效将会如何？

每一种情况都指出了与他相对应的反事实情况(counterfactual situation)，但在现实中，对于实施策略 $m$ 的企业，我们只能够观察到他实际的产出绩效指标，即企业当期利润值，劳动生产率和 TFP 指标，而无法获得该企业在反事实情况下，即如果它处于式(6-1)中的 $l$ 状态，将会产生什么样的结果。实际上如果我们无法获得反事实情况下的取值，将无法估计 $E(\alpha^{m,l})$。而匹配法会解决对企业反事实情况的观测，也就是说，希望从状态 $m$ 的样本公司估计它处于状态 $l$ 的状况。匹配估计法相当于建立一个在状态 $l$ 的企业样本群与状态在 $m$ 的企业样本群进行比较，而这种比较是与一系列先验定义特征 $X$ 相关的。在实证应用中，我们将处在被估计状态 $l$ 的样本定义为匹配控制组(matched controls)。

此外，企业的引进技术行为和从事自主研发活动的行为显然都不能解释成为一种随机过程的结果，因而估计容易产生选择偏差。一个企业是否或获得外来技术的溢出效应并不完全取决于他们自己的意见，从以往学者的研究中看到，我国的技术引进的载体依然以 FDI 为主，所以企业是否引进技术往往不得不考虑投资方的意愿和对其的评估考察，而一个企业是否选择自主研发活动相对容易通过自己的意愿实现。选择偏差会导致在实证分析中引进技术企业和不引进技术企业是不同的，同样对于从事自主研发活动的企业与不从事自主研发活动的企业的分析也是一样的。所以这种基于比较各种状态组 $m$ 和 $l$ 的不同的政策效应在不对模型进行修正的情况下极易引致错误的结果。

关于如何修正模型的选择偏差，相关计量经济方法应用的文献中提供了很多种不同的估计策略，包括倍差分析法（difference-in-difference estimator，DiD），控制函数法（control function approaches）（即选择模型法，selection models），工具变量估计法（IV estimation）和非参数匹配法（non-parametric matching）（详情可参考 Heckman et al. 所做的相关文献综述）。倍差分析法要求获得观测个体实行不同策略（treatment）前后，即企业是否发生技术引进行为以及是否进行 R&D 活动所产生不同效应的面板数据，所以我们的基础数据库至少需要由两个可比较的横截面数据库组成，但是显然现实中每个观测企业只能被观测一次（如果他执行了某一策略，例如引进技术，我们便无法得知该企业如果不执行该策略会产生什么样的后果，反之亦然），所以 DiD 方法在此似乎并不可行。至于工具变量法和选择模型法，他们均要求提供一组有效的工具变量，但是我们都知道寻找一组有效的候选工具变量往往具有难度，特别基于本研究的样本数据限制，未能拥有绝对丰富的关于企业经营绩效的相关特征信息，很有可能遗漏重要信息，此外，选取的工具变量亦需被解释成为对应策略行为发生的外生变量，我们须详细讨论弱工具变量和不合格工具变量的可能性，而对于经济问题研究，通过实验方法证明上述可能显然具有一定的局限性。因此本节拟选择倾向得分匹配法（Propensity Score Matching，PSM）（Rosenbaum and Rubin），在本研究中它更优于工具变量法和选择模型法，因为该方法既不需要限定工具变量，不需要假定产出方程的具体形式也不对误差项的具体分布做要求。它的缺陷在于它只能对采取和不采取策略的异质性（heterogeneity）进行控制，只能够部分解决内生性问题。

PSM 方法的原理是通过比较具有类似特征的处理组和控制组来减少估计结果的有偏性。由于匹配的标的物是具有一系列特征的 $n$ 维向量，所以当面临一个较大的 $n$ 时，会使得匹配不可行，而该方法通过将个体接受处理前的特征总结成一个单一指数变量，即倾向得分，从而使得匹配可行。

倾向得分是 Rosenbaum and Rubin 根据给定个体在接受某项处理策略前所具备的一定特征的前提下以条件概率的形式定义的。

$$P(X) \equiv \Pr(D = 1 \mid X) = E(D \mid X) \qquad (6-2)$$

这里 $D = \{0, 1\}$ 是指个体是否暴露在“处理”下的指示变量，$X$ 是控制个体接受“处理”前各项特征的一系列多维变量。Rosenbaum and Rubin 指出如果暴露在处理状态下，或者说处理组变量在定义 $X$ 下是随机的，那么它们在一维变量 $P(X)$ 定义下也是随机的。因此，可以定义成给定任意的 $i$，在倾向得分 $P(X_i)$ 已知的情况下，对处理组的平均处理效果(Average effect of Treatment on the Treated, ATT)可以表达成如下形式：

$$\begin{aligned}\tau &\equiv E\{Y_{1i}-Y_{0i} \mid D_i=1\} \\ &= E[E\{Y_{1i}-Y_{0i} \mid D_i=1,\ p(X_i)\}] \\ &= E[E\{Y_{1i} \mid D_i=1,\ p(X_i)\}-E\{Y_{0i} \mid D_i=0,\ p(X_i)\} \mid Di=1]\end{aligned} \tag{6-3}$$

式(6-3)中的期望值是基于分布 $(p(X_i) \mid D_i=1)$ 之上的，$Y_{1i}$ 和 $Y_{0i}$ 分别表示处理前和处理后即两种相反状态下的潜在产出。

对于倾向得分法一个重要的假设是在给定倾向得分，均衡"处理前"控制变量的前提下(Balancing Hypothesis，又称均衡假设)，必须满足条件独立假设，也就是说，在控制了一系列可观察特征 $X$ 后，产出独立于项目处理干预[①]。

$$D \perp X \mid p(X) \quad Y_1, Y_0 \perp D \mid X \quad Y_1, Y_0 \perp D \mid p(X) \tag{6-4}$$

如果以上假设满足，具有相同倾向得分的观测变量肯定具有相同的独立于处理状态的可观测的(不可观测的)分布。换句话说，给定倾向得分后，是否暴露在处理状态下是随机的，因此处理组和控制组取得了同一的可观测的平均。任意标准的概率模型都可用来估计倾向得分。例如，$\Pr(D_i=1 \mid X_i)=F\{h(X_i)\}$，这里 $F(\cdot)$ 是正态的或 logistic 累积分布函数，$h(X_i)$ 是线性控制变量和它的高阶项的函数。$h(X_i)$ 函数的选择是为了满足均衡假设从而估计倾向得分。如果 $h(X_i)$ 设定的均衡性假设要求满足的条件越多，可观测变量中满足假设的可用个体就会越少，但至少倾向得分法降低了基于多维特征向量 $X$ 对处理组和控制组相匹配过程中的维数问题[②]。

本章采用 STATA 程序 pscore. ado 估计倾向得分并检验均衡假设，估计步骤如下：

(1) 选择一个 probit(或者 logit)模型：$\Pr(D_i=1 \mid X_i)=\phi\{h(X_i)\}$，式中 $\phi$

---

① Rosenbaum and Rubin (1983) 或 Imbens (2000)所做的修订。

② 详情可参考 Sascha O. Becker and Andrea Ichino 为 The Stata Journal 撰写的文章"Estimation of average treatment effects based on propensity scores"(2002,2,Number 4, pp. 358-377)。

是指正态(logistic)累积分布函数 $h(X_i)$。是包括所有线性形式控制变量(或者说协变量)的初始设定，其中不包括交叉影响项和高阶项；

(2) 将样本分为 $k$ 个均等的对应不同倾向得分的区间，$k$ 可以由使用者自己设定，本研究使用的 STATA 的 pscore. ado 程序的默认值[①]是 5；

(3) 在每个区间内检验处理组和控制组的平均倾向得分是否相同；

(4) 如果在同一区间检验失败，将该区间一分为二继续检验；

(5) 针对所有区间持续进行步骤(4)，直到区间内处理组和控制组的平均倾向得分相同为止；

(6) 在每个区间内检验处理组和控制组的特征均值是否不同，这是满足均衡假设的必要条件；

(7) 如果有一个或以上的特征均值不同，系统会显示不能满足均衡假设，这将要求使用者考虑放松 $h(X_i)$ 的约束，从而重新获得估计值。

仅仅通过式(6-3)对倾向得分的估计并不足以得到对 ATT 的估计值，因为 $p(X)$ 是一个连续变量，所以说观测到两组变量(处理组和控制组)中正好具备相同的倾向得分的概率很小，实证文献中解决这一瓶颈的方法有很多种，被广泛应用的主要有 4 种，最近邻居匹配法(Nearest Neighbor Matching)，半径匹配法(Radius Matching)，核匹配法(Kernel Matching)和分层匹配法(Stratification Matching)。

由于本节主要采用的是最近邻居匹配法，所以在此只对该方法做一简单的理论介绍，假定 $T$ 代表处理组，$C$ 代表控制组，$Y_i^T$ 和 $Y_j^C$ 分别代表处理组和控制组的观测产出。$C(i)$ 表示控制组某一个体与处理组中具有 $p_i$ 倾向得分的个体 $i$ 的匹配原则。最近邻居法的匹配设定表示如下：

$$C(i) = \min_j \| p_i - p_j \| \qquad (6-5)$$

这种匹配一般都是一对一的，除非存在多个最近邻居。但在实际操作中，特别是对于 $X$ 的特征向量的设置存在连续变量的情况下，存在多个最近邻居是很少见的。此外，如果倾向得分的估计和保存是在双重精确度(double precision)的情况下进行的，多个最近邻居存在的可能也将大幅度减少。

---

① 程序的初始默认值为 5 并不意味着整个样本最终被划分为 5 个相等倾向得分区间，若后续检验中，处理组和控制组的平均倾向得分不同，系统会自动细分区间继续计算，直到划分区间内的两组的平均倾向得分相同。

最近邻居法假设控制组中与个体 $i \in T$ 相匹配的个数为 $N_i^C$，如果 $j \in C(i)$，定义权重 $w_{ij} = \dfrac{1}{N_i^C}$，否则 $w_{ij} = 0$。最近邻居匹配法的估计公式如下：

式中 $N^T$ 表示接受处理策略的个体数，$w_j = \sum_i w_{ij}$。

为了得到估计值的方差，我们假定权重是固定的，同时每一个体的产出是独立的。STATA 程序 attnd. ado 和 attrnw. ado 都可以实现对最近邻居法的估计。算法中标准差的获得即来自上述公式或者应用 bootstrap 选择由 bootstrap 过程获得。

对上述研究方法进行简单总结，即，考虑适当的特征 $X$ 可以保证条件独立假设的有效性，一旦样本在状态 $m$ 和 $l$ 下相对 $X$ 得到均衡，那么各策略的输出结果就具有了统计上的独立性。在这种情况下，我们就可以比较在相同特征 $X$ 下处理组 $m$ 和控制组 $l$ 不同的策略产出效应，对于选择控制组 $l$，我们可以用反事实情况下的估计值来代替。保留两组间产出效应的差异能够对不同策略做一定约束，使用倾向得分匹配法很好地控制了 $X$ 的多维问题，因此计算出企业样本组 $m$ 使用策略 $m$ 相对使用策略 $l$ 的产出效益。表示如下：

$$
\begin{aligned}
E(\alpha^{m,l}) &= E(Y^m \mid S = m) - E(Y^l \mid S = m) \\
&= E(Y^m \mid S = m) - E\{E[Y^l \mid P^m(X),\ P^l(X),\ S \\
&= l] \mid S = m\}
\end{aligned}
\tag{6-6}
$$

2）数据来源，变量和统计描述

本章的实证分析的数据来自沪深两市，采用等距随机抽样的方法，选取的大中型工业企业中抽取的整齐样本，包括 2001 年至 2006 年共 1 200 个数据。由于行业之间在生产过程、资源利用程度、发展路径的方面存在差别，并且许多实证研究结果表明，各行业之间企业引入外资、科技投入和自主研发投入的规模效应的确存在显著差别，因此，我们不用行业混合的数据集，而采用分行业数据集。为克服行业过细而导致每一行业的样本数据过少，进而无法实施估计的困难，从样本容量考虑，我们把相近行业进行适当归类，合并成 7 个“大的”行业[①]，另外，还根据企业的登记注册类型，进一步将企业划分为国有企业、非国有企业和三资

① 纺织服装与食品加工制造业；化学原料、化学制品及医药制造业；非金属矿物制品业与金属制造业；通用设备及专用设备制造业；电气机械制造业；通信设备、计算机及其他电子设备制造业；其他行业。

企业三大类。

本节研究的重点是一个企业的技术引进和自主研发活动对企业可持续经营发展绩效的影响，除企业当期利润这一可直接被观测到的指标外，衡量企业可持续发展能力的指标我们选择劳动生产率和全要素生产率 TFP。

（1）企业的劳动生产率。

企业的劳动生产率是指企业劳动者的生产效率，是衡量一个企业的经济效益，经营管理水平，资源优化配置的重要指标。从规模报酬不变的柯布-道格拉斯生产函数出发，假定规模报酬不变，单个工业企业的生产函数具体形式表示如下：

$$Y_{it} = A_t L_{it}^{\alpha} K_{it}^{\beta}, \ \alpha + \beta = 1 \tag{6-7}$$

式中：$Y_{it}$ 是用工业增加值价格指数剔除价格因素后的实际工业增加值；$K_{it}$ 是用固定资产投资价格指数剔除价格因素后的实际固定资产净值；$L_{it}$ 则是劳动力平均人数；$A_t$ 代表技术水平。式(6－7)两边同除以 $L_{it}$，得到式(6－7)的简约形式：

$$y_{it} = a_t k_{it}^{\beta} \tag{6-8}$$

式中：$y_{it} = Y_{it}/L_{it}$，和 $k_{it}^{\beta} = K_{it}^{\beta}/L_{it}$ 是劳动生产率和资本强，此外，$a_t = A_t \cdot L_{it}^{\alpha}$

（2）全要素生产率 *TFP*。

*TFP* 是增长核算中的核心概念，指各要素（如资本和劳动等）投入之外的所有其他对经济增长有所贡献的因素。全要素生产率的来源主要包括技术进步、组织创新、专业化和生产创新等。

计算 *TFP* 的常用方法有三种：非参数方法（指数法）、参数方法（模型估计法）和半参数方法。受到可得统计指标的限制，半参数方法在本节的实证研究中不适用。参数方法和非参数方法各有利弊，但最终的计算结果差别不大。本节拟采用非参数方法计算得到各企业每年的全要素生产率（假定规模报酬不变）。*TFP* 的计算公式为

$$TFP = \frac{Y}{L^{\alpha} M^{\beta} K^{\gamma}}, \ \alpha + \beta + \gamma = 1 \tag{6-9}$$

采用对数变换形式

$$\ln TFP_{ijt} = \ln Y_{ijt} - \alpha_j \ln L_{ijt} - \beta_j \ln M_{ijt} - \gamma_j \ln K_{ijt}, \alpha_j + \beta_j + \gamma_j = 1 \tag{6-10}$$

其中，$Y$,$L$,$M$和$K$分别是剔除价格因素的产出、劳动力、中间投入和固定资产净值。$i$,$j$,$t$分别表示企业、行业和时间。在边际成本定价的假设下，每个企业的$\alpha_j$,$\beta_j$和$\gamma_j$各不相同。为得到较为稳定的估计结果，并消除偶然因素的影响，我们假定同一行业中每个企业中间投入、劳动力和资本的弹性都相同，是样本中企业弹性的均值，计算得到$\alpha_i$,$\beta_j$和$\gamma_j$，从而算出$\ln TFP$。

对企业可持续经营发展绩效的考核，选定因变量企业利润值，劳动生产率和*TFP*之后，我们需要知道我们所关心的策略（技术引进和R&D活动）是如何对因变量产生影响的，可由两个哑变量表示，*TECHIMP*表示企业进行技术引进，R&D表示企业参与研发活动。变量*BOTH*表示该企业在从事了技术引进的同时也进行了内部研发。经统计，观测样本中15.92%的企业有过引进技术的行为，56.87%的企业在从事R&D活动。而15%的企业在引进技术的同时也进行R&D活动。两项措施均未采取的企业占42%。

在实证分析中，我们还需用其他变量来控制企业的异质性。哑变量*S&T*表明样本企业是否设有专门的研发部门，企业规模变量*LNEMP*用员工数(EMP)的对数表示，哑变量*PAT*表示企业是否有过申请专利行为。哑变量*NPE*描述的是企业当年是否有新产品出口，哑变量*TDTU*则表明了一个企业当年是否享受过各级政府对技术开发的减免税，行业变量我们分别以*INDUSTRY* 1到*INDUSTRY* 7来表示，其中*INDUSTRY* 7代表的其他行业作为参考组，按企业的登记注册类型，分为国有企业、非国有企业和三资企业。*JOINT*和*SOE*是表示企业所有制类型的虚拟变量，这里以非国有企业为参照。如果是三资企业，*JOINT*的值为1，否则为0。如果是国有企业，则*SOE*的值为1，否则为0。最后设置五个时间哑变量*YEAR*1到*YEAR*5（以2001年为参考组）来揭示技术进步策略随时间变化的状况，所有变量的统计描述如表6-1所示。

**表6-1　样本企业的统计描述**

| 定　义 | 变量 | 均值 | 标准差 | 最小值 | 最大值 |
|---|---|---|---|---|---|
| 企业利润总额（万元） | *PROFIT* | 6 634 | 53 477 | −33 478 | 734 171 |
| 企业劳动生产率 | *LBPRO* | 324.89 | 491.48 | 8.99 | 7 553.58 |

续　表

| 定　义 | 变量 | 均值 | 标准差 | 最小值 | 最大值 |
|---|---|---|---|---|---|
| 企业全要素生产率的自然对数 | *LNTFP* | 0.33 | 0.65 | −4.47 | 3.10 |
| 企业是否设有专门的研发部门* | *S&T* | 0.30 | 0.46 | 0 | 1 |
| 企业规模（员工数的自然对数，千人） | *LNEMP* | 6.13 | 1.14 | 2.30 | 9.49 |
| 企业申请专利情况* | *PAT* | 0.15 | 0.35 | 0 | 1 |
| 新产品出口情况* | *NPE* | 0.19 | 0.39 | 0 | 1 |
| 技术开发减免税情况* | *TDTU* | 0.04 | 0.20 | 0 | 1 |
| 是否从事 R&D 活动* | *R&D* | 0.57 | 0.50 | 0 | 1 |
| 是否引进技术* | *TECHIMP* | 0.16 | 0.37 | 0 | 1 |
| 既引进技术又从事 R&D 活动* | *BOTH* | 0.15 | 0.36 | 0 | 1 |
| 是否为三资企业* | *JOINT* | 0.58 | 0.49 | 0 | 1 |
| 是否为国有企业* | *SOE* | 0.22 | 0.42 | 0 | 1 |
| 样本企业数 | 1 194 | | | | |

注：*表示该变量为哑变量，另外变量中还包括 7 个行业哑变量（*INDUSTRY* 1-*INDUSTRY* 7）和 5 个时间哑变量（*YEAR*1-*YEAR*5），在此没有列出。

3）估计结果

为了运用倾向得分匹配法获得平均处理效果的估计值，需要对“处理策略”变量用 Probit 或者 Logit 模型对所有的控制变量做回归。从而获取倾向得分（预期概率）。本节选取了STATA应用程序 pscore. ado 估计倾向得分并检验均衡假设的全部过程及结果，表 6－2 列出了 logit 方法影响相关处理策略的主要控制因素的估计结果，程序将从该估计结果中获得倾向得分进入后续的匹配程序。

**表 6－2　Logit 回归结果**

| 因变量 / 解释变量 | *R&D* | | *TECHIMP* | | *BOTH* | |
|---|---|---|---|---|---|---|
| | 估计系数 | 标准差 | 估计系数 | 标准差 | 估计系数 | 标准差 |
| *S&T* | 2.83*** | 0.32 | 0.75*** | 0.21 | 1.37*** | 0.21 |
| *LNEMP* | 0.31*** | 0.09 | 0.21** | 0.09 | 0.24*** | 0.09 |

续　表

| 因变量 / 解释变量 | R&D | | TECHIMP | | BOTH | |
|---|---|---|---|---|---|---|
| | 估计系数 | 标准差 | 估计系数 | 标准差 | 估计系数 | 标准差 |
| *PAT* | 2.17*** | 0.42 | 0.19 | 0.23 | 0.45* | 0.23 |
| *NPE* | 1.99*** | 0.29 | 0.53*** | 0.20 | 0.84*** | 0.20 |
| *TDTU* | 2.53** | 1.08 | 0.39 | 0.36 | 0.46 | 0.37 |
| *JOINT* | −0.88*** | 0.22 | 0.57** | 0.24 | 0.23 | 0.24 |
| *SOE* | 0.89*** | 0.26 | −0.62** | 0.30 | −0.55* | 0.30 |
| *RHO* | 2.51*** | 0.42 | 2.49*** | 0.40 | — | — |
| *CONS* | −2.55*** | 0.58 | −5.69*** | 0.73 | −4.07*** | 0.63 |
| LR chi2 | 736.40 | | 303.45 | | 243.01 | |
| Pseudo $R^2$ | 0.45 | | 0.29 | | 0.24 | |
| Log likelihood | −448.12 | | −371.51 | | −388.21 | |
| 观测样本数 | 1 194 | | | | | |

注：***表示1%水平下显著，**表示5%水平下显著，*表示10%水平下显著。

表 6－2 的结果表明选择的绝大部分控制变量构成的倾向得分基础是合理并显著的。其中因变量 *R&D* 的 Pseudo $R^2$ 拟合结果要优于 *TECHIMP* 和 *BOTH*，这和原始样本中各种技术进步行为可运用到的处理组和控制组的样本结构有一定关系(如表 6－3 所示，自主研发的样本结构最为合理)，此外，也说明协变量对自主研发的解释力度更强，也证明了样本企业近年来对自主研发这种技术进步的方式的偏爱要优于 *TECHIMP*。实证结果中绝大部分变量的符号和我们预想的相同。有趣的是，对采取不同技术进步策略的不同类型的企业，*JOINT* 和 *SOE* 的系数表现完全相反却依然统计显著：国有企业热衷研发为主的技术进步方式，而合资企业的研发热情显然不够，技术引进更符合他们的发展策略。系数 *RHO* 是用来考察 *R&D* 和 *TECHIMP* 相互关系的变量，很明显两者之间相互促进，表现为显著的互补关系，这也是希望观测到的结果。

匹配估计的必要条件是均衡约束假设，即在每个区间内检验处理组和控制组的特征均值是否不同，这是满足均衡假设的必要条件。如果组间的倾向得分没有重叠部分，或者重叠区域非常小，匹配估计值就不能使用。表 6－3 表示了本节各组因不满足该约束条件而不得不剔除的观测样本。其中 *TECHIMP* 组缺失的观测变量是最多的，达到 29.48%，但综合所有，本案的缺失样本仍在可接受范围之内，因此，估计结果并不会受到该条件约束而产生偏误。图 6-1 是倾向得分估计的柱状图。图形的上半部分描述了处理组的分布，而下半部分则是未处理组的分布，我们可以看到不同倾向得分值中处理组和控制组间的样本比较。

**表 6-3　未满足均衡约束的缺失样本统计**

| | 原始样本 | | 均衡约束后缺失样本数 | 缺失样本百分比 |
|---|---|---|---|---|
| | 处理组 | 未处理组 | | |
| R&D | 679 | 497 | 18 | 1.51 |
| 技术引进 | 187 | 655 | 352 | 29.48 |
| 既技术引进又从事 R&D | 178 | 1 005 | 11 | 0.92 |

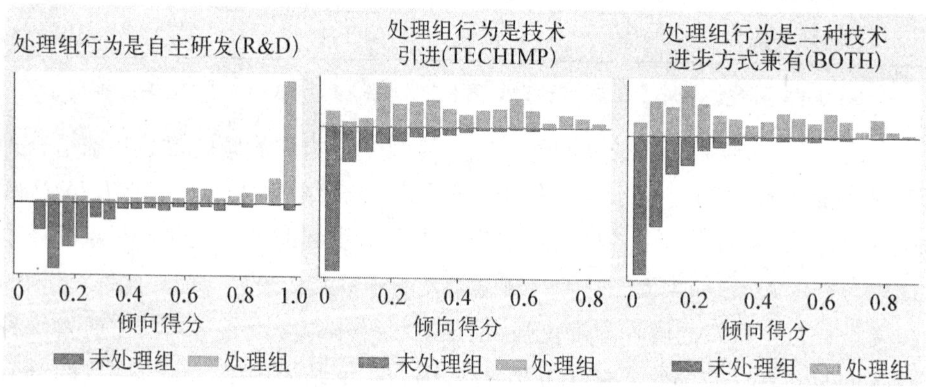


**图 6-1　倾向得分柱状分布图**

本节选择最近邻居匹配法进行估计，表 6-4 是最终基于倾向得分的 ATT 估计结果。根据 ATT 值的大小，可以初步判断不同的技术进步方式对不同的企业发展指标的贡献大小。结果显示，与未处理组相比较，企业采取任一种促进技术进步的策略，均会对企业发展起促进作用。当以企业的当期利润 *PROFIT* 和劳动生产力 *LBPRO* 衡量企业发展时，技术引进对企业发展的贡献是远大于自主研发的，同时，结果还表明对于两种技术进步方式均采取的企业并未表现出更优的企业发展。而当企业发展指标为全要素生产率时，起优势贡献的变量则变成了自主研发活动，此时，采取两种技术进步方式的企业依然不占优势。

**表6-4　企业发展的ATT估计结果**

| 企业发展指标 | 处理组行为状态 | ATT系数 | 标准差 | *T*值 |
|---|---|---|---|---|
| 企业利润(*Profit*) | 自主研发(R&D) | 21 491.62 | 32 115.6 | 0.67 |
| | 技术引进(TECHIMP) | 211 000 | 54 842.37 | 3.84 |
| | 二者兼有(BOTH) | 208 000 | 65 109.40 | 3.20 |
| 劳动生产率(*LBPRO*) | 自主研发(R&D) | 67.13 | 31.56 | 2.13 |
| | 技术引进(TECHIMP) | 276.69 | 68.01 | 4.07 |
| | 二者兼有(BOTH) | 257.70 | 74.67 | 3.45 |
| 全要素生产率(*TFP*) | 自主研发(R&D) | 0.25 | 0.15 | 1.68 |
| | 技术引进(TECHIMP) | 0.05 | 0.06 | 0.91 |
| | 二者兼有(BOTH) | 0.08 | 0.06 | 1.27 |

学术界以往的经济理论并没有清晰的表明本章讨论的两种技术进步方式之间的依赖或竞争关系。对样本企业的调查不难发现这样的事实：如果技术引进的溢出效应较低，企业通常会增加自主研发投入，反之，较高的自主研发投入往往会引致技术引进规模的减小。有趣的发现是，表6-2的*RHO*系数告诉我们R&D和技术引进之间彼此的互补关系，即偏好其中某一种技术进步方式的企业往往也会对另一种技术进步方式感兴趣，如前文发现，特别是那些采取了技术引进的企业，大部分都会再进行自主研发的投入，而表6-4的BOTH系数却告诉我们，尽管试图技术改进的企业会积极尝试两种方式的同时采用，但显然，二者兼顾的效果并不佳，当然，我们不应忽视不同所有者结构企业对不同技术进步方式的偏好。

4）结论

加速改革和技术创新已经成为经济发展中的中国最重要的推动力，近些年来最重要的发现莫过于科学技术活动对企业经济可持续发展，产业健康结构的卓越贡献。我们集中研究了R&D和技术引进这两种技术进步方式对企业可持续发展的不同作用。在文中，我们将自主研发和技术引进作为不同的异质性的经济干预措施进行处理，同时进行计量模型的匹配估计。结果表明：对应不同的因变量，两种技术发展策略所表现出的作用和贡献是不同的。我们选择的三个企业可持续发展的指标对于企业的意义也各不相同，短期来看，企业利润最直接的反映出了企业的当期经营情况，它也是企业主最关心的指标，技术引进在该指标上的积极作用是毋庸置疑的。当然这跟我国技术引进的最大载体仍然是FDI也是分不开的。FDI对企业利润的贡献是很多学者已经证明了的。企业的劳动生产率是劳动力在生产过程中效率水平的高低，它反映了企业长期经营绩效的优劣。实证结果显示，此时技术溢出的效应也高于R&D的作用，但是它体现出的相对优势已不如因变量是*PROFIT*时那么明显。*TFP*是衡量技术进步的指标，先进的技术是保持企业经济持续增长的必要条件。TFP对于一个企业的长远可持续发展是非常重要的。我们不难发现，R&D对该指标上的贡献已充分体现，所以说从企业的长期利益来看，重视和加强R&D是非常重要的。

我们的结论从某种程度上说明我国依靠外资促进发展的时期已日趋成熟，R&D活动尽管在短期内所体现出来的效益仍不明显，但对长期利益的贡献已日益突出。但目前为止，同时采用这两种技术进步方式并非明智之举。这也从一定程度印证了本章之前的部分观点。

# 第7章 开放、保护与产业安全的战略措施

经济全球化不再给封闭经济留有余地,开放是唯一选择。开放经济有着与封闭经济不同的风险源。不能因为开放竞争所带来的产业风险增加就暂停开放进程或者倒退,这样只会丧失发展机遇。正确的选择应该是深入研究开放经济的风险形成机制,尽快构建适应开放型经济的产业保护机制。

## §7.1 中国经济的开放程度日益提高

1）经济全球化与中国经济开放的前景

经济全球化是以欧洲近代文明为原点,不断向全球辐射,逐步把世界纳入到一个全人类认同的基本价值和行为规则的体系中来的过程。欧洲近现代工业文明,是在古代希腊罗马文明的基础上发展起来的。恩格斯曾指出:“没有希腊文化和罗马帝国奠定的基础,也就没有现代欧洲。”

当代自由主义哲学家卡尔·波普尔在《开放社会及其敌人》中说:“我们的西方文明起源于希腊。看来希腊人最早从部族主义过渡到了人道主义。让我们考虑这意味着什么。”“我们的文明也许可以说旨在人道和理性,旨在平等和自由。”“从封闭社会到开放社会的过渡显然可以描述为人类经历的一场最为深刻的革命……当我们说我们的西方文明源于希腊时,我们应当明白这是什么意思。这指的是,希腊人为我们开始这场伟大的革命,而现在这场革命似乎仍然处于开始阶段——从封闭社会到开放社会的过渡。”

不断扩大产品销路的需要,驱使资产阶级奔走于全球各地。它到处落户,到处创业,到处建立联系。资产阶级,由于开拓了世界市场,使一切国家的生产和

消费都成为世界性的了。过去那种地方的和民族的自给自足的闭关自守状态，被各民族的各方面的互相往来和各方面的互相依赖所代替了。恩格斯也对此现象进行了准确的观察，他说："单是大工业建立了世界市场这一点，就把全球各国人民，尤其是各文明国家的人民，彼此紧密地联系起来，致使每一个国家的人民都受着另一个国家的事变的影响。"马克思和恩格斯还特别针对以往人类各文明圈彼此影响较小或缓慢的状态指出：大工业"它首次开创了世界历史，因为它使每一个文明国家以及这些国家中的每一个人的需要的满足都依赖于整个世界，因为它消灭了以往自然形成的各国孤立状态"。显然，马克思和恩格斯在这里说的"世界历史"，就是全球密切联系在一起，同步相互影响的全球化状态下的人类历史。

从 19 世纪末欧洲文明扩张到美洲为开端，全球化的进程已经开始，并日益呈现出不可阻挡的态势。工业文明的扩张必然把世界联成一个互相交流的整体，并以自己的文明成果为框架，影响其他文明。全球化是工业文明发展的结果。

二战后在联合国框架下的全球一体化过程中，世界政治完成了非殖民化，并在 20 世纪 70 年代中期开始了第三波民主化浪潮。世界经济的发展也有了长足的进步，顺应经济发展的要求，关贸总协定进行了多次规则增加和更新谈判。经济上全球规则一体化日益深入。特别是 20 世纪 70 年代末中国开始的改革开放，20 世纪 70—80 年代东欧部分国家的经济改革和引进外资，苏联 20 世纪 80 年代中期后的改革，直至 1989 年 12 月美苏宣布放弃冷战，东西方两大阵营的消除，加速了经济全球化的进程。

经济全球化一个重要的特点就是资本和产品的全球自由流动。资本的全球自由流动打破了 19 世纪以来在民族国家界限内民主政治及工会等社会权力对资本权力的约束，并借此重新增大了资本固有的追逐利润最大化的动机。在经济全球化的背景下，资本可以自由地在全球各处寻找高利润的投资场所。与此同时，发展中国家的经济起飞对资本有极大的需求，并且由于发展中国家的投资成本相对较低，投资收益相对较高，使得大量的资本从发达国家流向发展中国家。

联合国框架下，全球化有了更深入发展。前联合国秘书长安南说："原则和规范的重要性易于被低估；但在联合国创立以来的几十年里，新规范越来越广泛地得到接受，已深入地影响到亿万人民的生活。战争曾经是治国的正常手段。现在则普遍受到谴责，除非是非常特殊的状况。民主曾经受到以不同面目出现的专制主义的挑战，现在不仅已在世界大部分地区盛行，而且普遍被视为最合法和理想的政府形式。保护基本人权曾经被认为是专属于主权国家范畴内的事，现在则已是超越政府和边界的普遍关切的问题。”

经济全球化是人类社会经济、政治和科学技术发展到一定阶段的必然产物，是生产力发展的必然结果。全球化的内容主要有：第一，全球经济一体化，这是全球化的基础和动力以及主要标志，其内容和主要表现是生产体系的国际化，巨额国际资金在全球范围内高速流动，统一世界大市场形成。第二，全球文化整合化。经济与文化是相互依托和支持、相互表征和对应的。不同文化的交汇与碰撞会加剧文化的新陈代谢与优胜劣汰，引发民族主义思潮和文化霸权主义行为，其结果必然是在对立中走向统一，经过冲突达到整合，实现多元文化的和谐共处。第三，全球生态共生化。包括全球生态空间人类共居，全球生态环境人类共用，全球资源的人类共享，全球生态灾难人类共蒙，全球生态责任人类共担。第四，全球人类认同化，即地球上不同国家、民族之间的相互认知与理解程度的提高和在价值观与思维方式上良性互动的增加。

经济全球化的过程也是世界各国利益再分配的过程。不可否认，经济全球化的进程主要是由发达国家主导和推动的，是在不算公正、不太合理的国际经济秩序没有根本改变的情况下发生和发展的。

2) 中国经济发展的国际大环境

目前的中国经济正在快速的发展过程中，其发展的速度已经超过了发达国家在相同的时期发展速度。随着中国进入了 WTO，中国经济正在融入世界经济的大市场，并不断的适应和改进自己的各个方面的制度。与此同时世界各国都在不断地发展自己。区域之间的经济、政治和文化的交流不断地加强，区域之间的联盟的性质也逐渐明显。目前的世界经济已经是像干枯的河水一样，急需要新的水源与它相容，长期以来欧美对世界经济的控制所实行的经济制度越来越不能满足经济发展的需要，面临着各种潜在的危机，迫使他们不得不以发展新的经济合作来发展自己。这就为中国向世界各国展示自己的魅力，提供了一个前提条件。纵观目前国际大环境，可概要的总结如下。

(1) 美日欧等发达国家经济有望进一步好转。经过 2009—2014 年的 5 年调整，发达国家系统性金融风险明显降低，并率先启动了新一轮经济结构调整。除私人和公共部门经历持续“去杠杆化”外，欧美等国还提出了“再工业化”等结构性调整措施。从目前看，发达国家经济调整效果初显。美日私人消费重新启动，房地产市场持续复苏，欧元区出口竞争力回升，工业产能利用率等指标较去年同期均有明显改善，制造业出现回流迹象。据 IMF 预计，2014 年美国经济将增长 2.6%，比今年提高 1 个百分点，欧元区经济有望实现微弱增长。发达经济体经济好转总体上有利于世界经济的稳定。

(2) 部分新兴经济体经济下行压力较大。新兴经济体增长动能疲弱、结构性矛盾突出，可能成为未来世界经济中的重要不稳定因素。美联储量化宽松政策退出的影响难以避免，将引起国际金融产品的重新组合，导致全球资本市场、大宗商品市场波动，新兴经济体货币将承受较大的贬值压力。在增长放缓、资本外流和本币贬值三者叠加下，部分国家金融乃至实体经济可能出现危机。目前来看，三类国家面临的风险最大：一是政府债务占 GDP 比重过高的国家；二是财政贸易“双赤字”国家；三是资源型出口国家。

(3) 全球经济仍面临诸多不确定性。一是美国高度依赖借新还旧维持其偿债能力的模式将不断增加联邦政府债务偿还能力的脆弱性，导致主权债务时刻处于危机边缘，这将不仅冲击国际金融市场和全球经济信心，而且进一步削弱未来美国经济复苏的动力。二是欧元区由于严苛的减支条款加剧了重债国执政当局与国内民众间的矛盾，今年来希腊、葡萄牙、意大利等国都出现了政治动荡，引发市场对欧债危机再度担忧，从而危及这些国家财政整顿和国际援助计划的顺利实行。三是中东地区动荡局势仍会持续。叙利亚内战、埃及政治动荡、伊朗在核问题上与美国的矛盾等，错综复杂的利益格局和各方博弈将使该地区充满动荡，对国际能源价格和供给安全带来负面影响。

(4) 对我国经济的影响。由于我国低端制造业向外转移，发达国家需求回升对我国出口拉动有限，而新兴经济体增速下滑对我国出口将带来不利影响；我国吸引外资难度将加大，外资流入将进一步放缓。但新兴经济体减速将推动国际市场大宗初级产品价格稳中趋降，有助于降低我国进口成本，并减轻输入性通胀压力。

3) 开放程度提高的利与弊

按照加入世贸组织的承诺，我国关税总水平在逐年降低。自 2001 年加入

"世贸"以来，我国认真履行承诺，逐年降低关税税率。至 2010 年 1 月 1 日，我国的降税承诺全部履行完毕，关税总水平由 2001 年的 15.3%降至 2010 年的 9.8%[①]，远低于发展中国家的平均水平。中国已经深深融入全球化。

经济全球化是人类社会的巨大进步。世界各国的发展都不可能脱离这一进程。融入全球化就要提高对外开放度，开放度提高有利有弊。因为经济全球化是一柄双刃剑，它既为中国特色社会主义的发展提供了新的机遇，也提出了新的挑战。机遇主要表现为：它有助于推动世界多极化进程，促进以和平与发展为主题的国际环境的形成，从而为我国积极参与国际经济技术合作和竞争营造了有利的国际条件；跨国公司的进一步发展及其在世界经济中的地位日益重要，为我国吸收、利用世界各国的优秀文明成果提供了新的机遇。挑战主要表现为：原有的不合理的国际经济、政治秩序带来的影响；经济社会发展中不确定因素的增加；发达国家强大的经济和科技优势所产生的压力；霸权主义、强权政治及其文化渗透等对国家主权的影响与挑战。

改革开放以来产业安全问题的凸显也使人质疑外资的作用，甚至认为外资规模过大。因此，不乏有人担心，我国经济开放度是否太高？

经济开放程度越高，风险就越高吗？到底是开放经济的风险高，还是封闭经济的风险高？这个问题迄今在理论上并无定论。

对于封闭经济的风险，国人可能有着切身的体验：清朝的闭关自守，使我们这个几千年保持世界领先的大国沦落到落后挨打的境地；冷战时国际格局导致的被迫封闭，使三年自然灾害就导致饿殍遍野。但在经济开放的今天，这种事情是不可能发生的。系统论的基本原理告诉我们，开放的系统比封闭的系统更具活力。开放的经济可以使我们在全球范围内配置资源，比在一国之内或个别区域内配置资源具有更大的回旋余地，资源配置的效率更高，经济运行的稳定性更好。"试想如果我们不是可以从全球进口所需的石油、铁矿砂等，我国这么高的投资增长率何以实现？目前我国在很多种商品的世界市场上占有重要地位，外贸依存度的进一步提高，意味着我国在世界市场份额的进一步增加，任何别国针对中国采取行动的成本都将提高，可能导致两败俱伤。从这个意义上讲，外贸依存度提高并不必然带来风险的提高。相反，对一个贸易大国而言，甚至有可能降

① 数据来自人民网-人民日报：http://finance.people.com.cn/n/2013/0106/c1004-20101543.html

低一些人为的风险。”

但是必须认识到，开放经济有着与封闭经济不同的风险源。例如，对于开放经济而言，国际市场价格波动可能传递到国内，导致国内的通货膨胀：近年来国际市场的高油价，毫无疑问推动了国内生产资源价格的上涨；国际游资的大规模进出，会对货币当局的货币供给产生重大影响，管理一旦失当，可能引发金融危机；对外部战略资源依赖程度高，国际市场上的风吹草动可能影响到国内经济的正常运转。诸如此类，都是封闭经济没有的风险，却是开放经济所特有的。但过去几十年中，世界上发生经济或金融危机频率最高的国家，并不是经济开放度最高的国家，而是开放进程过快、风险防范机制不健全的国家。这说明经济开放度高本身并不意味着风险更高，而风险防范机制不能及时跟上开放步伐才会带来风险。

我国在过去30多年的短短时间内，特别是近十年内，已经从一个封闭型经济迅速转型为开放程度较高的经济体，而转型后的最大风险，在于防范风险的机制大多是针对封闭经济设计的，对于如何防范开放经济的风险，还缺乏认识与经验，由此导致防范开放型经济风险的机制很不健全，甚至是严重滞后。这样一来，一旦遇到问题，通常的反应不是考虑如何完善风险防范机制，而是暂停开放进程甚至倒退，这样只会丧失发展机遇。当务之急应该是深入研究开放经济的风险形成机制，尽快完善适应开放型经济的风险防范机制。

## §7.2 开放与保护之间的矛盾

开放意味着对国内市场保护程度的逐步减弱，提高产业竞争力又不能不进行必要的保护，解决这对矛盾，就需要变革保护方式，努力构建开放型保护体系。

1）传统保护方式与对外开放的冲突

我国原有的产业保护措施虽然不少，如旨在防止国外商品冲击国内市场的关税、配额、许可证制等；旨在引导外资投向的《指导外商投资方向暂行规定》和《外商投资产业指导目录》等系列法规；旨在培育支柱产业、重点产业竞争力的行政进入壁垒等。但这些措施中的大部分要么与WTO规则不符，有待清理调整；要么被实践证明没有起到应有的作用。在开放竞争的环境中，传统保护方式日渐行不通了，对其进行调整是必然的。

在 WTO 框架下，关税的保护作用将逐渐减弱。一国对经过其关境的货物征收的税收称之为关税。关税是世贸组织允许各成员使用的保护国内产业的重要政策工具。根据我国加入 WTO 议定书，我国逐步履行承诺，到 2006 年底已完成完全入世的承诺。

关税的保护作用在减弱，但世贸组织极力主张其成员将关税作为唯一的保护手段，因为关税在管理贸易方面较之进口数量限制具有明显好处，这在本书之前的章节中已得到了充分的讨论。首先，关税使国内外同类产品价格保持自动联系，使国内外生产商的竞争地位容易判断。而配额、许可证等进口数量限制则切断这种联系，易导致生产商寻求过度保护，而致使其因过度依赖而导致经济衰退加剧，最终退出市场，政府政策失效。第二，所有世贸组织成员都非歧视地征收关税，而数量限制则易导致对不同国家的歧视。第三，关税更具透明度，一旦公布，容易判断其产品进入市场的难易程度。而进口数量限制的透明度较差，易导致贸易商采取不公正手段获取配额或许可证，助长贿赂和犯罪。第四，关税是政府财政收入的重要来源，而进口数量限制带来的利润会因其发放的方式不同，在进口商、出口商、中间商或有关政府部门之间，甚至个人之间形成不同的利益分配。在多数情况下不仅起不到保护具体产业的目的，反而影响政府关税收入。第五，关税针对的是某一产品的所有进口商，而不是某一特定的企业或产业群体。进口数量限制则直接使某些企业或少数产业受惠，形成阻碍关税自由化改革的利益集团，增加国家间的贸易摩擦。

基于上述分析，世贸组织极力主张其成员将关税作为唯一的保护手段，但这个手段越来越难用。在入世谈判中，申请加入世贸组织的国家必须承诺关税减让。

世贸组织成员在加入时通过多边贸易谈判达成的关税减让采用约束税率的形式来表现，载于各成员的关税减让表中。各成员不能对进口产品征收高于约束税率的关税。约束关税是一国承诺开放本国市场的重要基础，也是一国在世贸组织中可以获取利益的重要条件。

在关税减让表中，各成员将其愿意进行关税减让承诺的产品及约束税率水平列在各自的关税减让表中。减让表是世贸组织规则的有机组成部分。对大多数发达国家来说，关税减让表中约束关税占全部税号的比例很高，接近 99%，并且约束税率位于或接近实际征收的税率水平。在世贸组织成立以前，大多数发展中国家约束关税的产品范围很小，有的甚至不受约束，发展中国家平均约22%的税目受约束，世贸组织成立后提高到72%，约束税率下的进口产品总额所占比例从成立世贸组织前的14%上升为59%；另外转型经济国家约束关税比例从73%上升到98%。不仅关税作用受限，其他传统的产业保护措施无一例外要受WTO规则约束。

我国进行了多年的产业保护，却是越保护的产业越落后，必须要对传统的产业保护措施进行改革，构建开放型保护体系，使国内重要产业能不断具备参与世界市场竞争的实力，不至于永远处在产业成长的初级阶段。这种开放型保护与传统保护相比，最大的不同之处在于它立足于国内产业的整体利益，同时考虑整个国家的福利状况，不分民间资本与国有资本的所有制区别，将产业的国内资本视为一个整体，从产业安全和国家经济主权的高度来处理问题，通过各种积极的政策手段对国外资本给我国重要产业造成的打压和排挤进行有效遏制。

2) 制约产业保护方式变革的因素

构建开放型保护体系受制于各种因素，既有内部因素，也有外部因素。外部因素主要是：当今世界的发展趋势越来越不支持保护主义作法，或者是发达国家试图利用其在各种国际组织中有利的话语权地位，阻止发展中国家的各种产业保护政策，比如，世贸组织一方面极力主张其成员将关税作为唯一的保护手段，同时又极力主张削减关税，降低贸易壁垒；几个主要发达国家虽不断提高技术壁垒、环境壁垒等非关税壁垒的门槛，却并不承认其为了保护国内产业，而是打着各种各样冠冕堂皇的旗号。对于像我国这样的发展中大国来说，在国际舞台上，既不能给人留下保护主义的印象，又要达到合理保护本国产业的目的，并不容易。

内部因素体现在两方面：保护规则的制定和规则的实行。对于要不要制定保护性措施，有相当一段时间，很多学者的也主张过“不必保护”。这种认识实际是低估了经济全球化的负效应，“与狼共舞”又太过善良的结果将是任人宰割。保护性措施必须制定，可以通过行政手段，贸易政策，也可以不断完善法律，编织维护产业安全的“法网”。融入经济全球化，中国的回应应当是全方位的，没有开放性的回应，中国的经济体制就不可能适应WTO的要求，中国经济改革和开放也不可能上一个新台阶；没有防范性回应，中国就难于避免类似于亚洲金融危机所可能带来的风险，不可能出现经济的良性发展，以至出现全局性的经济危机；

没有保护性的回应，把经济的发展建立在侵犯人权和破坏环境的基础上，虽然可能暂时获得经济的增长，但最终将破坏经济发展的物质基础，甚至导致社会动乱。

防范性回应可以是通过世贸组织的规则所允许的反倾销机制、环境标准和技术标准、防范金融危机的机制以及对发展中国家的优惠待遇等措施，对贸易自由化过程中可能带来的风险加以防范。贸易自由化必然伴随着反倾销、反垄断和反补贴的保护性措施的实施。发达国家如此，我们当然可以如法炮制。全球化并不意味着不对国内产业加以保护，整个国际贸易的历史就是贸易自由化与国家保护之间的矛盾与斗争的历史，发达国家如此，发展中国家也是如此。二战以前，主要保护手段是关税，二战结束至今主要是配额、许可证为代表的数量限制，今后主要的手段是环境手段和技术手段。适应这种新的形势，中国入世以后，要逐步学会运用技术标准和环境标准保护自己的民族工业，加紧制定各个行业的环境标准和技术标准，以防止严重污染的、低质量的产品进入我国，冲击有关产业。

而对于保护性的回应，可先从我国现行的“保护”方式谈起，事实上，政府在保护“民族产业”方面，一直存在两种相互“竞争”的逻辑。一种逻辑是直接保护，或者称之为结果性保护，即直接给予民族产业优惠政策，试图通过限制竞争对手，来保护被保护者，从而发挥政府在资源配置中的作用，本质上是以“国家逻辑”代替“企业逻辑”。一种逻辑是间接保护，或者称之为程序性保护，即为民族产业创造良好的竞争环境，试图使民族产业通过竞争来学习，在竞争中提高，在竞争中打败竞争对手，政府只创造良好的竞争环境，本质上是让企业遵守“企业逻辑”。

政府直接保护民族产业，必然通过限制进入的方式来达到，手机生产牌照制度就是这种政策保护的表现。政府的限制准入制度造成了这种生产资格的稀缺。经济学的基本原理告诉我们，只要存在稀缺，就会存在竞争。自然，所有的手机生产厂商都会从竞争手机，转向竞争手机生产资格许可证。这种基于资格的竞争，不会带来社会资源的最优配置，相反，会导致资源浪费，带来社会福利降低。

此外，政府在民族产业方面采取直接保护的逻辑，很有可能形成恶性循环。政府通过配额制保护民族产业，导致生产资格稀缺，生产企业会投入更多资源竞争资格，导致生产能力下降，竞争力差，社会整体福利水平下降，而为了保护这些民族产业，就需要更多的政府直接保护。

而要打破这种恶性循环，政府就需要改变民族产业保护政策的逻辑，从结果性保护向程序性保护转变，给民族产业与外商企业竞争创造良好的市场环境，让国家遵循国家逻辑，让企业遵循企业逻辑。这样，企业就会竞争于具体产品，提高产品质量，在这一竞争过程中，会导致相互学习和相互模仿，从而导致更多的技术创新和制度创新，在竞争中不仅每一个企业会提高其竞争实力，而且社会整体福利水平也相应提高。这样，政府采取程序性保护，使民族产业保护保持良性循环。自然，政府也达到保护民族产业的目的。

## §7.3 经济全球化背景下的中国产业保护

一个国家，特别是对一个发展中国家来说，在融入经济全球化过程中，如何保护国内不发达产业，如何将外向型发展与国内产业保护有机结合起来，加快本国工业化和现代化进程，是无法回避的重大现实问题。中国加入 WTO 后已走向全面开放。大开放局面为中国经济带来了积极的影响，但同时也带来经济安全和产业安全问题。随着对外开放进程的不断深入，原来在相对封闭的体制中建立起来的民族工业体系，遇到的外部挑战愈来愈激烈，以往中国只有个别产业在局部范围内参与了国际竞争，而大量产业还不具备参与国际竞争的能力，一些民族企业特别是一些国有企业甚至一些国有大企业，在参与局部国际竞争中都往往处于劣势，若参与全面竞争，形势将更不乐观。中国产业如何能在全方位开放的形势下。不被各个击破，很重要的一点就是要保证一些不发达产业的快速成长、成熟，具备国际竞争力，从而强固我们的工业体系。

尽管经济全球化极大地挤压了产业保护的空间，但也并非是没有回旋余地。作为代表我国国家利益的政府，既要创造条件让国内企业积极利用加入 WTO 带来的机遇，还应从中国国情出发，在不违反 WTO 规则的前提下，利用 WTO 例外条款以及对发展中国家的一些优惠条款，制定一些保护措施，缓和加入 WTO 带来的冲击，使我国能遏制国外贸易保护主义，拓宽我国的贸易和投资。

1) 利用 WTO 的灵活规定维护产业安全

WTO 的许多协议中均设有例外条款，各缔约方可以灵活运用这些条款，实行对本国有利的贸易政策和措施。

第一，新兴工业保障条款。WTO允许发展中成员为促进建立某一特定工业，而背离其所承诺的市场开放的义务，实施关税保护和数量限制的措施。所谓建立某一特定工业，包括：① 建立一项新的工业；② 在现有工业中建立新的分支生产部门；③ 对现有工业的重大改造；④ 对只能少量供应国内需求的现有工业的重大改建；⑤ 因战争或自然灾害而遭到破坏或重大损害的工业的重建；⑥ 按照发展中国家经济发展的轻重缓急，发展新的或改造扩大现有的生产结构。

在该条款下限制进口的措施包括关税保护和数量限制。为促进建立某一工业，成员可修改或撤销业已承诺的某些关税减让。该成员方在通知WTO后，立即开始与受影响的成员方开始协商谈判有关关税减让的项目。如不能达成协议，则将其提交WTO讨论，但无论结果如何，该成员方仍可修改或撤销有关关税减让项目，受影响的成员方，在对等范围内采取相应措施。如果采取上述关税措施，仍无法达到促进建立某一工业之目的，则WTO允许成员方采取数量限制，但措施必须非歧视地实施。该成员方须与受影响的成员方磋商，如果就采取的限制措施通知了WTO后60天内磋商未果，WTO要讨论该成员方为达成协议已尽合理努力，受影响成员方的利益是否得到合理保证。如果获得WTO的同意，则该成员方在必要的程度内，免除WTO义务，实施数量限制。只要该成员实施的数量限制措施，没有超出WTO批准的范围，其他成员方不得将限制措施诉诸争端解决程序。采取数量限制的成员方，要接受WTO每年的监督。

第二，一般保障措施。该保障措施全称应为免受进口损害的保障措施，它是指进口产品数量增加，并对生产同类产品或者直接竞争产品的国内产业造成严重损害或者严重损害威胁，进口方成员可以在适当的时间和程度内对此产品全部或部分地暂停实施其所承担的义务，或者撤销或修改减让，以消除或者减轻这种损害或者损害的威胁。当一国某产品进口大量增加，对国内生产同类或直接竞争产品的产业造成严重冲击或损害威胁，例如发生开工不足、工人失业和利润率大幅下降等情况，该国可以实行临时性进口限制措施。进口"激增"可以是绝对量增长，也可是相对增长，即进口在不断缩小的市场中份额相对增加。保障条款的使用，从原则上讲不能针对某一特定国家的进口产品，实施保护的期限最长不超过4年。同时该行业必须进行结构调整，保护期可因此延至8年。当一国遇到国际收支极度不平衡时，也可以对进口实行限制。发展中国家在使用此保障条款时条件相对宽松，允许发展中国家为发展经济和维持金融地位而保持足够的外汇储备，但申请须 WTO 工作组审查，并听取 IMF 的权威意见。

第三，一般例外条款。WTO 对于以下 10 种措施可免除成员方所承担的义务，成员方可实施限制贸易的措施：① 基于维护公共道德的必要措施；② 保护人民和动植物生命或健康的必要措施；③ 有关黄金、白银的进出口措施；④ 保证实施与关贸总协定无抵触的国内法令的必要措施：⑤ 有关监狱劳动产品的措施；⑥ 保护艺术品和历史文物的措施；⑦ 配合国内限制生产与消费，而采取的保护不可再生自然资源的措施；⑧ 实施与关贸总协定无抵触的商品协定的措施；⑨ 在国内原料价格低于国际价格时，为保证国内加工工业的需求，所实施的限制这些原料出口的措施；⑩ 在供应不足时，为获得产品而采取的措施。实施上述例外措施，成员方应遵守非歧视原则。历史上，一般例外措施的案例主要集中在两个方面，一是保护人民、动植物生命健康的措施，以及保护自然资源的措施；二是保证国内法执行而采取的限制措施。

第四，安全例外条款。世界贸易组织的安全例外规定，允许成员在战争、外交关系恶化等紧急情况下，为保护国家安全利益采取必要的行动，对其他相关成员不履行世界贸易组织规定的义务：① 为了保护国家基本安全利益不能公布的信息；② 为保护国家安全利益采取必要的行动：以裂变材料或提炼裂变材料的原料，与武器、弹药和作战物资的贸易有关的行动，在战时或国际关系的其他紧急情况下采取的行动；③ 维护国际和平与安全的义务而采取的行动。即在上述情况下，可以采取贸易限制措施，如限制对特定成员的进出口产品、贸易禁运、限制其他成员的进出口，以及解除与其他成员的权利和义务关系。国家安全利益高于贸易利益，实施安全例外措施的成员方，是自身安全利益需要的唯一判断者。换言之，出于国家安全利益需要采取贸易限制措施，如贸易禁运、限制进出口乃至解除与其他成员方的权利义务关系，当事方有判断和决定权，WTO 和其他成员方的干预有限。

第五，技术性壁垒措施。WTO 的《技术性贸易壁垒协议》规定，为保障人类、动植物的健康和生命安全，成员在不违背国民待遇原则的前提下，可以制订相应的技术法规、产品标准、评定程序等，来限制不符合规定的进口产品。目前，WTO 各成员均制定了多种形式的技术性措施，对部分进口产品进行限制。

第六，免除义务条款。《WTO 协议》第 9 条第 3 款规定：在特殊情况下，成员可以申请免除应承担的义务（包括关税、市场准入减让等）。申请免除义务，须说明免除义务要达到的目的，以及用尽量符合 WTO 规定的措施仍不能实现此目的。免除义务的申请须向 WTO 有关理事会提出，后者在 90 天内进行讨论，并提交部长会议作出决定。该申请的通过需获得四分之三理事会成员的投票通过。成员方在获得免除义务的许可前后，应与受影响的成员方磋商，以弥补因此而给他们造成的损失。如果磋商不能达成一致，则受影响的成员方可以诉诸争端解决程序。

以上第一和第二点为保障措施条款，其余为例外条款。从广义上说，例外条款与保障措施条款都有产业保护的作用，保障措施也可以说是 WTO 公平竞争原则的例外，但例外条款与保障措施条款仍有很多的区别。

第一，保护的对象不同。例外条款在进口方面保护的对象主要是境内人类、动植物的健康与安全、公共道德与社会秩序，国家的安全与和平；一般保障措施条款保护的是国内某一产业的安全。

第二，实施的程序不同。例外条款，只要成员严格按照世界贸易组织的规则制订相关法律、行政法规，公布后即可实施；而保障措施条款是在进口激增并对国内相关产业造成严重损害或严重损害威胁时，经国内产业申请，或主管部门认定后，进行立案，需要通过主管部门调查、通知保障措施委员会、与利益关系方磋商等一系列的程序，得出肯定的结论才能实施。实施保障措施要受世界贸易组织有关规则的约束。

第三，采取的措施不同。例外条款通常采取禁止和限制的措施；保障措施可以采取提高关税、数量限制等形式。一般例外和安全例外是不会采取提高关税、数量限制等形式来限制的。

第四，受影响的利益关系方的反措施不同。一成员援引例外条款采取措施，受影响的利益关系方可以与该成员磋商，也可诉诸世界贸易组织的争端解决机构，如裁定符合世界贸易组织的规定，受影响的利益关系方不能采取相应的反措施。而受一般保障措施影响的成员可以与该成员磋商，要求补偿，如达不成满意的解决办法，则可诉诸世界贸易组织的争端解决机构，经争端解决机构授权后，采取中止实施实质相等的减让或其他义务的反措施。

第五，使用的期限不同。例外条款是经常使用而无期限的，保护是长期性的，即使在战时或国际关系的其他紧急情况下采取的行动，也是没有明确的实施期限，而是视情况而定；保障措施条款只有在进口激增并对国内相关产业造成严重损害或严重损害威胁时才可使用，并有明确的实施期，即一般为 4 年，最长不得超过 8 年(发展中国家成员为 10 年)，保护是临时性的。

目前，发达国家对例外条款与保障措施条款的运用十分娴熟，有效地保护了其国内产业。我国较多使用的是保障措施条款，今后应加强对例外条款的运用。

2) 政府切实履行维护产业安全的责任

在当今这样一个经济全球化的时代，政府要有效实施对国内产业的保护，首先要明确以下几点原则：第一，保护期限的确定。保护一般是针对国内不发达产业，产业保护的最终目的是提高其国际竞争力，一旦达到目的，就应该撤销保护政策。设定适当的保护期限，可以激励被保护产业充分利用保护期内的优惠条件提高生产效率，增强竞争力，有效避免了“老态龙钟的幼稚产业”的出现；第二，加强保护过程中的监管。政府需要对处于保护期内的不发达产业实行必要监管，督促其在政府的帮助下正当利用优惠政策，努力提高生产效率；第三，鼓励国内竞争。制定有关法律法规，以强化保护政策的规范性和严肃性。

具体来看，首先，需把对外经济政策与产业政策有机结合起来，积极扶植需要保护的产业。美国经济在 20 世纪 90 年代持续 9 年增长，充分证明了将对外经济政策，特别是对外贸易政策与产业政策紧密结合起来所产生的巨大作用。美国政府通过产业结构的调整、扶植和优先发展高新技术产业，不断提高整个国家的总体竞争实力，以新技术抢占制高点，以新产业保持优势地位，以新产品开拓国际市场，从而达到较好的保护目的。我国的高新技术产业，不能再走“高关税”保护的老路子，也应以产业政策扶植为主。例如，对从事高新技术产品的企业减免税和给予信贷上的支持，从而引导企业加大对高新技术产品研究与开发的投入。我国应在加速产业技术进步，降低生产成本的同时，扶植高新技术产业走规模经济的道路，缩小同国外产品价格和品质的差距，从多方面支持高新技术产业的发展。同时，也鼓励国外企业来华投资高新技术产业，使本国企业有效地参与竞争。经过一段时间后，我国的高新技术企业的国际竞争力将不断增强。

其次，培育国内市场充分竞争环境。其实，产业若能参与国际竞争，首先应适应国内的竞争环境。若国内市场竞争不充分，产业就很难适应来自国际市场的强有力的竞争，扶植起来的产业也会很快夭折。我国电冰箱产业就是经历了 20 世纪 80 年代中后期以来激烈的国内市场竞争才达到提高国际竞争力的目的的。由此可以看出，只要国内竞争充分，适当地引入国际竞争，不仅不会冲击国内的产业，相反可以给国内厂家更大的压力，并促使它们更快地提高产业竞争力。当然，在培育国内市场的同时，应防止出现恶性竞争或过度竞争，造成市场混乱。

此外，还需促进幼稚产业产品的出口。开放式保护幼稚产业的另一层含义是保护其不断出口。国际市场是广阔的，但又是纷繁复杂的，单靠企业的力量是难以把握的，国家应为企业提供广泛的信息，帮助企业出口，并应提供专项资金为幼稚产业出口提供支持。应对国内幼稚产业保护确定一套法定的科学保护程序；建立产业保护执行机构，并采取综合支持系统，使幼稚产业的保护更加规范和有效。

3）充分发挥行业协会的积极作用

在市场经济条件下，政府不干涉企业的经营管理，而企业则要面向市场自主经营。要使整个经济的发展符合国家的经济政策和社会目标，就有必要在企业和政府之间建立一个经费上不依赖政府、责权利相结合、既非行政又非企业的组织。这个组织就是行业协会。行业协会作为政府与企业以外的“第三部门”，既是沟通政府、企业和市场的桥梁与纽带，又是社会多元利益的协调机构，也是实现行业自律、规范行业行为、开展行业服务、保障公平竞争的社会组织。行业协会公共行政的权威，或源自组织成员的集体委托与授权，或源自法律的授权，或源自社会公认的、与专业能力相联系的公共信任与认可，具有较强的公共性。在市场经济发达国家，行业协会具有不可替代的协调、指导功能。它以一种有效的工商业活动管理方式显示出其特有的商业文化传统，呈现出民间组织性、利益公共性、互益性、平等性和开放性等一些重要特征。它在国家产业政策和法律的制定，劳资和贸易纠纷的谈判和解决，以及行业标准的制定方面，都发挥着极其重要的作用。

随着经济全球化的发展，行业协会的产业保护作用日益凸显。按照世贸组织的规定，行业协会完全可以成为企业的代言人，利用世贸组织条款，依法维护国内本行业的利益。政府不可能也不应该永远为企业在国际经贸中充当提诉人，这既不符合改革的大方向，也是与WTO规则相悖的。

在国外，多数反倾销诉讼是由行业协会提起。如日本对中国出口的草菇、大葱和蔺草席制品的反倾销诉讼案，就是由它们国内有关的农民协会首先提起的；

2011年发生的美国对华柠檬酸及柠檬酸盐的反倾销诉讼案，就起于美国相关行业协会六成的会员向美国国际贸易协会递交了针对中国的柠檬酸及柠檬酸盐反倾销调查申请；中国与韩国的“大蒜风波”也是韩国的有关行业协会挑起的。不仅如此，发达国家的行业协会提供的信息服务也十分完善，其影响能深入到企业生产经营的许多环节。欧盟对我国棉坯布提起反倾销调查时，欧盟的服装行业协会反对对中国的棉坯布征收反倾销税。该协会的主张并不是替中国企业着想，而是建立在自己量化分析的基础上，为本地区利益服务的：英国、德国拥有大量的服装生产厂，而欧盟内部的布料生产不能满足这些厂家的需要，并且近期布厂没有扩建计划。如果对中国的棉坯布征收反倾销税，在之后的1至2年内欧盟的棉坯布生产可能增加6 000个就业机会，但由于原材料价格上涨，欧盟所有生产服装的企业将因此而裁员1万人。该协会提供的信息，对欧盟最终裁定产生了重要影响。

国际上普遍重视发挥行业协会的作用，我国加入世界贸易组织后，面临妥善处理对外交往和经贸合作，保护国内市场和企业利益，参与有关国际事务和国际规则制定的新形势，这也为发展民间组织、特别是行业协会提供了新的机遇。因此，发展和规范行业协会是经济社会发展的客观需要，是经济体制、政治体制改革的必然要求，也是我国加入世界贸易组织，应对经济全球化挑战的重要举措。

但现实情况是，国内企业尤其是民营企业的组织化程度非常低，能够代表本行业利益的行业协会未能真正组织并行动起来，这是国内企业与外国企业相比较的一个缺憾。目前我国的行业协会大多带有半官方的性质，它们的组织架构和运作方式也染上了浓厚的行政色彩，依靠政府，借用政府的管理职能去行使协会有限的职能在一些地方比较普遍；有些协会习惯于听从行政命令，不能创造性地开展工作。如果不对行业协会管理体制进行改革，下放的公共权力就会缺乏良好的受托者。因此，在完善市场组织结构、发挥行业协会作用的过程中，要推动其加强规范发展、自我管理的能力，构建合理的管理机制，加快自律体制建设。政府要大力培育和扶持行业协会的发展，推动相关行业的立法进程，通过立法确保行业协会公共管理职能的确立和到位，并加强对行业协会建设和管理的引导与监督。

在新形势下，行业协会要做真正的企业代言人。当前的行业协会建设要注意以下几点：第一，变习惯于政府行为的“行政者”为主动参与的“沟通者”。从本质上讲，行业协会属“社会中介机构”。而社会中介机构的特点，在于它的相对独立性。这种相对独立性的首要表现，就是它的“民间化”，或者叫“非政府化”。对政府而言，它是独立的社团组织，是企业利益的代表者：对企业来说，它不是管理者，而是服务者。在企业与社会的有关方面发生矛盾时，行业协会代表企业与有关方面进行求同存异的友好协商，以维系社会经济的健康有序地发展。在这当中，协会主动参与、主动沟通显得相当重要。第二，变无所作为的“旁观者”为积极转型的“服务者”。转型之后的行业协会最重要的是发挥其服务功能。即行业协会为本行业中的企业提供各种有关经营方面的服务，包括咨询服务、员工培训服务、市场调研服务、信息服务、产品展览服务、国际商务联络服务等。必须摈弃无所作为的思想，牢固树立为企业服务的精神，脚踏实地地去做工作。第三，变市场经济的“淘金者”为代表企业的“维利者”。行业协会实际上是本行业中所有企业根本利益与整体利益的代言者，应是维护行业内企业获得更好发展的“维利者”。行业协会可以通过各种方式向立法机构或政府反映本行业企业的总体利益要求及愿望，并以民间组织的身份参与国家有关法律及政策的讨论和制定，参与到政府同别国政府所进行的双边及多边贸易协定的谈判等活动中去。第四，变单一经济的“遗传者”为广泛利益的“代言者”。目前大多数协会“脱胎”于国有官办体制，大多局限在原部门系统内，而且覆盖面绝大多数是国有企业。覆盖面窄，意味着协会所能掌握的企业和行业的信息不充分、不全面、不广泛，因而难以发挥综合性的协调功能。必须尽快改变这种状况，吸纳多种经济成分的会员入会。行业协会面对的不仅仅是国有企业，而是各类所有制企业，特别是那些个体、私营的中小型企业。要指导、引导各类所有制企业健康发展，这才符合生产力发展的要求，只有这样，协会才能成为广泛利益的“代言者”。第五，变价格垄断者的“维护者”为市场竞争的“协调者”。企业之间的相互关系是以竞争为基础的，竞争不应是恶性竞争，而应是有效竞争。有效竞争离不开协商，行业协会的协商作用是有效竞争的前提和条件。行业内各企业之间发生各种利益冲突时，行业协会应从行业整体利益与国家根本利益出发，通过各种手段协调企业间矛盾，以保证行业内部企业协调发展。第六，在维护产业安全方面变默默无闻为大有作为。开放经济中，行业协会将成为代表行业整体利益与国外抗衡的主要力量，学习和掌握 WTO 有关法规和章程，熟悉反倾销法律规定，培养具有丰富专业知识的专业人才是行业协会发展壮大的必要条件。《中华人民共和国反倾销条例》第十七条规定："在表示支持申请或者反对申请的国内产业中，支持者的产量占支持者和反对者的总产量的50%以上的，应当认定申请是由国内产业或者代表国内产业提出，可以启动反倾销调查；但是，表示支持申请的国内生产者的产量不足国内同类产品总产量的25%的，不能启动反倾销调查。"缺乏行业代表性的产品的生产者，一般情况下没有提出要求中国政府启动反倾销调查程序申请的法定资格。这时，仍然需要由那些总产量达到或者超过国内总产量的"50%"的企业和其支持者提起有关诉讼方为合法有效。可见，行业协会的有效组织工作之重要。

## §7.4 增加福利水平的产业发展与控制战略安排

目前，收入分配已成为全社会关注的焦点。如何增加初次收入分配份额，提高社会总福利水平，已经成为中国现今要解决的重要问题。初次分配水平的提高，不但与经济增长总量相关，而且与产业层次高低相关。以往人们更多的是从经济增长方式角度关注产业结构调整和产业层次升级，但实际上以增加福利水平为出发点和落脚点研究产业结构层次问题，会发现产业层次的更直接和更深刻的人本经济的发展目标。

国内学者将产业层次与国民福利联系在一起的研究不多见，穆怀中和丁梓楠(2011)的研究具有一定代表性，他们选择人均劳动收入和劳动收入份额(劳动收入占GDP或产业增加值的比重)作为产业福利系数研究的基本核心指标讨论产业层次与福利之间的关系，我们在本节讨论与福利相关的产业策略安排时将沿用他们的部分观点。

### 7.4.1 基于福利目标的产业发展思路

人均劳动收入增加，意味着社会绝对福利水平的增加；劳动收入份额在适度的水平下增加，意味着社会相对福利水平的增加；在其他条件不变的情况下，绝对福利增加，且相对福利在适度的水平下增加，意味着社会总福利的增加。但如果人均劳动收入增长，同时出现劳动收入份额下降，说明产业增加值中分配给劳动者的劳动报酬下降，人均劳动收入的增长可能是以就业人数减少为代价的虚增，也可能是增长的幅度低于经济的增长幅度，这些都会减少社会福利，因此在人均劳动收入增长的同时要注重劳动收入份额的增长。在绝对福利增长的基础上达到相对福利的增长是我们追求的双重合理目标。

产业人均劳动收入水平的提高，产业劳动收入份额的适度增加，意味着产业相对总福利水平的增加。各产业相对总福利的加权平均是社会相对总福利。在其他条件不变的情况下，通过产业的合理布局，使三大产业的福利都有所增加；或者某产业福利的改善不会同时造成其他产业福利水平的恶化；或者某产业福利的改善补偿了其他产业福利水平的恶化而有余。以上三种形式都意味着社会总福利的增加。

产业层次越高，福利水平越高，即第三产业福利水平最高，第二产业次之，第一产业最低；同时，由于高层次产业福利水平高于低层次产业，产业布局越合理，产业结构越向高层次产业倾斜，社会总福利增加的就会越多，因此合理的产业布局会使各产业具有合理的福利系数，会使社会总福利增加。

1) 完善产业发展战略

不单纯以 GDP 经济增长为目标，更要以提高产业福利系数为出发点和落脚点，进行产业结构调整和升级，以增加社会总福利水平为总目标，采取经济福利发展战略。若想保障我国产业的安全健康发展，现有的经济发展模式是需要进行一定调整的。我国政府管制的市场经济在改革开放初期具有一定的可行性，随着经济发展，粗放型经济所能拓展的生产力越来越有限，这一过程中社会也发生急剧变革，这一模式所隐藏的问题不比它所取得的成就小，并且这种模式只适合于某种历史机遇，而这种机遇现在已经不复存在，中国模式已经完成了其历史任务，目前更需要的是进一步深化改革(景凯旋，2009)。因此，依靠比较优势和大规模运用资源，在政府强有力管制的市场经济下，促使经济出现高速增长的这一模式，已经到了转变的关键时期，若想保证一个健康安全的产业结构必须发展“可持续型与福利型的经济发展模式”。这一模式从提高经济绩效的角度出发，从只关注 GDP 的增长，转化为关注 GDP 增长的可持续性，及经济增长能否有效转化为居民福利的提高。

从经济增长道路来看，转变经济增长模式和发展理念，主要是指经济增长由投资和出口主导的粗放型增长转向技术主导的集约型经济增长，以解决产业结构失衡和环境破坏问题，最终实现经济的可持续发展。经济增长方式的转变，必须建立能反映资源市场供需状况和稀缺程度的价格形成机制。在粗放经济模式根深蒂固的情况下，发展集约型经济，深化市场化改革的重点是资源与生产要素价格改革。生产要素的价格扭曲是造成经济增长粗放和产业结构失衡的主要原因，目前我国资源价格基本上是采用政府定价或政府指导价的方式，政府掌握着过于庞大的资源配置权力，市场对资源配置的基础性作用难以有效发挥，使得劳动力、资本和资源等生产要素价格发生扭曲。我们很多矿产资源价格并没有合理反映出资源开发利用过程中对环境的破坏等外部成本，从而在高利润的驱使下，形成了对资源的掠夺式开采，资源能源的价格偏低，难以限制能耗的投入过多。而寻租行为的存在，使得更多不具生产资格的企业加入了资源开发生产过程中，其粗放的生产方式造成了极大的污染和浪费，进一步透支着未来的资源。不合理的资源要素价格不仅诱使经济增长过多地依靠大量低廉的资源要素投入，使多数行业处于附加值低的产业链低端，而且还会减弱经济增长对就业的带动作用，加剧国民收入分配向资本倾斜程度，从而引起收入分配结构失衡，减缓国内消费需求的增长。另一方面，长期对低廉价格的路径依赖，又会造成我国内外失衡的产业结构，它等于向国外市场和消费者提供了低要素价格福利补贴，在国际分工和国际价值链条中处于低端地位，抑制了出口商品结构的改善和对外贸易质量的提高。对外需求过度依赖会使得我国对国际经济的波动具有较大敏感性，使宏观政策越来越多地受到国际经济形势的制约，加大了经济运行的外部风险。

2) 注重产业内要素利用及经济开放下的产业结构调整

通过第一产业内部的升级，将劳动密集型的要素利用结构转向技术密集型，以此来提高产业劳动效率，达到提高产业福利水平的目的。在第二产业内部大力发展技术密集型行业，实现资本要素利用向技术要素利用的转变，提高产业劳动收入份额及提高人均劳动收入，达到增加产业福利水平的目的。增加第三产业内部技术密集型行业的比例，有利于增加产值，提高劳动收入分配的基数，为第三产业人均劳动收入的增长及产业福利的增加提供进一步的空间。

实行对外开放会导致产业结构发生深刻的变动，开放经济体系的运行是以特定的产业结构为支撑的。中国经济正进入需要以新的产业结构调整来启动和支持国民经济总量增长的阶段，对外开放取得了很大的成效但仍然面临结构性制约。随着经济全球化进程的日益加速和知识经济时代的日益临近，我们应当以构建开放型经济为目标来对产业结构进行战略性重组，在进一步扩大和深化对外开放的过程中加速产业结构调整的步伐，为实现国民经济的持续稳定发展奠定坚实的基础。

以构建开放经济型经济体系为导向进行产业结构的调整，不只是传统意义上产业结构调整的延伸。在日益加速的经济全球化大背景中，一国的产业结构是否合理，主要的判断标准之一就是要看其能否适应当今经济生活国际化的要求下满足自身健康的产业结构合理布局。

首先，以出口商品结构的高级化带动产业结构升级。以我国目前的经济形势而言，保持出口贸易的继续增长依然重要，对于进一步诱导生产资源配置的重组，加速产业结构调整的步伐具有非常重大的意义。出口贸易的规模越大，一方面，表明已进入出口领域的产业本身发展速度快，资源利用效率在不断提高。另一方面，表明有更多的产业部门加入到出口行列中来，这有利于改进整个社会的资源利用效率。然而值得注意的是，在出口贸易规模增长的同时，出口商品的结构变动有十分重要的意义，后者直接地影响产业高级化进程。近年来，虽然机电产品等在我国出口贸易中所占的比重迅速提高，但整体上看我国出口商品的资本与技术密集度较低，附加价值相对少。随着国民经济总量的迅速增长和国内资源禀赋状况的转变，推动我国出口商品结构高级化的条件已初步具备，应当采取一些必要的措施，比如出口信贷等来加速我国出口商品结构的调整，进而拉动整个产业结构的高级化进程。

其次，改进利用外资的方式，加速技术转移过程以促进产业结构的高级化。改革开放以来，我国利用外资往往是把重点放在吸收外部资金的流入上，这对于促进国民经济总量的快速增长发挥了积极的作用。但应当看到，由于目前我国经济整体上已从短缺转变为过剩，结构调整已经成为保持总量持续增长的重点环节，利用外资的方式和重心也应当适应地进行调整。一方面，应当加快高新技术产业领域的对外开放，把国外的资金、技术和管理经验吸引过来加快国内高新技术的发展步伐；另一方面，在利用外资的具体方式上，应当更多地鼓励外商来华设立技术研究中心，更快地进行技术转移。应当说，从我国的市场发展前景和生产要素禀赋状况来看，只要采取适当的鼓励政策，加速外商直接投资中的技术转移是完全可能的。技术创新是推动我国产业结构高级化的关键所在。扩大和深化对外开放，意味着通过强化市场竞争来诱导外商把更多的先进技术更快转移到中国来，由此能产生广泛的经济效应。

第三，增大市场准入的程度，利用国际市场的竞争调整产业关联与比例。我国加入WTO之后，随着市场准入程度的扩大将会使国内市场上的竞争得到明显的强化，应当充分利用这个机会来加速我国产业结构调整的步伐。一是要合理利用来自外部的竞争打破垄断，促使资源配置的合理化。垄断利润的存在既意味着垄断部门本身的资源利用效率低，同时也提高了其他产业部门的成本，扭曲市场供求关系，损害公众福利。市场开放的重点应当加快消除垄断的步伐，为实现产业结构合理化创造良好的市场环境。二是要积极发挥国外市场的示范效应，为国内产业的发展提供信息。由于人均国民收入和科学技术水平方面等存在的差距，国内市场的发育相对滞后，这也是导致产业结构不合理的一个重要因素。进一步扩大和深化对外开放，通过强化市场竞争来促使生产资源更多地流向出口产业部门，重构不同产业之间的相互关联，才能真正实现产业结构的合理化。

第四，鼓励企业开展海外投资，在国际经济循环中强化我国产业的竞争力。国际投资在21世纪的经济全球化进程中的地位更为重要，是各国企业争夺国际市场的战略制高点。我国要在全球经济竞争中来定位产业的发展，从现在起就应当采取切实有效的措施鼓励企业积极地开展海外投资，进而为产业结构的调整和优化创造更好的条件。一方面，海外投资能对我国比较优势模式的重构发挥重大的积极影响。比如，通过跨国投资可以获得规模经济效应，这有利于促进资金的积累和加速技术创新，因此，海外投资规模的扩大本身能促使我国有更多的产业培育出国际竞争的优势。另一方面，海外投资也能对提高我国企业的管理能力和技术创新能力起到积极的推动作用。相对而言，海外投资的风险程度高，市场竞争也往往更为激烈，成功的海外投资是企业发展进入相对成熟阶段的重要标志。中国的企业家在向市场经济的转型中迅速地成长起来，但还需要通过海外投资的磨炼才能逐步地走向成熟，而这将是中国产业真正具有较强国际竞争能力的基本保障。

3）调整就业结构，提高第三产业的就业比重

增加第三产业就业量，尤其是知识和技术含量高的第三产业就业量，这样不但可以缓解中国劳动力过剩的状况，而且可以提高产业就业层次，进而提高第三产业和社会总福利水平。

曾国平和曹跃群（2005）在中国第三产业经济增长与扩大就业的实证研究中

发现：改革开放以来，我国第三产业保持了相对较高的就业增长弹性，就业潜力发展巨大。第三产业内部各行业就业增长弹性"两极分化"特征突出，高弹性组与低弹性组区分显著，且高弹性组表现为以传统服务业为主、传统服务业与现代服务业相结合的特征。从第三产业内部各行业就业弹性的变化趋势看，尽管行业间存在差异，但就业增长弹性上升趋势明显。如果考察我国第三产业内部各行业就业比重，第三产业就业仍主要集中于传统服务业，同时，我国第三产业跨越式发展即由第一阶段兼向二、三阶段转轨特征比较明显。但是，我国传统服务业就业比重低于西方国家、新兴服务业就业比重不突出的特征也比较突出。

考虑世界主要国家第三产业就业增长的规律，我们在实际的工作中应注意以下几点：首先，应该把继续大力发展第三产业作为近期扩大就业的主攻方向。我国第三产业就业潜力巨大，劳动密集型产业是我国长期发展的比较优势所在，应当充分考虑第三产业经济增长和结构目标，积极鼓励餐饮、商贸流通、旅游、社区服务等行业的发展；其次，加快现代服务业的改革与重组进程，打破传统服务业垄断的特征，处理好大力发展现代服务业与改造提高传统服务业的关系；第三，继续推进服务业的市场化改革。引入市场竞争机制，放松经济规制，实行市场准入制度改革，打破市场壁垒，实现要素的自由流动；第四，政府通过加强服务基础设施的建设，加强对人力资本及科技方面的投入，提高劳动力素质和科技水平，完善服务业的法律、法规，创造公平竞争的市场环境；最后，可以采取收购兼并、不良资产和债务的合作处置以及上市公司国有股转让等多种方式加大对外开放力度，通过吸引国际资本、技术、人才和管理，积极承接服务业国际转移，有效推动我国第三产业的现代化进程。

### 7.4.2　维护民族资本的产业控制力

伴随着国内市场的进一步开放，各类经济主体在更广阔的舞台下竞争发展。我国巨大的国内市场将吸引更多的跨国公司来我国投资，国内各行业的竞争将更加激烈。融入全球经济体系，不是被动地接受国际分工，而要主动地调整战略。应该在掌握自主权的基础上，有效利用国内国外两种资源和两个市场，实现产业升级，增强国家的竞争实力，提高国民福利水平。这就需要创造条件，增强民族资本竞争力和国内产业的控制力。

目前，外资的产业控制已经现实地存在着，在有些领域还相当严重。从垄断资本发展的内在要求来看，跨国公司要维护垄断资本的集团利益，必须加强产业控制力，排挤任何新的市场分享者。跨国公司之间虽然有激烈的竞争，但在维护垄断资本的集团利益方面却是一致的。其策略往往是，先共同打压和排挤新的市场分享者，保持对市场的高度垄断。然后，再竞争分享市场份额和垄断利润。在这个强者俱乐部中，它们需要的是提供服务的"球童"，而不是参与竞赛的"球手"。在过去的巴西市场是如此，在现在的中国市场也是如此。只要不存在政策障碍，为追求利润最大化，跨国公司总是不断加强对产业链的全面控制。

外资产业控制的结果是中国人成为打工仔，没有真正属于中国人的著名企业、著名品牌，丧失自主研发能力，国家也将陷于依附型发展泥潭，国民的人均收入很难提升，福利状况始终处于世界较低水平。跨国公司正在整合我们的国家战略产业。跨国公司利用我国政府和地方的各项优惠外资"土政策"，"专门找行业内的知名企业谈合资合作，争取控股，然后展开对我方品牌的收购。许多历经数十年辛苦经营创下的国内著名品牌，纷纷被外资企业的品牌所取代，随之外资品牌通过原国产品牌的信誉和渠道不费吹灰之力大举进入了我国市场。有些国内企业甚至主动出卖自己的品牌，将全部市场拱手让与外资。"如果我们千辛万苦建设起来的工业体系被不同的跨国公司根据各自的需要分别整合，我们就失去了自己的民族产业，就失去了独立自主发展的能力和机会。我们的技术进步，永远只能被动地仰跨国公司鼻息，就会被长期锁定在国际产业分工链条的底层。我们的经济发展和社会福利目标就会落空。

外资产业控制会压制我们形成自主研发能力。20 世纪 90 年代以来，虽然有不少跨国公司进驻我国，并设立诸如中国微软研究院这样的研发机构。其目的是更多的吸引中国人才，既把中国人力资本方面的比较优势就地转化为跨国公司的竞争优势，又避免让中国的人力资源压缩跨国公司母国的一般就业机会。我们所能够拿到的技术也仅限于高价专利。事实上，由于外方一般占有在技术和营销渠道方面的强势地位，即使不占有股权的控制地位，仅凭借技术实力，外方仍可按照自己的意图把合资企业的生产经营计划纳入它的全球战略中。

尽管外资在华企业不少从事高技术产品的生产和开发，但这与中国自行掌握这些先进技术完全是两回事。外资企业不会主动外溢技术，培植自己的竞争者。不少人期望在外资企业工作的中国人通过对外国技术和管理"耳濡目染"的接触和感受，来搭建未来国内企业的技术平台，这确实是我国掌握先进技术的一个渠道，但不会是主渠道。如果跨国公司实现了产业控制，其在华设立研发机构更会对我国产业技术进步产生消极影响。第一，人才流失由海外流失转向国内流失。跨国公司在华研发机构的设立，减少了国内人才流向国外，但同时也出现了人才流失的国内化倾向。跨国公司 R&D 机构提供的条件十分优越，吸引了大批国内大学和研究机构的骨干，形成了国内 R&D 人才向跨国公司在华 R&D 机构的单向流动，从而使国内的研究力量遭受损失，而且国内的研究积累也有可能随着主要人员的流动而被带入外国公司，对这些国内企业造成了极大的冲击。另一方面，那些进入跨国公司，R&D 机构的研究人员很少再有返回原企业尤其是国有企业工作的，从而加剧了我国企业的技术依赖性和产业空心化。第二，中国企业大量的逆向技术扩散严重。跨国公司 R&D 机构的设立，用优越的条件吸引了中方大量高级科技人才，并且还从国有企业、科研院所挖掘人才和技术，这实际上是我国国有企业或科研院所向跨国公司免费扩散技术，从而导致我国企业的逆向技术扩散。如果国有企业和科研院所不解决产权体制和科研机制问题，这种逆向的技术扩散还会愈演愈烈。这样，我们的"以市场换技术"的战略不但没有换得技术，甚至连自己的技术都在合作中丧失。第三，跨国公司更多地涉入我国的技术开发领域，会导致我国在技术进步和创新方面产生依附关系，从而丧失自主增长的一些基本条件。跨国公司独立 R&D 机构的设立，可以进一步提高跨国公司的技术水平，拉大我国与发达国家的技术差距，这样，由于技术吸收能力与技术转移发生的国家不处在同一层次，造成技术转化、吸收方面的困难，即"技术接受方面的吸收能力差距"。这是一种需求方的"技术熟练程度的差距"。一些行业的中国企业技术储备太低，在与跨国公司合作过程中不能通过引进、消化、创新把这些技术转化为自己的技术创新能力。因此中国当地企业处在依赖跨国公司提供技术和不断引进技术的被动地位。从技术差距二元论的观点来看，发展中国家国内技术储备越低，越难弥补所接受的技术和国内技术水平的差距；熟练程度上的差距越大，发展中国家受制于技术差距的危险就越大。这样，我国在技术开发与创新上就越有可能受制于发达国家和跨国公司，技术开发的依附性会进一步提高。第四，跨国公司技术垄断的进一步加强。技术优势是跨国公司经营的立身之本，因而跨国公司往往将最新技术转移给它们的分支机构，而把较陈旧的技术转移给当地公司或合资公司。以前在合资企业中通过中方员工的模仿还可能学习到外方的某些先进技术，但随着独立 R&D 机构的建立和自有知识产权的更强保护，这种技术扩散的渠道就被封死了，从而在很大程度上减少了跨国公司先进技术的溢出效应，限制了我们先进技术的获得。第五，跨国公司采取的技术锁定战略将抑制我国技术创新。为了维持其在核心技术上的垄断优势地位，跨国公司从最初的技术封锁、技术垄断，逐步发展出一整套设计精巧的技术锁定战略。所谓技术锁定战略，是指具有某项产品（或某种服务）技术垄断优势的跨国公司，从与该产品有关的基础理论、战略规划、研究开发、产品构思、工艺设计、制造流程、管理技术、品质控制、物流配送、营销网络、售后服务等全过程中精巧设计一项或多项难以破解的障碍，使跨国公司能以最低廉的成本，获取其技术垄断的最大收益。技术锁定是跨国公司使用的一种更高级形式的技术产品效益外溢的补偿方式，其最终结果是加强东道国对跨国公司技术的依赖性。总之，跨国公司逐利性的本质决定了其在华设立研发机构的本质是满足其全球化战略的需求，充分利用世界各地资源，获得最大的利益。同时，为了尽可能保持其技术垄断优势，还会通过技术内部转移、技术锁定战略等方式，尽量减小在华设立研发机构的技术外溢效应。因此，我国产业技术的进步不能对其期望过高，只能充分抓住跨国公司在华设立研发机构这一相对有利条件，在双方博弈中趋利避害，促进我国产业技术进步。

在与跨国公司的竞争中，我们的竞争地位更不利。我们拥有廉价劳动力，跨国公司的三资企业也是劳动力便宜，而且没有退休工人，企业负担更轻。我们有地方政府扶持，跨国公司的三资企业，也享受各种引进外资的优惠政策。我们有的，人家都有，我们没有的（如跨国公司调度资源能力和雄厚的资金、技术），人家也有。可以预见，越来越多的跨国公司企业，将在中国编织各自的分工体系，而且越编越大，越编越周全。对行业来说，中国人退出“老板”行列，给洋老板打工。对宏观经济来说，丢了品牌，利润被外国股东分去一大块。但这种情况如果发生在我们的基础产业、关系国民经济命脉的产业情况将如何？对中国经济安全将产生什么影响？人们看到的只是消费品市场的繁荣，但实际上自主的技术创新和基础工业，越来越落后于国际先进水平。

我国大部分产业和市场都受到外资的巨大冲击，一些民族品牌岌岌可危。中国轿车产业发展了半个世纪，合资已经多年的时间，但中国轿车没能掌握汽车设计的关键技术，没有一个完整的产品研发过程，在世界领域根本谈不上竞争力。在电子和通信设备制造业，外商已成垄断之势，占销售额的一大半。这些具有战略性意义的产业资本结构状况，应引起密切关注。我们在成功地承接了国际制造业转移的过程中，所提供的是廉价的劳动力、稀缺的土地资源和巨大的国内市场，而技术开发能力、核心技术以及市场网络和品牌，仍然牢牢地掌握在外资手中，战略性民族工业的控制力正在不断削弱。在不可能拒外资于门外的情况下，如何维护国家主权和民族利益，拉近和发达国家巨大的贫富及福利差距，如何控制国家经济命脉，成为中国面临的紧迫问题。国家产业控制力和国际竞争力已经无法完全体现在股权控制上，也不在于产业的庞大和产业的属地，而在于产业的核心技术和品牌掌握在谁的手中。

刚刚出版的《新世纪 10 年跨国公司在中国》(2013)报告认为，在看到吸收外资对于我国经济社会发展所起到的巨大作用同时，也应当看到外资控制对经济发展造成的问题。报告认为以下几个问题应当引起人们的高度关注。

第一，外资带来了经济繁荣，但是中国的 GNI(国民总收入)并没有取得与 GDP 同样的快速发展。GDP 和 GNI 是两个不同的统计指标。GDP 反映一个国家或地区在一定时期内生产的最终产品和服务的价值。GNI 指一个国家或地区所有常住单位在一定时期内收入初次分配的最终结果，即国民总收入。他在一定程度上可以代表一国国民的福利总水平。GNI 不包括外国企业在我国取得的收入，包括我国企业在本国以外的收入。1992 年前各年份，中国的 GNI 与 GDP 数量基本持平，有时略大于 GDP。但是从 1993 年起到 2013 年 20 年间，中国 GNI 数量年年少于 GDP，而且 GNI 与 GDP 差额有越来越大的趋势。这一差额表明，中国国内创造的价值有一部分(每年约 1 400 亿元人民币)并没有成为中国国民收入，而是流向国外变成外国国民的财富。由于大量吸收外资而导致 GNI 少于 GDP 是我国必然经历的一个发展阶段。但是如果我们对外经济发展始终停留在引进来阶段，中国经济确实会出现“增产不增收”的局面。福利状况的恶化，显而易见也不可避免。按照科学发展观，这种“增产不增收”的经济增长方式是应当极力避免的。

第二，某些行业出现跨国公司利用优势市场地位限制竞争的苗头。中国加入 WTO 以来，跨国公司在中国投资经营环境越来越宽松。许多跨国公司通过建立地区总部和设立运营中心而逐步实现集团化，其竞争实力明显加强。跨国公司利用其市场优势地位限制竞争的能力将进一步加强。如何反对垄断，建立健康的竞争秩序已经成为我国完善社会主义市场经济体制的重要问题。而抑制跨国公司垄断的措施主要是运用市场经济规则，引进新的竞争者，保护弱小的竞争者，形成相对公平的比较充分的竞争。与此同时，需要加快反垄断立法。反垄断并不是针对跨国公司，而是针对垄断行为。

发展中国家的后发优势在于可以从技术和制度等方面模仿发达国家，实现跨越式发展。模仿的主要手段是利用外资，模仿的成本是开放市场。模仿是否成功，取决于模仿者与被模仿者的博弈。模仿若不成功，后发优势可能会变成后发劣势，形成“拉美化”现象。“拉美化”现象的实质在于外资控制。我国必须力避“拉美化”现象。

所以，当务之急，我们的主要任务是提升民族产业竞争力，由于竞争对于市场经济的重要性，现代社会中各个经济活动主体的竞争力便显得具有生死攸关的意义。每个竞争主体的竞争力有强有弱，但是任何个人、企业、产业和国家都不能没有竞争力。就像世界上的万事万物都不能脱离重力的影响一样，竞争力是影响社会经济发展进程的基本力量。

天下没有免费的午餐，我们不能企望在获得经济全球化带来的发展机会的同时不承担任何风险。融入经济全球化将促使我国民族产业全面参与国际分工、合作，在严酷的国际竞争中经受考验。就对民族产业发展的直接影响而言，国际竞争力较强的产业能够在经济全球化中受益，国际竞争力较弱的产业难免会受到经济全球化的巨大冲击。所以，根本的问题是产业国际竞争力的强弱。而决定产业国际竞争力的两个基本因素是：比较优势和竞争优势。

比较优势和竞争优势既有区别又有联系。二者的区别表现在：比较优势涉及的主要是各国间不同产业（或产品）之间的关系，而竞争优势涉及的则是各国间同一产业的关系，或者说，是各国的同类产品或可替代产品间的关系；比较优势更多地强调各国产业发展的潜在可能性，而竞争优势则更多地强调各国产业发展的现实态势；比较优势取决于一国的资源禀赋，或产业发展的有利条件，而竞争优势则更强调企业的策略行为。需要强调的是，有利的条件未必能使一国的某产业形成国际竞争优势，相反，一定程度的逆境往往成为刺激一国特定产业增强国际竞争力的重要因素。

比较优势与竞争优势之间存在密切的联系：第一，在一国的产业发展中，一旦发生对外经济关系，比较优势与竞争优势就会同时发挥作用。任何国家，即使是经济最发达的国家也不可能在一切产业中都具有国际竞争优势。这也表明，竞争优势不能完全消除或替代比较优势。第二，一般来说，一国具有比较优势的产业往往易于形成较强的国际竞争优势，换句话说，比较优势可以成为竞争优势的内在因素，促进特定产业国际竞争力的提高。比较优势与竞争优势是可以相互转化的。第三，一国产业的比较优势要通过竞争优势才能体现出来，即使是具有比较优势的产业，如果缺乏国际竞争力，也无法实现其比较优势。另一方面，非常缺乏比较优势的产业，往往较难形成和保持竞争优势，一些国家原先具有国际竞争优势的产业，由于国际比较利益关系的变化而失去竞争优势的案例，以及一些产业（尤其是传统产业）在国际转移的现象，可以证明这一点。总之，在各国产业发展中，比较优势和竞争优势常常是相互依存的。比较优势和竞争优势的本质都是生产力的国际比较，所不同的是，比较优势强调的是各国不同产业之间的生产效率的比较，而竞争优势强调的则是各国相同产业之间生产效率的比较。

立足比较优势，发展竞争优势，是增强产业国际竞争力的基本战略。比较优势对产业国际竞争力具有基础性的影响，大力发展具有比较优势的产业可以直接获得国际分工的利益；而竞争优势则是产业国际竞争力的核心，只有培育竞争优势，才能最大限度地持续地获得国际分工的利益。而且，即使是具有比较优势的产业，也要培育竞争优势，国际经济合作要以比较优势为基础，但也必须以发展我们自己的竞争优势为方向，因为比较优势必须通过竞争优势才能得以实现。

决定产业国际竞争力的两个基本因素是比较优势和竞争优势，其他的影响因素诸如：资源禀赋、区位条件、技术水平、管理能力、政策措施、人文因素等，都对产业国际竞争力产生程度不同的、直接或间接的影响。但是，产业竞争力归根结底是产业组织问题，形成有效竞争的市场结构是培育和增强产业竞争力的根本途径和决定性条件。产业组织的核心问题是竞争，竞争力必须在竞争过程中形成。长期以来，我国的工业化主要依靠本国的自然资源和大量廉价劳动力，通过出口初级产品和技术水平相对较低的制造业产品积累资本；需求以国内市场为主，通过关税和非关税壁垒保护本国制造业的发展。依靠行政垄断的庇护不但没能培育出强大的支柱产业，反而使技术差距与发达国家越拉越大。在新形势下，我们必须调整战略，在世界经济结构调整与转换中寻找自己的位置。

首先是采取融合战略，提高开放程度，利用国外的优势资源，补充自己的不足。充分利用国际资本渠道，注重引进外资水平，提高利用外资质量。中国企业一方面要打通与国际资本相融合的渠道，通过国际资本自身的输血功能以及随之而来的先进管理文化来提升自己。另一方面，要在引进外资和利用外资上，逐步完善外商投资管理体制和调控方式，不断优化利用外资结构，合理引导外资投向。我们不能被动地接受发达国家结构调整的传统产业转移，而应积极利用开放的机会，主动引进技术和管理等资源，增强素质，提高竞争能力。其次是主动调整内部产业结构和组织结构，选择自己的优势和能够形成优势的领域，提高技术能力，练好内功，增强整体竞争力。第三是在制度上做好准备，建立市场法律和规范，改革国有企业的经营管理制度，为企业参与国际竞争做好准备。我国产业组织政策的着力点应是打破行政垄断，鼓励竞争。产业竞争力的提升固然要通过自身不断努力得来，但外在制度供给同样不可或缺。

好的制度安排在于既给国内产业提供一种适度的保护机制，使其不被国外强势企业的不公平竞争所摧毁；又能够提供一种压力机制，促使国内产业不得不通过一系列途径，如采用创新、提供更好的产品或服务等措施，来达到提高产业竞争力的目的。抓紧时间尽快将一些外资迟早都要进入的产业先向国内民间资本开放是明智之举，是培育国内产业竞争力的最关键一环。“有些产业不能对我国的私营经济开放，而可以对外资开放，实际上是一种自杀性行为”(魏杰，2002)。我国的国情和梯度发展的市场条件为有效的国内竞争提供了无与伦比的绝佳条件。收入差距、地区差距等客观现实，也为处于不同生命周期阶段上的产业、产品提供了无限商机。如果能够破除行政性进入壁垒，使生产要素自由流动，将会产生巨大的经济推动力。不能再以所有制为借口人为限制某些企业的发展。

十八届三中全会关于加快对外投资体制改革的内容中明确指出我国下一步的涉外经济重点包括①：

首先要打造对高端产业与生产要素具有较强吸引力的投资环境。一是扩大和深化服务业对外开放，倒逼国内体制改革。在160个服务部门中，我国在加入世界贸易组织时承诺开放的部门为100个左右，但不附加条件完全开放的部门不到30个。要推动服务业大发展和转型升级，对内要放松规制，对外要扩大开放。未来重点要推动能源、电信、金融等基础行业和文化、教育、医疗卫生、体育等领域开放，引入新的理念、机制和商业模式，推动国内相关体制改革，增强我国

① http://www.xyjrw.com/NewsView.aspx? Xid=24686

服务业的国际竞争力。二是大力改善投资软环境。增强政策的稳定性、透明度、可预见性；改革外资审批体制，建立高效的外商投资准入管理体制，开展准入前国民待遇与“非禁即入”（负面清单）的试点，为实现内外资准入制度的统一创造条件；统一内外资法律，强化法律法规的一致执行，形成各类所有制企业平等有序竞争的市场环境。三是着力推进中国（上海）自由贸易试验区建设，打造新的开放平台。

在涉外经济领域改革方面，另一个重点是加快对外投资体制改革。一是改革对外投资的审批体制，提高审批效率，为取消对外投资审批奠定基础。二是加强对外投资保护，保障海外利益，避免重复征税。三是改善企业对外投资服务，加强对外投资信息、法律、融资、保险（放心保）等服务。四是以放开跨境投资管制为突破口，加快推进人民币资本项目可兑换。

涉外经济领域改革的第三个重点是推进外贸体制改革。一是完善出口退税制度，改变现行的对本土上游产品歧视性的出口退税制度。改革不合理的由地方分担部分出口退税的规定，由中央财政统一负担出口退税。二是开展创新海关特殊监管区政策与监管模式改革试点，打造国际研发、国际制造、国际贸易、国际物流、国际结算和国际维修中心等“六大中心”。三是继续深化有管理的浮动汇率机制改革。四是开展贸易投资便利化改革，不同监管部门联合查验，降低收费，提升通关效率，降低贸易成本。五是以暂定税率方式，推行结构性降低关税。目前我国的关税结构与水平是在加入 WTO 时谈判而定，不能反映我国产业的国际竞争力状况，降低关税水平的空间较大。六是结合垄断性行业改革，在存在进口特许权领域放松进口权管制，引入更多竞争。七是以中日韩自贸区和地区全面伙伴关系（RCEP）为重点，谈判建立高质量的自由贸易区，推动国内相关体制的全面改革。

最后，在涉外经济领域改革方面，还应加快对外谈判体制改革，提高参与国际经济治理的能力。一是改进涉外经济贸易政策决策协调机制，改革现行具有“一票否决权”特点的部门会签制度，实行牵头部门负责制。二是加快改革自由贸易区谈判机制，打破既得利益阻碍，完善产业救济机制。三是改革涉外人事制度，在我国政府机构与国际组织间建立人才双向流动的机制，鼓励中国公民进入国际组织，增强我国在国际组织的影响力。四是建立智库参与涉外经济决策的机制，增强我国在国际经济治理机制中的倡议能力。五是完善应对贸易投资摩擦机制。

自贸区试点是涉外经济体制改革的首要突破口，涉外经济体制改革红利巨大，但阻力可能甚于国内经济体制改革。要想顺利推进涉外经济体制改革，必须找准突破口。一是着力推进自由贸易园区试点，调动地方政府积极性，实行一揽子涉外经济体制改革试点。这有利于在局部地区率先突破改革阻力，而且可以在控制改革开放风险的前提下，积累经验，增强信心。二是结合双边投资协议谈判进程，推进引进外资与对外投资的审批制度改革。三是着力推进较高质量的区域自由贸易安排谈判，可能再次发挥类似“入世”的促进全面改革的作用。

实行这样的政策有利于使国内企业抢在国际竞争尚未在国内市场上完全展开或未达到充分程度以前经历有效的国内竞争，使一大批优秀企业脱颖而出，成长壮大，有实力和外国大公司、大企业抗衡。这种“竞争替代”对培育国内产业的竞争力具有重要作用。与发达国家不同，我国难以通过简单宣布消除市场禁入政策，就期望马上出现与既存企业势均力敌的竞争对手，期望很快形成竞争性的市场结构。竞争是需要培育的，竞争的培育要与市场秩序的规范、各项改革措施的落实相结合。如果不重视竞争，不培育竞争，仅试图以产权改革的方式让私人资本介入公共服务，虽然表面上迎合了改革潮流，却可能掩盖其背后的权钱交易，掩盖披着合法外衣的对公共利益的侵害。只开放而不同时做好国内的改革工作，难免在一定程度上危及产业安全、经济安全，甚至国家安全。

只在行业准入方面向民间资本开放还不够，要提高竞争的有效性和公平程度，相关法规的制定、完善及落实必不可少。在引进外国资本及技术过程中，限制性商业行为很常见。限制性商业行为会削弱资金、技术受让方的竞争实力，有利于资金、技术供方的垄断，进而对引进国产业安全构成隐患。早日实行国民待遇，取消对外资的种种优惠。清理现行法规中不合时宜的条款，删除对民营经济发展不利的限制性或歧视性规定，统一到有利于提高中国产业竞争力的目标上来。

在产业组织政策方面鼓励竞争的同时，在产业技术政策上应该鼓励并扶持自主研发。提高自主创新能力是促进产业升级的基础和前提。自主创新能力是衡量一个国家经济实力与国家能力的最重要指标，只有在自主创新方面持续占有突出地位的国家，才能跟上世界经济、技术发展的潮流，在世界经济中占有一席之地；自主创新能力也是企业核心竞争力，只有注重培养自主创新能力的企业，才能在市场竞争中立于不败之地。企业研发机构是承担企业研发活动的组织形式，它的作用就是通过有效的研发活动，形成企业自有的技术体系和技术能力，其任务就是在总体技术创新战略框架下，组织协调企业内外部知识和技术资源，进行知识与技术的积累、创造与沟通传播以及新产品、新工艺的开发与创新。

自主创新是大企业获取技术能力的主要途径。大企业拥有人才、资金、信息等资源优势和较大的风险承受能力，为了保持技术优势和更有效地开展合作创新，应当投入大量资源在企业内部开展研发活动，特别是开发核心技术。

企业采取自主创新策略，往往着眼于未来技术能力的提高。由于这种研发方式具有独立性、探索性和超前性，因而投入大、风险大，技术积累过程较慢，对于大多数中小型企业来说，由于资源和能力相对不足，难以采取自主研发方式，而更多地采取合作创新的方式。合作创新包括：第一，企业与企业间合作创新。由于不同企业间的资源和能力差异，企业间合作往往是以共同利益为基础，以资源和能力互补为前提，围绕某项技术或产品而开展合作攻关。在合作过程中双方共同投入人力、物力，共担风险、共享成果，一般在项目完成后即结束合作关系，因此这种合作多数是任务导向的，有明确的目标和周期，缺乏稳定性和持久性，而且合作对象的选择、项目管理以及知识产权保护决定着合作的成效。第二，企业与高校等研究机构合作创新。高校和科研机构拥有人才、技术、信息和试验手段等优势，与企业相比，由于存在较大的知识与技术落差，同时企业与高校的科研机构不形成同业竞争关系，因而企业与高校等研发机构的合作形式较企业间的合作更为普遍。在合作过程中企业就某项技术、产品或工艺提出具体目标和周期，并投入资金进行委托开发式共同开发，实行成果共享、风险共担。第三，联合组建研究机构合作创新。从长远看，企业为了培育自己的技术能力，除了以任务为导向的短期合作创新以外，更重要的是与外部建立稳定、持久性的合作关系，联合组建研发机构正是体现了这种战略意图。联合组建研发机构既可在高校及科研院所设立，也可在企业内设立，还可以双方共同投资新建。例如，加拿大北方电讯公司与北京邮电大学共同成立北方电讯电信发展研究中心，SMC 与清华大学合作成立清华一 SMC 气动实验室，罗克韦尔与清华等 10 所大学合作设立联合实验室等。

企业还可以参与国家科技计划提高技术能力。国家级科技计划具有前瞻性和导向性，企业参与这些计划，不仅能得到部分资金扶持，而且有利于企业把握科技发展方向，寻找合资合作的伙伴，分享科技成果以及外源融资等。世界各国政府为了促进本国企业的技术进步，提升国际竞争力，都吸引企业参与各类科技计划，如欧洲尤里卡计划吸引了上千家欧洲高技术企业包括中小企业的参与；我国的攻关计划、火炬计划、星火计划等为了促进科技成果转化都鼓励企业参与。即使是高校的科技机构牵头的项目，也寻找企业作为中试成果转化基地。深圳中兴通讯正是承担了多次国家“863”和火炬计划项目，才增强了在同行中的技术优势。

此外，兼并收购也是获取技术资源的重要方式。企业通过兼并收购方式来获得外部资源，实现外部资源内部化，其实质就是以产权交易、资产重组来实现技术资源的优化组合。虽然兼并和收购成本和风险较高，但能在短期迅速提高企业的技术能力。20世纪90年代以来，许多针对高技术企业的兼并收购案例都有意在提高企业技术能力的战略意图。企业在不同的发展时期，不同的技术领域采取何种研发模式，将依企业现有资源与能力和未来资源与能力的需求，以及由此形成的技术创新战略而定。提高我国企业的自主创新能力，要充分利用内外部的资源，走自主创新与合作创新相结合的路子，逐步培育和提高自身的技术能力，参与国际竞争。政府要积极为企业自主创新与合作创新创造条件，打破各种壁垒，疏通合作渠道。

跨国公司之所以表现出强大竞争力，技术领先固然是一个因素，更重要的是其“综合素质”。企业在重视技术的同时，对技术之外的其他基础性因素也要给予足够关注。以汽车产业为例，研发能力处于汽车产业链高端，是投入较大、风险较大且附加价值较高的部分，但这种能力必须与加工制造、销售、采购等其他环节有机结合，才能形成现实的竞争力。所以，研发能力特别是高水平研发能力的形成要有综合性的企业和产业基础。我们要打造“竞争力强”的新时期新型企业，不仅要在销售收入等方面表现出“大”，也要在创新能力、质量水平、生产能力、技术水平、市场适应力等方面表现出“强”。

## §7.5 为维护国家产业安全提供制度安排

自2008年金融危机后，我国正处于经济转型的关键期，在这个转型过程中，充满了利益矛盾与社会冲突，并直接对产业安全构成影响。为确保转型期内的产业安全，政府更需要进行必要的制度安排，建立保障产业发展的各种制度条件，并不断对制度进行创新。从实质上讲，制度安排是今后中国产业安全的根本性保证。

1）国家产业安全的维护需要政府进行强有力的制度安排

长期以来，经济学界围绕政府与市场边界变动的争论一直没有停止，主要存在着自由放任与国家干预两种政策主张。前者倡导“小政府即是好政府”，政府的主要职责是为市场经济的健康发展创造和维护良好的外部环境，不要直接干预市场经济。而后者主张依靠强有力的政府作用弥补“市场失灵”，推进市场改革和企业改组，保证合理的资源配置。而对于像中国这样的转型国家，由于存在市场制度不完善、经济协调不力等方面的问题，政府如何发挥应有作用就显得更为重要。关于这一点，经济学界主要有三种观点：一是“市场亲和论”，主张政府的作用应限于维持宏观经济稳定及弥补“市场失灵”；二是“国家推动论”，主张政府应利用行政干预代替市场发挥作用；三是“市场增进论”，强调政府应积极参与经济发展，其主要参与方式是支持民间部门包括企业组织、金融中介、农业组合等的发展并与其协同工作①。通过对有关国家，尤其是东亚国家经济发展的分析，第二种观点被认为较为适合处于转型阶段的国家，也就是发挥所谓的“政府替代”作用。在市场发育不健全，市场远未达到“正常”运作的情况下，出现了“有效制度的稀缺”，即缺乏能够有效地组织、配置各种生产要素以实现经济增长的制度。因此，政府不可能采取顺应市场的模式，而只能切合实际地采取扩张市场的模式，努力发育和扩大市场，通过强制性的制度变迁，做出大量的制度供给与安排。这种制度供给，主要不是试图解决市场运作的负外溢效应即外部不经济等问题，而是谋求构建启动市场运行的规则与制度框架；政府不是一般地“校正”所谓“市场失效”，而是要直接地参与市场的形成与运作，实现对不发育或残缺的市场的部分替代②。从本质上讲，“政府替代”是一种制度创新和制度供给。制度经济学派代表人物之一拉斯·诺斯非常重视制度对经济发展的重要性，强调“有效率的经济组织”是经济增长的关键。要保持经济组织有效率，需要在制度上做出合理的安排，以造成一种刺激，将个人的努力变成私人收益率接近社会收

① 吴敬琏. 当代中国经济改革[M]. 上海：上海远东出版社，2004.

② 赵晓. 东亚奇迹与“强政府”——东亚模式的制度分析[M]. 北京：经济科学出版社，1996.

益率的活动。美国经济学家曼库尔·奥尔森也强调制度的重要性，认为国家的制度质量从根本上决定了其经济成效。科斯的观点则更进一步，认为“政府是一个超级企业，因为它能通过行政决定影响生产要素的使用”，政府的优势就在于如果需要的话，它“能够完全避开市场，而企业却做不到”，所以“政府有能力以低于私人组织的成本进行某些活动”①。在对于制度变迁的分析与研究上，林毅夫则突出了“政府质量”因素，认为“政府替代”是一种制度变迁的过程，转型经济国家政府的另一项重要任务是不断地权衡政府替代的成本，在制度安排上根据新的形势发展进行调整，防止“制度过剩”或“政府失效”。同时，林毅夫认为强制性制度变迁是对诱致性制度变迁的有力弥补，而且在诱致性制度变迁特别是在一些正式的制度安排变迁中，往往需要政府的行政力量予以促进。

就中国当前产业安全的状况而言，维护产业安全的制度依然“稀缺”。入世以后，中国产业面对激烈的国际竞争，表现出竞争力偏弱，产业结构不合理，产业对外依存度过大，行业垄断严重、贸易规则不合理等诸多问题，而这些问题的出现主要是源于相应制度的落后与规制的失缺，如听之任之或解决不力，必将对中国的产业安全形成严峻威胁。由于产业安全是一种公共物品，难以由个人或单独的组织完成相应工作，而政府具有超强的组织与动员能力，拥有战略性的优势地位，是唯一能够承担产业安全任务的主体。因此，只有政府才能有效解决这些棘手问题。现阶段，政府的当务之急，就是要利用强政府的传统优势，在尊重市场机制的前提下，以一种超市场的力量，通过有效的政府干预，创造一种切实维护中国产业的制度安排，并根据国内外产业发展的形势特点，对制度不断进行创新，以激发强有力的市场竞争，在竞争中立于不败之地。

2）中国产业安全制度安排的主要选择

当前，中国政府需要在多方面着手产业安全方面的制度安排，总的看，其主要选择有：首先，政府要从制度上创造一种公平竞争的市场环境。长期以来，中国经济处于高度管制的状态之下，特别是价格保护与市场准入的限制，致使汽车、石化、电信、电力等产业的垄断现象严重，其经营效率和竞争力十分低下，难以适应全球化条件下的国际竞争。更为严重的是，这些垄断行业凭借长期行政保护获得的优势地位，制定霸王条款、强买强卖，谋取大量不法利益，败坏行业声

① 科斯. 论生产的制度结构[M]. 上海：上海三联书店，1994.

誉，损害消费者利益，成为与消费者日益对立的利益集团，已经到了不改变不行的地步。因此，政府要彻底打破这种极为不合理的垄断现象，通过立法、政策与措施实施等，全面放开管制，同在其他领域引入市场机制一样，将其全面推向国内外竞争。政府在全面创造公正合理的市场竞争秩序的同时，要鼓励各种企业包括民营企业加入竞争，吸取外国投资，使不同性质的企业拥有平等的市场竞争机会，以形成强有力的市场竞争格局，这样才能从积极意义上确保产业的持续健康发展，免受各种不利因素的侵袭。尽管，我国在 2008 年 8 月 1 日起正式施行了《反垄断法》，并在一定程度上使得由内或由外（主要是跨国公司，前文已提过）造成的垄断现象有所缓解，但民族弱势产业面临的问题依然严峻，同时我国现行的《反不正当竞争法》最后修订时间依然是 1993 年 9 月 2 日，显然我们还应加快该法顺应新时代的修订工作。应充分发挥法制力量在建立和维护市场经济秩序当中的作用，减少和杜绝企业为赢得高额垄断利益，互相勾结，共同把持价格，导致市场秩序失效的现象出现。在放松管制的基础上，政府还应发挥在环保、产业劳动安全和消费者健康方面的管制职能，并更多地发挥社会管制的力量，更多发挥专业团体、工商组织、半官方机构、银行财团、保险机构和投资公司以及新闻媒体等的作用，形成以行业自律、新闻监督、群众参与为主要内容的社会监督管理体系。

其次，政府要在产业安全的宏观指导与全面筹划上发挥核心作用。对处于转型阶段的国家来说，政府的调节作用主要体现在对国家产业安全的宏观指导与相关产业政策的合理协调与筹划上，特别是要跨越市场缺陷带来的种种弊端，通过政府调节的力量，进行强制性或政府主导性制度变迁。由于产业政策是现代发展中国家和发达国家政府干预的主要手段之一，作为转型阶段的后发展中国家，产业政策是维护产业安全，提升比较优势，重塑国际分工的重要调控方式。为此，政府应根据中国的具体国情，通过市场机制与政府调控的作用，本着统筹规划、合理布局、突出重点和兼顾一般的原则，重点加强农业、水利、能源、交通和通信等基础设施和基础产业建设，振兴支柱产业，发展高新技术产业和第三产业，保护幼稚产业，扶植民族产业，出台一系列维护产业安全的有效政策与措施。实行合理的产业布局，缩短东西部地区差距，大力推动中国产业发展从单纯的赶超模式和差别化的政策手段向注重发挥比较优势、强化市场功能、提供信息和具有市场弥补功能的方向转变（苏东水，2000）。作为现阶段的国家产业安全政策，是制度安排的重要内容之一，应具有相当的权威性，是各地区产业发展的重要依据与准则。

再次，政府要建立整体的微观经济规则。迈克尔·波特认为，政府的重要角色之一，是建立整体的微观经济规则，包括促进竞争的政策、鼓励投资的赋税系统和知识产权法律、公平而有效率的立法系统、有利于消费者的法律、能适当考评管理者绩效的企业监管规则，以及能促进创新而不是固守现状的有效率之规范流程。这是与政府在宏观层面发挥主导作用相对应的重要环节，也是维护产业安全的关键之一。政府除了要在全社会推动建立一整套旨在促进竞争、增强社会信用的法规和规则外，更要针对微观经济主体企业的具体情况，采取必要的制度建设措施，以提高产业运行效率。目前，中国国有企业的公司制改革正进入攻坚阶段。公司制是现代企业制度的一种有效组织形式，而公司法人治理结构是公司制的核心。从当前国有企业的公司制改革看，政府对国有企业的直接干预和国有股东权能都不到位，导致公司法人治理机制的严重不规范。为此，政府要进一步明确“国家所有、分级管理、授权经营、分工监督”的原则，大力推进建立和规范国有资产的运营、管理和监督体制，努力推动股权多元化进程。另外，政府在建立微观经济规则的过程中，要更多地从管理的角度，倡导新型企业文化的建立，突出“以人为本”，以崭新的管理模式建立不同于以往的企业管理制度，从而为产业安全奠定坚实的微观基础。

再其次，政府要致力于制度创新。维护产业安全与中国经济体制改革息息相关。只有进行制度上的改革，才能从真正意义上维护产业安全。从中国三十多年的经济体制改革已取得的重大成果来看，制度改革仍需进一步深入。有效发挥政府在产业安全维护中的独特作用：加快有关经济安全立法和行政程序立法进程，规范行政权力，增加行政透明度，实施依法行政，并推进司法制度改革，加强司法独立，提高行政管理效率和公务员素质；建立健全社会保障体制，维护国民的根本利益；帮助企业在激烈的国际竞争当中合理、合法地维护自身权益，建立有效的产业风险防范机制进而构建国家产业安全体系等。由此看来，产业安全制度创新与国家经济制度创新并行一致，其深度、广度将在很大程度上取决于整个经济改革的推进。

3）中国政府维护特定产业安全的制度性考量

政府维护特定产业安全是政府制度供给的进一步延伸。前文已讨论过产业安全的层次性问题，实际上，这种层次性特征已在日本、韩国和欧洲国家二战后产业发展的实践中得到验证。一国政府对产业安全的维护并不能顾全所有产业，只能从大局出发，采取分门别类的方法，将注意力集中在某些重点产业或产业簇群上，甚至要以牺牲个别产业的安全为代价，即政府维护产业安全的制度安排只能是有重点地承担有限目标。按照德国、日本及其他东亚国家的"动态比较费用说"[①]，过去强调静态比较生产费用与生产要素的自然禀赋理论，是弱肉强食的霸道理论，将长期导致发展中国家处于国际分工的低端，永远落后于发达国家，故亦难以真正维护自身的产业安全。为此，发展中国家的政府需要有意识地去扶植幼稚产业，向幼稚产业提供补贴与保障，这是竞争战略的现实选择。它可能使在国际贸易中一时处于劣势的产业转化为具有优势的产业（刘志彪等，2001）。此外，按照沃尔斯坦世界经济体系理论，世界经济体系可分为边陲、半边陲和中心地区，前两者处于被剥夺地位，后者处于剥夺地位，但另一方面，这种结构安排是动态开放和竞争性的，结构安排中不时出现所谓"空位"[②]。发展中国家政府就应抓住这种稍纵即逝的"空位"，一是利用国际"产品循环变动"，节省产品前期高投入的研发成本，并利用低廉的劳动力获得竞争优势；二是扶植特定的处于幼小状态的高科技产业。从本质上讲，政府介入特定产业安全的维护，是发展中国家市场组织发育不良、治理机制不健全的阶段性特征和要求，这种干预行为将随着市场组织的逐步发育而逐渐弱化。

就中国当前产业安全的现状而言，由于有效的整体治理与防范机制失缺，政府有责任和有必要担当起对某些重点产业，尤其是某些高新科技和资本密集型产业的扶植与保护。所谓幼稚产业，是指工业后发国家相对于工业先行国家成熟产业而言的、新建立起来的，但仍处于幼小稚嫩阶段的产业（林善浪和吴肇光，2003）。维护幼稚产业的安全是中国产业安全的重要内容。其主要依据，一是许多产业的幼稚性，才构成了中国目前经济发展水平的后进性，对幼稚产业的保护与扶植并使之壮大成长，是推动中国各产业全面发展的重要途径；二是在产业结构的转换过程当中，幼稚产业与主导产业一直相互更替，是产业生命周期中不同阶段的相对称谓，对现在幼稚产业的扶持与促进是实现未来主导产业发展的必

① 杨治. 产业经济学[M]. 北京：中国人民大学出版社，1985.
② 姜汝祥. 不发达国家经济发展中的政府行为[J]. 管理世界，1992(1).

要过程；三是扶植幼稚产业将使其免受经济全球化冲击，尽快在短时间成长起来的现实要求。当前，政府对幼稚产业的扶持应体现在以下几个方面：一是在世贸组织有关规定的框架内，对幼稚产业采取技术、安全和质量标准等非关税保护措施及反倾销、反补贴和保障措施等进行合法保护，合理地运用可申诉和不可申诉补贴。二是采取财政扶植与金融扶植政策，使其获得迅速成长所必需的融资保障；三是为幼稚产业发展创造良好的研发条件，向相应的科研机构提供有力支持；四是有目的地引导国内消费，通过刺激国内消费需求，培育有利的市场条件。需要指出的是，对幼稚产业的扶植与保护只能是阶段性和有选择性的权宜之计，不能无条件的、长时间的过度保护。过度保护只能使民族工业愈加落后，最终难逃破产的命运。政府在对幼稚产业实行适度保护的过程当中，一方面要不断完善各种涉外立法，防止外资以不正当竞争手段排挤或冲击民族产业；另一方面要通过改革，进一步改善市场环境，努力增强企业自身的竞争力。

在对幼稚产业进行保护的过程当中，应划清何为幼稚产业，何为非幼稚产业，尤其是对于早已承诺开放但改革进展十分缓慢、国内竞争不充分的银行、保险、电信、交通运输等产业，则不能视为幼稚产业，不但不能实施保护，相反要尽速将其全面推向市场，通过有效的市场规制手段，彻底打破国有企业的垄断独霸地位，大力推行所有制改造，诱发其竞争活力，以竞争机制逼迫其自寻出路，在全方位的开放与角逐中谋生存，求发展。其中，就中国金融产业而言，尽管中国金融体系与国际接轨很可能带来诸多风险，如国际游资的进入、国外银行在华进行违规操作、汇率波动等，但不能一味放大潜在的风险因素，更不能因金融危机的爆发而变得束手束脚，因噎废食。实际上，中国的产业发展已要求金融体系与国际金融体系实现更大程度的融合而非完全隔离，完全的人为隔离只能起到阻碍作用，不利于金融产业的安全与壮大。从根本上讲，中国金融系统从经营机制到金融技术、从人才素质到知识基础、从市场操作经验到风险管理与发达国家的巨大差距，倒是金融产业面临的最主要挑战。换言之，中国金融产业面临的最大危机不是来自外部，而是来自其自身。根据各国的经验，一个国家金融系统的安全，不在于是否允许外资进入等，而是在于能否能够稳妥、渐进、有序地促进开放。对此，美国经济学家罗纳德·麦金龙曾指出，在向市场经济体制转轨的过程中，金融开放的步伐必须要与相应的经济改革相一致。由于金融产业的改革很大程度上取决于实质经济的改革，国际金融制度的建立首先要有一个健康的国内金融制度。根据中国国情，中国金融产业的开放应大致遵循如下的时间表，第一步是抓紧解决国有企业亏损和国有银行不良资产的问题，打牢微观基础；第二步是尽快实现真正的市场利率自由化，其间为避免过激的市场反应，应逐步放开各种利率；第三步是利用一年时间实现金融业的混业经营，确保金融资源在一个统一的市场中以利率为先导进行自由流动；第四步是逐步实现人民币汇率的自由浮动和资本项目下的可兑换，从而实现金融产业与国际的全面接轨。为确保对外开放中的金融产业安全，政府应建立和健全多层次的金融监管体系，完善金融管理制度，并不断深化国际合作，通过与国际清算银行、国际货币组织及有关国家中央银行的协作，提高中央政策银行的监管水平，在不断的竞争当中提高防范与化解金融风险的能力。

对于已具备一定国际竞争优势的劳动密集型产业，如纺织、轻工和部分机械电子业等，政府应制定特殊政策继续保持并发展其比较优势，增强产品的价格和非价格竞争力。要鼓励企业兼并重组、规模经营，在提高质量的基础上降低成本，还可尝试向其他国家进行投资以扩大这种优势。同时，要出台的合理的产业政策，努力适应国际市场产品差异化竞争日趋激烈的要求，充分利用劳动密集型产业市场占有率较高的固有优势，增加劳动密集型产品的科技含量，提高其附加价值，通过政策引导推动低端产品向高端产品的转化。从某种意义上讲，确保劳动密集型产业的安全，要立足保证和扩大国际市场份额，并以价值转换作为必要途径。针对处于竞争劣势的高新技术产业，政府应积极利用比较与后发优势，引导企业从高新技术产业的低端产品入手，不断占领相关的低端市场，同时通过学习、模仿、借鉴等手段，逐渐向中端和高端产品迈进，从而实现劣势向优势质的跨越。印度软件业成功发展的实践证明，政府对软件产业实施政策和投资优惠，以及建立软件出口加工区、软件技术工业园、出口导向型企业等计划，有力地促进了软件产业的迅速壮大与发展，这既为本国产业的发展提供了强有力的信息技术支持，同时又确立了信息产业超级大国的地位，使其在激烈的国际信息技术竞争当中处于不败之地。

对于较为敏感的国防工业，政府也应予以重点扶持，促进其国际竞争力的提高。国防工业是不同于其他产业的特殊产业，因其产品的特点，有赖于通过开拓国际市场，实现规模效应，以弥补先期大量的科研、资金与人力投入成本。在拓展国际市场方面，政府既要加大对原有市场的开拓力度，又要不断谋求市场的多元化，以政府间渠道实现商业目的。为维护和推动国防产业的发展，政府还要以政府采购、低息或无息贷款、下达强制性订单甚至行政干预等帮助广大军工企业扩大国内市场份额。由于国防产业涉及运用大量的高新科技，政府除了在科研方面给予特殊支持与资助外，还要引导跨国公司转让先进技术。在涉及国防产品的合资企业中，政府出于产业安全的需要，要对合资企业当中的中方给予强有力支持并制定相应的法律、法规，以保证其占据主导地位，并对本国重要的军事科学技术、专利等严格保密，防止被外方窃取。此外，为保障国防产业的健康、持续发展，政府还应提供人才、信息、金融等方面的支持。

还要指出的是，政府在进行产业安全的制度安排过程中，应对基本丧失比较优势，已不具备国际竞争力的“夕阳产业”制定“撤退时间表”，必要时采取一定的保护措施。这些措施并非有意延缓“夕阳产业”的生命周期，而是要从减小对整个产业结构和社会稳定负面冲击的角度出发，逐步消除退出壁垒，保证资金、技术和人员的有序退出，进而为产业结构的换代升级赢得时间。

4）深化政府规制改革

WTO 这个多边贸易组织正通过服务贸易自由化、知识产权保护、贸易政策审批机制、争端解决机制、全面通知程序等手段，将其协调范围不断拓宽，从货物贸易扩展到服务贸易、投资与知识产权，从边境措施延伸到国内政策与立法领域，且其规则纪律不断严格。WTO 规则以各成员方政府的职能活动为规范对象，为成员方政府设定权利与义务。加入 WTO，成员方的立法与行政管理就要受到 WTO 的约束和监督，其实体内容与程序规定都要与 WTO 规则与原则相协调，这就不可避免要求政府进行规制改革。

产业成长需要良好的市场秩序和有效竞争两个外部条件。如果市场的秩序条件比较完备，交易活动的成功率会大大提高，会有利于产业发展。有效竞争是产业保持活力的重要条件。维持良好的市场秩序和维护有效竞争离不开政府的积极作用。无论是公有制为主体，还是以私有制为基础，现代市场经济本质上是一种混合经济。政府与市场共同存在于现代社会之中，两者已经形成了事实上的共生关系。离开政府，现代市场经济一系列的制度前提将不复存在。现代市场制度得以确立的产权保护、契约强制履行、损害赔偿等规则，仅仅依靠市场交易主体双方的合意约定和自我约束是远远不够的，具有强制力的政府是相应制度安排最重要的供给者。政府当好裁判的前提条件是约束自己，约束政府对经济活动的任意干预。这就需要政府进行规制改革。

政府规制改革包括经济性规制改革和社会性规制改革。经济性规制改革以整体放松规制为主，并在局部上强化规制。第一，全面放松竞争性行业的准入规制，同时加强市场经济秩序规范。必须取消基于所有制、地区或部门的各种不合理的限制，尤其要打破地方保护主义和部门本位主义。要以放松和取消进入限制为突破口，全面清理有碍公平竞争的法律、法规，大幅度减少行政性审批；同时，要规范市场经济秩序，尤其要加强资本市场和中介市场的规范与监管，努力创造一个公平竞争的环境。第二，改革政企不分的政府管理体制，打破规制者与被规制企业之间的直接利益联系，使规制机构能超然地行使经济性规制职能。只有实行政企分离，企业才能拥有相对独立的生产经营决策权和具有自觉抵御经营风险的能力；也只有如此政府才能提高规制效果，较好地行使其职能。第三，区分自然垄断性业务和非自然垄断性业务，加快对非自然垄断性业务的放松规制。一方面，要把自然垄断性业务从其他业务中独立出来，政府继续对其实行严格规制；另一方面，对于大量非自然垄断性业务，则应允许多家企业进入并使其开展公平竞争。第四，适应新形势变化的要求，完善涉外规制和加强重要产业安全规制。放松规制应与新的制度供给同时推进。我国的许多法律法规尤其是涉外法规不能适应新形势变化的要求。同时，入世后某些重要产业安全问题非常突出，如不加强必要的规制，有可能发生产业安全危机。因此，在放松规制的同时，必须尽快完善与此有关的经济性规制。

为了保障劳动者和消费者的安全、健康、卫生，达到防止公害、保护环境的目的，需要政府对某些产品和服务的质量以及为提供这些产品和服务进行的各种活动制定一定的标准，根据这些标准来限制或禁止特定的行为，这就是所谓社会性规制。社会性规制的目的是最大限度地消除经济生活中的负外部性及信息不对称问题，实现社会利益最大化。随着市场经济建设进程的加快，我们看到社会性规制的行政执法效果反而有日趋恶化的迹象。首先，虽有《消费者权益保护法》，消费者权益却屡屡被损害，消费者为实现权益保护而必须付出的代价（如自我举证、自行申请质量检验过程所支付的金钱与时间）往往让消费者望而却步；其次，居民的健康、安全正受到不合格产品及服务的威胁，大到建筑物、小到电源开关都可能存在质量隐患；保健品、饮料的合格率让人震惊：假药、劣药屡禁不止；医疗事故频繁发生；重大及恶性安全事故发生率居高不下；豆腐渣工程不断被曝光，等等。我们的行政执法机关不可谓不庞大，人员不可谓不充足，规制效果却不理想。

社会性规制改革应从加强立法与执法方面入手。首先，全面清理现行法规中不合时宜的条款，及时修订完善，使之符合现实发展的需要。我们有不少法规仍是计划经济时代制定的，难以对市场经济条件下变化了的情况作出解释和约束，仍然以这样的法规为依据处理问题则会与现实脱节；其次，抓紧制定一些现实急需的专门法，将一些成功的经验与做法条文化、制度化，将被实践证明成功的部门规章法律化。第三，加强对规制机构的规制，最大可能地减少行政不作为，减少不依法行政的行为。说到底，有法不依、执法不严的广泛存在与缺少对规制者的规制密切相关。正是因为缺少制衡与监督，才会在某些地方权大于法，才会使某些执法者利用手中权力设租寻租而有恃无恐。对规制者的规制可以说是最艰难的工作，这需要打破“官本位”和“权力本位”的思想。

政府规制改革，就是要把不该由政府机关办的事坚决减下来，做到不“越位”；把该由政府机关管的事管住管好，做到不“缺位”；把政府、企业、事业单位的职能分离开来，做到不“错位”，从而使政府职能该弱化的弱化，该强化的强化，该转移的转移，致力于建设一个“亲市场”的政府。亲市场的政府应该是一个法治型政府。在WTO规则下建设法治政府，应当达到这样的要求：第一，崇尚法律秩序并反对无政府状态。这种秩序不仅是政府管辖范围内的秩序，而且包括维护国际公认的游戏规则的秩序。第二，要求法律具有普遍适用性，把法律确定的秩序关系引入政府领域和私人领域。第三，法治政府的核心，是政府必须受法律的约束和管制，法治的重点不在“治民”而在“治官”。第四，坚持依法行政从严治政。依法行政是对行政主体即政府行政机关及其公职人员的基本要求。要致力于建设一个不越位的政府，转移一部分政府目前承担的职能。

市场经济发展到今天，不仅需要“看不见的手”和“看得见的手”，还要加上“第三只手”。当发生“市场失灵”或存在“市场缺陷”时，需要政府进行宏观调控；当出现“政府失灵”时，固然可以用市场机制去弥补或矫正，但还有市场和政府都解决不好的经济社会问题，因此，我们必须在“看不见的手”和“看得见的手”之外，寻找和发挥“第三只手”的作用。这个“第三只手”，就是社会组织协调机制，包括社会性经济组织协调机制、社会性政治组织协调机制、社会性法律组织协调机制、社会文化组织协调机制和社会道德协调机制。政府规制改革，很重要的是改革规制方式。规制方式的改革与规制内容的改革同等重要。规制的核心是协调社会福利与被规制企业之间的矛盾，既让被规制企业提高效率，又最大可能地增加社会福利，同时又不至于让被规制企业过多吞噬消费者福利。科学的规制方式可以较好地解决这个矛盾，而不合理的规制方式则可能成为维护行政垄断、牟取暴利的合法工具。由不甚透明的行政审批方式向法制化规制转变是规制方式改革的重要内容。我国的《行政许可法》出台后，有 767 项行政审批项目被取消，这是我国规制改革的一项重大成就。行政审批制不是很理想的规制方式，但一下子全部取消又会造成制度真空。作为一种简便的规制方式，在很长一段时期内我们还将利用它，但审批权应该依据法律、法规行使，尽量避免依据某些内部规定使用这些权力，因为内部规定往往是不对外公布的，利益相对人无法通过正常渠道获知，难免出现“不教而诛”，引起不必要的矛盾。规制方面的法规应该汇集成册，予以公布，使相对人可以通过上网查询或到规制机构查阅的方式了解法规的内容，这样可以减少信息不对称，在一定程度上遏制腐败。

政府规制改革要逐步实现规制方法的合理化，规制内容的简明化，规制过程的公开化，规制手续的最少化，从而最终实现规制法治化。随着历史的进步和经济社会的发展，政府在履行国防职能、政治职能外，突出经济职能、社会职能。适当的政府规制可以为公民创造良好的投资环境，为企业创造良好的竞争环境，因而也是维护产业安全的重要条件。

# 参考文献

[1] (美) 保罗・克鲁格曼. 国际贸易新理论[M]. 北京：中国社会科学出版社，2001.

[2] (美) 保罗・克鲁格曼. 战略性贸易政策与新国际经济学[M]. 北京：中国人民大学出版社，2000.

[3] 段敏芳，徐凤辉，田恩舜. 产业结构升级对就业的影响分析[J]. 统计与决策，2011(14)：133－135.

[4] 曹国平，曹跃群. 重庆市第三产业整体结构与内部结构变动分析[J]. 重庆工商大学学报西部论坛，2004(4)：64－66.

[5] 曹秋菊. 外商直接投资影响中国产业安全：理论与机理[J]. 湖南商学院学报，2011(1)：34－37.

[6] 曹秋菊，唐新明. 开放经济下中国产业安全测度[J]. 统计与决策，2009(17)：82-84.

[7] 陈爱贞，刘志彪，吴福象. 下游动态技术引进对装备制造业升级的市场约束——基于我国纺织缝制装备制造业的实证研究[J]. 管理世界，2008(2)：72－81.

[8] 蔡中民. R&D、技术引进与专利绩效关系之研究——以台湾上市电子业公司为例[D]. 台湾真理大学博士学位论文，2007.

[9] 董志勇. 资本外逃对中国宏观经济的影响[J]. 经济学，2004(3)：859－876.

[10] 杜江，高建文. 外国直接投资与中国经济增长的因果关系分析[J]. 世界经济文汇，2002(1).

[11] E. 罗尔. 经济思想史(修订版)[M]. Faber & Faber Ltd，London，1953.

[12] 冯琦，李孟刚. 我国信用评级产业发展问题与对策[J]. 管理现代化，2013(6)：37－39.

[13] (美) 菲利普・科特勒. 国家营销——创造国家财富的战略方法[M]. 北京：华夏出版社，2000.

[14] 方芳. 外商直接投资对我国产业安全的威胁及对策[J]. 上海经济研究，1997(6)：35－38.

[15] (德) 费里德里希 · 李斯特著. 陈万煦译. 政治经济学的国民体系[M]. 北京：商务印书馆，1961.

[16] 高虎城. 产业安全来自国际竞争力[J]. 中国经济周刊，2004(34)：11.

[17] 韩伟伟. 中国企业国际化与经营绩效关系研究[D]. 浙江大学硕士学位论文，2010.

[18] 何洁. 外国直接投资对中国工业部门外溢效应的进一步精确量化[J]. 世界经济，2000(12)：29-36.

[19] 何洁，许罗丹. 中国工业部门引进外国直接投资外溢效应的实证研究[J]. 世界经济文汇，1999(2)：16-21.

[20] 贺力平，张艳花. 资本外逃损害经济增长吗？——对 1982 年以来中国数据的检验及初步解释[J]. 经济研究，2004(12)：66-74.

[21] 何维达，何昌. 当前中国三大产业安全的初步估算[J]. 中国工业经济. 2002(2)：25-31.

[22] 何维达，潘玉璋，李冬梅. 产业安全理论评价与展望[J]. 科技进步与对策，2007(4)：92-97.

[23] 胡晓鹏. 经济全球化与中国食品加工业的产业安全[J]. 国际贸易问题，2006(2)：48-53.

[24] 黄彤华，王振全. 中国 BOP 表外资本外逃的主要渠道——进出口伪报分析[J]. 北京工商大学学报，2007(5)：6-10.

[25] 纪宝成. 正确认识和解决我国产业安全问题[J]. 中国国情国力，2009(10)：4-6.

[26] 蒋丽丽，伍志文. 资本外逃与金融稳定：基于中国的实证检验[J]. 财经研究，2006(3)：93-100.

[27] 姜汝祥. 不发达国家经济发展中的政府行为[J]. 管理世界，1992(1)：187-191.

[28] 江霞. 贸易政策与中国产业结构优化研究[D]. 山东大学博士学位论文，2010.

[29] 江小涓. 中国作为 FDI 东道国的国际地位：比较与展望[J]. 管理世界，2003(1)：51-57.

[30] 江小涓，李蕊. FDI 对中国工业增长和技术进步的贡献[J]. 中国工业经济，2002(7)：5-16.

[31] 景凯旋. “中国模式”前景[J]. 人民论坛，2009(22)：7.

[32] 景玉琴. 产业安全评价指标体系研究[J]. 经济学家，2006(2)：70-76.

[33] 景玉琴. 开放、保护与产业安全[J]. 财经问题研究，2005(5)：32-37.

[34] 雷家骕，朱嘉真. 国家经济安全与国际经济关系[J]. 科学新闻，2000(34).

[35] 雷家骕. 关于国家经济安全研究的基本问题[J]. 管理评论，2006(7)：3-8.

[36] 雷家骕. 我国亟待建立重大事项对于国家经济安全的影响评估制度[J]. 国际关系学院学报,2006(1)：77 - 80.

[37] 李孟刚. 产业安全[M]. 浙江大学出版社,2008.

[38] 李孟刚. 产业组织安全理论研究[J]. 生产力研究,2008(24)：9 - 12.

[39] 李孟刚,蒋志敏. 产业经济学理论发展综述[J]. 中国流通经济,2009(4)：30 - 32.

[40] 李孟刚. 产业安全理论研究[J]. 管理现代化,2006(3)：49 - 52.

[41] 李文瑛. 跨国公司独资化对我国产业安全的负面效应及对策[J]. 经济问题探索,2008(1)：99 - 103.

[42] 李晓峰. 资本外逃对中国经济影响的实证分析[J]. 金融研究,2003(12)：72 - 82.

[43] 林善浪,吴肇光. 核心竞争力与未来中国[M]. 中国社会科学出版社,2003.

[44] 刘雪斌,颜华保. 基于产业链角度探析我国的产业安全[J]. 南昌大学学报(人文社会科学版),2007(6)：71 - 74.

[45] 娄朝晖. 加工贸易、发展效应及其偏差成因：中国 1991—2007[J]. 国际贸易问题,2011(5)：22 - 34.

[46] 卢荻. 外商投资与中国经济发展——产业和区域分析证据[J]. 经济研究,2003(9)：40 - 49.

[47] 罗亚非,蔡乾龙. 有效对外技术依存度理论与实证研究[J]. 中国技术论坛,2008(11)：93 - 97.

[48] 吕政. 自主创新与产业安全[J]. 财经界,2006(9)：24 - 25.

[49] 刘志彪,王国生,安国良. 现代产业经济分析[M]. 南京大学出版社,2001.

[50] 马丁,杨哲. 技术性贸易壁垒对我国出口贸易的影响及对策[J]. 生产力研究,2006(4)：152 - 154.

[51] 穆怀中,丁梓楠. 产业层次的初次分配福利系数研究[J]. 中国人口科学,2011(3)：16 - 27.

[52] 卜伟,谢敏华,蔡慧芬. 基于产业控制力分析的我国装备制造业产业安全问题研究[J]. 中央财经大学学报,2011(3)：62 - 67.

[53] 邵军,徐康宁. 基于有界协整方法的中国进口需求弹性研究[J]. 财贸研究,2007(1)：55 - 60.

[54] 沈东. 产业安全是第一要务[J]. 中国纺织,2004(8)：97.

[55] 沈能,刘凤朝. 从技术引进到自主创新的演进逻辑——新制度经济学视角的解释[J]. 科学学研究,2008(6)：1293 - 1300.

[56] 沈坤荣. 外国直接投资与中国经济增长[J]. 管理世界,1999(5)：22 - 33.

[57] 科斯. 论生产的制度结构[M]. 上海三联书店,1994(中文版).
[58] 苏东水. 论上海科技在西部大开发中的作用与策略[J]. 重庆商学院学报,2000(3): 5-8.
[59] 孙瑞华,刘广生. 产业安全: 概念评析、界定及模型解释[J]. 中国石油大学学报(社会科学版),2006(5): 11-15.
[60] (美) 托达罗. 于同申等译. 第三世界的经济发展[M]. 中国人民大学出版社,1991.
[61] 王成岐,张建华,安辉. 外商直接投资、地区差异与中国经济增长[J]. 世界经济,2002(4): 15-23.
[62] 王培志. 经济全球化背景下中国产业安全预警机制研究[M]. 中国财政经济出版社,2008.
[63] 王前超. 跨国公司战略性并购对我国产业安全的影响及对策[J]. 亚太经济,2006(5): 92-96.
[64] 王苏生,李金子,黄建宏. 外资跨国并购对我国汽车产业安全影响的实证分析[J]. 中国科技论坛,2008(5): 66-69.
[65] 王瑛,邵亚良. 经济高速增长下的产业安全分析[J]. 财贸经济,2005(12): 61-64.
[66] 王允贵. 产业安全问题与政策建议[J]. 开放导报,1997(1): 27-32.
[67] 王震国,袁汝华. 外商直接投资对我国新经济增长的贡献评价[J]. 经济与管理,2003(11): 5-7.
[68] 王志鹏,李子奈. 外资对中国工业企业生产效率的影响研究[J]. 管理世界,2002(4): 17-25.
[69] 魏杰. 产权结构多元化的实现方式[J]. 上海国资,2002(5): 4-9.
[70] 吴敬琏. 当代中国经济改革[M]. 上海远东出版社,2004.
[71] 吴胜男. 中国进出口贸易需求弹性分类测度及国际比较[D]. 湖南大学硕士学位论文,2013.
[72] 吴兴南,林善炜. 全球化与未来中国[M]. 北京: 中国社会科学出版社,2002.
[73] 伍贻康,张幼文. 经济全球化论丛[M]. 上海社会科学院出版社,2000.
[74] 小岛清,刘景竹. 日本海外直接投资的动态与小岛命题[J]. 世界经济译丛,1989(9): 41-47.
[75] 谢清河. 我国资本外逃问题研究[J]. 经济与管理研究,2004(5): 41-44.
[76] 许芳,刘殿国,邓志勇,黄景贵. 产业安全的生态学评价指标体系研究[J]. 生态经济,2008(4): 55-58.
[77] (英) 亚当 · 斯密. 国富论[M]. 唐日松,译. 华夏出版社,2005.

[78] 杨安娜，刘冲．对外贸易中我国产业的安全维护[J]．发展研究，2008(2)：31 - 32.

[79] 杨公朴，夏大慰．产业经济学教程[M]．上海：上海财经大学出版社，2008.

[80] 杨公朴，王玉，朱舟，等．中国汽车产业安全性研究[J]．财经研究，2000(1).

[81] 杨化邦．中国钢铁产业安全关键要素分析[J]．中国管理信息化，2011(3)：28 - 29.

[82] 杨治．产业经济学[M]．北京：中国人民大学出版社，1985.

[83] 姚洋，章奇．外国直接投资对中国中国工业企业技术效率分析[J]．经济研究，2001(10).

[84] 尹宇明，倪克勤，李亚平．国际游资对中国经济影响的实证研究[J]．当代财经，2009(5)：13 - 18.

[85] 曾诗鸿．对外直接投资与国际经济合作的宏观动力与惯性假说及在中国的检验[J]．国际贸易问题，2006(2)：58 - 68.

[86] 张丽淑．跨国企业行为视角：我国零售产业安全评估[J]．当代经济科学，2011(1)：69 - 78.

[87] 张亮．现阶段我国资本外逃的成因分析及其政策含义[J]．兰州学刊，2008(11)：60 - 64.

[88] 张全红．进口贸易、人力资本与技术溢出[J]．世界经济研究，2008(11)：35 - 40.

[89] 张意翔．中国煤炭产业生态安全评价及政策建议[J]．理论月刊，2011(2)：163 - 165.

[90] 张幼文，周建明．经济安全金融全球化的挑战(经济全球化论丛)[M]．上海社会科学院出版社，1999.

[91] 赵世洪．国民产业安全概念初探[J]．经济改革与发展，1998(3)：15 - 18.

[92] 赵世洪．国民产业安全若干理论问题研究[J]．中央财经大学学报，1998(5)：1 - 5.

[93] 赵书博，胡江云．中国纺织业产业安全形势分析[J]．国际经济合作，2009(6)：16 - 24.

[94] 赵晓．东亚奇迹与“强政府”——东亚模式的制度分析[M]．北京：经济科学出版社，1996.

[95] 赵英．产业国际竞争力与国家经济安全(上)[J]．经济管理，1997(2)：25 - 27.

[96] 赵英．产业国际竞争力与国家经济安全(下)[J]．经济管理，1997(4)：36 - 38.

[97] 赵元铭．产业控制力的实现层次：基于后发国家产业安全边界的审视[J]．世界经济与政治论坛，2008(6)：53 - 58.

[98] 郑秀君．我国外商直接投资(FDI)技术溢出效应实证研究述评：1994～2005[J]．数量经济技术经济研究，2006(9)：58 - 68.

[99] 周勤，余晖．转型时期中国产业组织的演化：产业绩效与产业安全[J]．管理世界，2006(10)：68 - 81.

[100] 周新苗,冷军. 贸易自由化政策与产业经济安全研究[J]. 上海经济研究,2013(1): 107 - 111.

[101] 周新苗,唐绍祥. 我国农业对外贸易与投资合作的关联机制研究[J]. 华南农业大学学报(社会科学版). 2011,(4): 101 - 108.

[102] 朱建民. 一些国家维护产业安全的做法及启示[J]. 经济纵横,2013,(4): 116 - 120.

[103] 朱丽萌. 中国农产品进出口与农业产业安全预警分析[J]. 财经科学,2007,(6): 111 - 116.

[104] 祝年贵. 利用外资与中国产业安全[J]. 财经科学,2003,(5): 111 - 115.

[105] Ankiewicz A, Whalley J. Recent Chinese buyout activities and the implications for global architecture[J]. Working paper no. 12072. Cambridge, MA: National Bureau of Economic Research. 2006.

[106] Aitken, Brian J, Harrison, Ann E. Do domestic firms benefit from direct foreign investment? [J]. Evidence from Venezuela American Economic Review, 1999, 89: 605 -618.

[107] Akanmatsu K. A Hiastorical Pattern of Economic Growth in Developing Countries[J]. The Developing Economies, 1962, 1: 45 - 56.

[108] Bhaumik S K, Gregoriou A. Family ownership, tunnelling and earnings management: A review of the literature[J]. Journal of Economic Surveys, 2010, 24: 705 - 730.

[109] Bhaumik S K, Driffield N, Pal S. Does ownership of emerging market firms affect their outward FDI? The case of Indian automotive and pharmaceutical sectors[J]. Journal of International Business Studies, 2010,41: 437 - 450.

[110] Bhaumik S K, Gregoriou A. "Family" ownership, tunnelling and earnings management: A review of the literature[J]. Journal of Economic Surveys, 2010, 24: 705 - 730.

[111] Buckley P J, Clegg L J, Cross A R, Voss H, Rhodes M, Zheng P. Explaining China's outward FDI: An institutional perspective. In K. P. Sauvant, K. Mendoza, & I. Ince (Eds.), The rise of transnational corporations from emerging markets: Threat or opportunity? 2008: 104 - 157. Cheltenham: Edward Elgar Publishers.

[112] Baldwin R, Robert Nicoud F. Entry and Asymmetric Lobbing: Why Governments Pick Losers[J]. Journal of the European Economic Association, 2007,5: 1064 - 1093.

[113] Baldwin R, Okubo T. Heterogeneous firms, agglomeration and economic geography: spatial selection and sorting[J]. Journal of Economic Geography, 2006,6,: 323 - 346.

[114] Baldwin R，Taglioni D. Gravity for dummies and dummies for gravity equations[R]. NBER Working Paper，No. 12516，2006.

[115] Branstetter L，Lardy N. China's embrace of globalization[R]. NBER Working Paper，No. W12373，2006.

[116] Behrman J R，Cheng Y，Todd P E. Evaluating preschool programs when length of exposure to the program varies：A nonparametric approach[J]. The Review of Economics and Statistics. 2004，86：108 - 132.

[117] Bevan A A，Estrin S. The determinants of foreign direct investment into European transition economies[J]. Journal of Comparative Economics，2004，32：775 - 787.

[118] Borenztein E. How does foreign investment affect economic growth? [J]. Journal of International Economics，1998，45：115 - 135.

[119] Barro R，Sala- I- Martin X. Ecomomic growth[M]. New York：Mc. GrawHill Inc，1995.

[120] Blamstrom. The determinants of host country spillovers from foreign direct investment：Review and synthesis of the literature[R]. SSE/EFI Working Paper Series in Economics and Finance，1994.

[121] Baldwin R. The Political Economy of Trade Policy[J]. Journal of Economic Perspectives，1989，4：119 - 135.

[122] Bhagwati J N，T N Srinivasan. Lectures on international trade cambridge[M]. Mass：MIT Press，1983.

[123] Cheng I - H，Wall H J. 2005，Controlling for heterogeneity in gravity models of trade and integration[J]. Federal Reserve Bank of St. Louis Review，2005，1：49 - 63.

[124] Coe D E，E Helpman，A Hoffmaister. North-south R&D spillovers[J]. Economic Journal，1997，107：134 - 149.

[125] Coe D E，E Helpman. International R&D spillovers[J]. Eurpean Economic Review，1995，39：859 - 887.

[126] Cohen Wesley，Daniel Levinthal. Innovation and learning：The two faces of R&D[J]. Economic Journal，1989，397：569 - 596.

[127] Cochran W G，Rubin D B. Controlling bias in observational studies：A review[J]. Sankhyā Ser. 1973，35：417 - 446.

[128] Corden W M. Trade policy and economic welfare[J]. Clarendon Press，1997.

[129] Egger P. European exports and outward foreign direct investment：A dynamic panel

data approach[J]. The Review of World Economics, 2001, 137: 427 - 449.

[130] Egger P. European exports and outward foreign direct investment: A dynamic panel data approach[J]. The Review of World Economics, 2001, 3: 427 - 449.

[131] Eaton J, S Kortum. International patenting and technology diffusion: theory and measurement[J]. International Economic Review, 1999,40: 537 - 570.

[132] Eaton J, S Kortum. Trade in ideas: patenting and productivity in the OECD[J]. Journal of International Economics, 1996, 40: 251 - 278.

[133] Eaton J, Grossman G. Tariffs as insurance: optimal commercial policy when domestic markets are incomplete[J]. Canadian Journal of Economics,1985, 2: 258 - 272.

[134] Friedrich List. National System of Political Economy[M]. Cosimo Inc, 2013.

[135] Fan J P H, Morck R, Xu L C, Yeung B. Institutions and foreign direct investment: China versus the rest of the world[J]. World Development, 2009, 4: 852 - 865.

[136] Fan J P H, Morck R, Xu L C, Yeung B. Institutions and foreign direct investment: China versus the rest of the world[J]. World Development, 2009, 37: 852 - 865.

[137] Fredrik Sjiaholm. Technology gap, competition and spillovers from foreign direct investment: Evidence from establishment data[J]. Journal of Development Studies, 1999, 1: 53 - 73.

[138] Frankel J. Regional trading blocs in the world economic system[J]. Institute for International Economics, Washington, DC,1997: 1.

[139] Freeman C, Soete L. The Economics of Industrial Innovation[M]. Cambridge, MA: MIT Press, 1997.

[140] Gil Pareja S, Llorca Vivero R, Martinez Serrano J A. Measuring the impact of regional export promotion: The Spanish case[J]. Papers in Regional Science, 2008, 1: 139 - 146.

[141] Gawande K, Krishna P. The political economy of trade policy: empirical approaches [M]. Handbook of International Trade, New York, Basil Blackwell Publishing, 2003.

[142] Gawande Kiahore, Usree Bandyopadhyay. Is protection for sale? A test of the Grossman-Helpman theory of endogenous protection[J]. Review of Economics and Statistics, 2000, 82: 139 - 152.

[143] Gawande K, Bandyopadhyay U. Is protection for sale? Evidence on the Grossman-Helpman theory of endogenous protection[J]. Review of Economics and Statistics, 2000, 1: 139 - 152.

[144] Goldberg P K, Maggi G. Protection for sale: an empirical investigation[J]. American Economic Review,1999, 5: 1135 - 1155.

[145] Grossman G M, Helpman E. Rent dissipation, free riding, and trade policy[J]. European Economic Review, 1996, 3 - 5: 795 - 803.

[146] Grossman G M, Helpman E. Protection for sale[J]. American Economic Review, 1994, 4: 833 - 850.

[147] Glaeser E L, Kallal H, Scheinkman J, Schleifer A. Growth in cities[J]. Journal of Political Economy , 1992, 100: 1126 - 1152.

[148] Grossman G, Helpman E. Innovation and growth in the world economy [M]. Cambridge, MA: MIT Press, 1991.

[149] Grossman S J, Hart O D. The costs and benefits of ownership: A theory of vertical and lateral integration[J]. Journal of Political Economy, 1986, 94: 691 - 719.

[150] Hirose K, Yamamoto K. Knowledge spillovers, location of industry, and endogenous growth[J]. Annals of Regional Science, 2007, 41: 17 - 30.

[151] Hong E, Sun L. Dynamics of internationalization and outward investment: Chinese corporations' strategies[J]. The China Quarterly, 2006,187: 610 - 634.

[152] Hirano K, Imbens G, and Ridder G. Efficient Estimation of Average Treatment Effect Using the Estimated Propensity Scores[J]. Econometrica. 2003, 71: 1161 - 1189.

[153] Heckman J J, Ichimura H, Smith J A. The Economics and Econometrics of Active Labour Market Programs[M]. In: A. Ashenfelter and D. Card, Handbook of Labour Economics, Amsterdam, 1999, 3: 1866 - 2097.

[154] Haufler A, Wooton I. Country size and tax competition for foreign direct investment [J]. Journal of Public Economics, 1999,71: 121 - 139.

[155] Hahn J. On the role of the propensity score in efficient semiparametric estimation of average treatment effects[J]. Econometrica, 1998,2: 315 - 331.

[156] Henderson V, Kuncoro A, Turner M. Industrial development in cities[J]. Journal of Political Economy, 1995, 5: 1067 - 1090.

[157] Helson Braga, Larry Willmore. Technological imports and technological effort: An analysis of their determinants in Brazilian firms[J]. The Journal of Industrial Economics, 1991, 4: 421 - 432.

[158] Hufbauer G, Rosen H. Trade policy for troubled industries, policy analysis[M]. Washington DC, Institute for International Economics, 1986.

[159] Imbriani C, Reganati F. Spillovers internationali di Efficienza nel settore manifatturicor Italiano[J]. Economic internazionale, 1997.

[160] Jefferson G H, Hu Albert G Z, Qian Jinchang. R&D and technology transfer: firm level evidence from Chinese industry[J]. Review of Economics and Statistics, 2005, 4: 780 - 786.

[161] John N Ellison, Jeffrey W Frumkin, Timothy W Stanley. Mobilizing US industry-A vanishing option of national security[M]. West View Press, 1988.

[162] J A Branderm, B J Spencer. Export subsidies and international market share rivalry [J]. Journal of International Economics, 1985, 18: 83 - 100.

[163] James Brander, Paul Krugman. A "reciprocal dumping" model of international trade [J]. Journal of International Economics, 1983, 15: 313 - 321.

[164] Kwack S Y, Ahn C Y, Lee Y S, Yang D Y. Consistent estimates of world trade elasticities and an application to the effects of Chinese Yuan (RMB) appreciation[J]. Journal of Asian Economics, 2007, 18: 314 - 330.

[165] Keller W. Knowledge spillovers at the world technology frontier[J]. NBER Working Paper No. 8150, 2001.

[166] Katrak H. The private use of publicly funded industrial technologies in developing countries: empirical tests for an industrial research institute in India[J]. World Development, 1997, 9: 1541 - 1550.

[167] Kokko A. Technology, market characteristics and spillers[J]. Journal of Development Economics, 1994, 43: 279 - 293.

[168] Kahneman D, Tversky A. Advances in prospect theory: Cumulative representation of uncertainty[J]. Journal of Risk and Uncertainty, 1992, 4: 297 - 323.

[169] Kahneman D, Knetsch J, Thaler R H. Experimental tests of the endowment effect and the Coase theorem[J]. Journal of Political Economy, 1990, 6: 1325 - 1348.

[170] Kahneman D, Tversky A. Prospect theory: An analysis of decision under risk[J]. Econometrica, 1979, 2: 263 - 291.

[171] Limão N, Panagariya A. Inequality and endogenous trade policy outcomes[J]. Journal of International Economics, 2007, 2: 292 - 309.

[172] Lederman D, Olarreaga M, Payton L. Export promotion agencies: what works and what doesn't[J]. World Bank Policy Research Working Paper, No. 4044, 2006.

[173] Limão N, Panagariya A. Anti-trade bias in trade policy and general equilibrium[J].

Journal of Economic Analysis and Policy，2004,1：1－21.

[174] Levy P I. Lobbying and international cooperation in tariff setting[J]. Journal of International Economics，1999，2：345－370.

[175] Lardy N R. China's unfinished economic revolution[M]. Washington，DC：Brookings Institution Press,1998.

[176] Lucas R E Jr. On the mechanics of economic development[J]. Journal of Monetary Economics，1988，22：783－792.

[177] Matthieu Bussiere，Bernd Schnatz. Evaluating China's integration in world trade with a gravity model based benchmark[J]. Open Economic Review，2009,20：85－111.

[178] Mathews J A. Dragon multinationals：New players in the 21st century globalization[J]. Asia Pacific Journal of Management，2006，23：5－27.

[179] Markusen J，Venables A. Foreign direct Investment as a catalyst for Industrial development[J]. European Economic Review，1999，43：335－356.

[180] Martin P. Public policies，regional inequalities and growth[J]. Journal of Public Economics，1999，73：85－105.

[181] Martin P，Ottaviano G I P. Growing locations：Industry location in a model of endogenous growth[J]. European Economic Review，1999，43：281－302.

[182] Michael E Porter. Competitive advantage of nations[M]. Free Press，1998.

[183] Martin P，Rogers C A. Industrial location and public infrastructure[J]. Journal of International Economics，1995，39：335－331.

[184] Martin，Susan Tolchin. Buying into America：How foreign money is changing the face of our nation [M]. Times Books,1988.

[185] Michael P Todaro. Economic development in the third world[M]. Longman，1989.

[186] Otta Mastad. On the Efficiency of Green Trade Policy[J]. Bibliographic Info，1998，1：1－18.

[187] Pollard J，Storper M. Metropolitan employment change in dynamic industries in the 1980s[J]. Economic Geography，1996，72：1－22.

[188] Pillai，P Mohanan. Technology Transfer，Adaptation and Assimilation[J]. Economic and Political Weekly，1979，47：121－126.

[189] Prebisch Raul. The economic development of Latin America and its principal problems [J]. Economic Bulletin for Latin America，1962,1：1－22.

[190] Rose A. The foreign service and foreign trade：Embassies as export promotion[J].

NBER Working Paper, No. 1111, 2005.

[191] Robert-Nicoud F. A simple geography model with vertical linkages and capital mobility [C]. LSE, mimeo. 2002.

[192] Rabin M, Thaler R H. Anomalies: risk aversion[J]. Journal of Economic Perspectives, 2001, 1: 219 - 232.

[193] Rabin M. Risk aversion and expected-utility theory: A calibration theorem[J]. Econometrica, 2000,5: 1281 - 1292.

[194] Rauch J E. Network versus markets in international trade[J]. Journal of International Economics, 1999, 48: 7 - 35.

[195] Ray E. Protection of manufactures in the United States[M]. London, Macmillan Publishing, 1991.

[196] Romer P. Endogenous technical change[J]. Journal of Political Economy, 1990, 98: 338 - 354.

[197] Rivers D, Vuong Q H. Limited information estimators and exogeneity tests forsimultaneous probit models[J]. Journal of Econometrics, 1988, 3: 347 - 366.

[198] Rosenbaum P R, Rubin D B. The central role of the propensity score in observational studies for causal effects[J]. Biometrika. 1983,70: 41 - 55.

[199] Santos T D. The structure of dependence[J]. American Economic Review, 1971,2: 231 - 236.

[200] Singer H W. US Foreign investment in undeveloped areas: the distribution of grains between investing and borrowing countries[R]. The American Economic Review: Papers and Proceedings, 1950, 2: 473 - 485.

[201] Tovar P. The effects of loss aversion on trade policy: Theory and evidence[J]. Journal of International Economics, 2009, 1: 154 - 167.

[202] Tsai K S. Back-alley banking: private entrepreneurs in China[M]. Ithaca: Cornell University Press, 2002.

[203] T Blumenthal. Japan's Technological Strategy[J]. Journal of Development Economics, 1976, 3: 245 - 255.

[204] Vishwasrao S, Bosshardt W. Foreign ownership and eechnology adoption: Evidence from Indian firms[J]. Journal of Development Economics, 2001, 2: 367 - 387.

[205] Warner M, Hong N S, Xu X. Late development experience and the evolution of transnational firms in the People's Republic of China[J]. Asia Pacific Business Review,

2004，3：324－345.

[206] Wei S J. Why does China attract so little foreign direct investment? In：The role of foreign direct investment in East Asian economic development[M]. Chicago：The University of Chicago Press，2000：239－265.

[207] Young Allyn A. Invention and bounded learning by doing[J]. Journal of Political Economy，1993，101：443－472.

[208] Zhan J X. Transnationalization and outward investment：The case of Chinese firms[J]. Transnational Corporations，1995，4：67－100.

[209] Zhang Q，Felmingham B. The role of FDI，exports and spillover effects in the regional development of China[J]. Journal of Development Studies，2002，4：157－178.

# 索　　引